HORST MÜLLER

Lebensphilosophie und Religion bei Georg Simmel

Lebensphilosophie und Religion
bei Georg Simmel

Von

Dr. Horst Müller

DUNCKER & HUMBLOT / BERLIN

Alle Rechte vorbehalten
© 1960 Duncker & Humblot, Berlin
Gedruckt 1960 bei F. Zimmermann & Co., Berlin-Neukölln
Printed in Germany
D 188

Inhalt

Vorbemerkungen zur Thematik, Begrenzung und Gliederung des Untersuchungsgegenstandes 9

Erster Teil
Die erkenntnistheoretischen und metaphysischen Voraussetzungen der Religionsphilosophie Simmels

Erstes Kapitel: *Die Entfaltung der Wirklichkeitsauffassung (Leben und Wirklichkeit)* 16
- § 1. Die „schlichte" Wirklichkeit und das Ideelle 16
- § 2. Die Selbsttranszendenz des Lebens 21
- § 3. Der Parallelismus der Weltformen 24
- § 4. Wirklichkeit und Wahrheit 28
- § 5. Der Vorrang des Lebens gegenüber der Idee 29
- § 6. Wirklichkeit und Symbol 32

Zweites Kapitel: *Die Entfaltung der Zeitanschauung (Leben und Zeit)* . . 38
- § 7. Der Ausgangspunkt 38
- § 8. Stellung zu Kants Zeit-Theorie 39
- § 9. Stellung zur Wiederkunftslehre Nietzsches 40
- § 10. Stellung zu Bergsons Zeit-Theorie 43
- § 11. Erinnerung und Lebensvergangenheit 45
- § 12. Die „Irrealität" der begrifflichen Zeit 47
- § 13. Die Gegenwart als gelebte Zeitlichkeit 48
- § 14. Die Zeit als Lebenskonstituante 49
- § 15. Die Rolle der Zeit im historischen Bewußtsein 51
- § 16. Die individuelle Zeitlichkeit als Schicksal — Übergang zum Freiheitsproblem 54

Drittes Kapitel: *Die Entfaltung des Freiheitsverständnisses (Leben und Freiheit)* 57
- § 17. Die Vieldimensionalität der Freiheit 57
- § 18. Freiheit und Ichbewußtsein 59
- § 19. Die Dialektik der Freiheit 61
- § 20. Freiheit und Verantwortlichkeit 62
- § 21. Das Moralprinzip des Freiheitsmaximums 64
- § 22. Freiheit und individuelles Gesetz 65
- § 23. Freiheit und Zweck 70
- § 24. Freiheit, Zeit und Wirklichkeit 71

Zweiter Teil

Die Problematik des religiösen Glaubens in lebensphilosophischer Sicht

Erstes Kapitel: *Vorstoß zum Zentrum der Simmelschen Religionsphilosophie* — 75

§ 25. Grundsätzliches zur methodischen Durchführung — 75
§ 26. Die Koordination und äquivalente Parallelität der Religion zu andern Weltformen als Grundvoraussetzung — 77
§ 27. Die beiden Hauptprobleme der Simmelschen Religionsphilosophie — 80
§ 28. Leitende Gesichtspunkte zur Bestimmung der Eigengesetzlichkeit der Religion — 82
  a) Die Religion als Funktionskategorie — 82
  b) Der religiöse Trieb als schöpferische Potenz — 84
  c) Religiöses Apriori und Lebensprozeß — 86

Zweites Kapitel: *Religion und Wirklichkeit (Die Verankerung der Religion in der Bewußtseinsstruktur)* — 88

§ 29. Die Vorbereitung der Religion im Leben oder das Phänomen des „Religioïden" — 88
§ 30. Die Objektivierung des religiösen Lebensprozesses zu zeitlos gültigen Vorstellungsinhalten — 91
§ 31. Der Glaube — 98
§ 32. Vorstellungs- und Verstehensweisen des Göttlichen — 101
  a) Die Gläubigen und ihre Götter — 101
  b) Die Gottheit in der Mystik und im Pantheismus — 107
  c) Das Problem der Personalität Gottes — 110

Drittes Kapitel: *Religion und Zeit (Endliches und ewiges Leben)* — 113

§ 33. Die Beziehung der Zeit zum Tode und die Todesverflochtenheit des Lebens — 113
§ 34. Das Verhalten des Menschen zum Tode — 117
§ 35. Versuche einer Sinndeutung der Unsterblichkeitsideen — 120

Viertes Kapitel: *Religion und Freiheit (Nähe und Ferne zum protestantischen Prinzip* — 127

§ 36. Die Korrelation von Freiheit und Bindung in der Religion — 127
§ 37. Stellung zur Religionsphilosophie Kants — 129
§ 38. Individuelles Gesetz und Heil der Seele — 131

Fünftes Kapitel: *Der Mensch und das Absolute* — 134

§ 39. Das Problem der Überwindung der Endlichkeit und Gebrochenheit des Menschen — 134
§ 40. Die von der Substantialität befreite Religion als reine Funktion des Lebens oder der intransitive Glaube — 137

§ 41. Die Erlösung als Ausgangspunkt religionstypologischer Zuordnung . 142
   a) Die Erlösungsidee als Signatur des religiösen Lebens 142
   b) Die soteriologische Richtungsoffenheit im Neuprotestantismus . 144
   c) Die Erlösung durch Individuation bei Simmel 144
§ 42. Die Geschichtslosigkeit der Religion des Lebens und das Reich des „Unsagbaren" 145
§ 43. Die Religionsphilosophie als Brücke und Tür 150

Résumé 154
Literaturverzeichnis 159

Verzeichnis der verwendeten Abkürzungen für Simmels Schriften

BdD	= Buch des Dankes 1958.	KgE	= Der Krieg und die geistigen Entscheidungen 1917.
BT	= Brücke und Tür 1957.		
Christ. u. K.	= Aufsatz: Christentum u. Kunst 1907 = BT 129 bis 140.	Konfl	= Der Konflikt der modernen Kultur 1926³.
		Kt	= Kant 1924⁶.
Diff	= Über soziale Differenzierung 1890.	Leb	= Lebensanschauung 1922².
		Mor	= Einleitung in die Moralwissenschaft I 1892 II 93.
Erk. d. Rel.	= Aufsatz: Beiträge zur Erkenntnistheorie der Religion 1902 = BT 105 bis 116.		
		Panth	= Aufsatz: Vom Pantheismus 1902.
Eth	= Vorlesung: Ethik und Probleme der modernen Kultur 1913.	PdG	= Philosophie des Geldes 1920³.
		PdK	= Zur Philosophie der Kunst 1922.
Frg	= Fragmente und Aufsätze aus dem Nachlaß 1923.	PK	= Philosophische Kultur 1923³.
GdS	= Grundfragen der Soziologie 1917.	Rel	= Die Religion 1912².
Geg. d. Leb.	= Die Gegensätze des Lebens und der Religion 1904.	Rel. u. W.	= Aufsatz: Religiöse Grundgedanken und moderne Wissenschaft (Antwort auf eine Rundfrage) = BT 117 – 121.
Gesch	= Die Probleme der Geschichtsphilosophie 1907³.		
		Rem	= Rembrandt 1919².
Gt	= Goethe 1923⁵.	SchN	= Schopenhauer und Nietzsche 1907.
HdP	= Hauptprobleme der Philosophie 1927⁶.	Schp	= Schulpädagogik 1922.
Heil d. S.	= Aufsatz: Vom Heil der Seele 1902 = BT 122 bis 128.	Soz	= Soziologie 1908.
		Soz. d. Rel.	= Aufsatz: Die Soziologie der Religion 1898.
KG	= Kant und Goethe 1918⁴.	WhV	= Vom Wesen des historischen Verstehens 1918.

Vorbemerkungen zur Thematik, Begrenzung und Gliederung des Untersuchungsgegenstandes

a) Allgemeines zum Thema

Die Aufgabe der vorliegenden Untersuchung ist es, einen Weg zum Verständnis des denkerischen Anliegens der Philosophie Georg Simmels zu weisen. Beim Studium seines Gesamtwerkes stößt man zunächst auf fast unüberwindlich scheinende Schwierigkeiten. In einem feingeschliffenen essaistischen Stil meditiert Simmel über die Verwicklungen und Verschlingungen, von denen das menschliche Dasein betroffen ist. Hier werden keine bloßen Theoreme entwickelt, sondern Einsichten vorgelegt, die aus dem unmittelbaren Miterleben eines nach allen Seiten beweglichen Geistes entspringen. Simmel gehört zu jenen Denkern, die eine systematische Abrundung grundsätzlich niemals für das erste Erfordernis des Philosophierens gehalten haben. An die Stelle der Konstruktion tritt bei ihm die Analyse, an die Stelle der abgerundeten Architektonik eine unbegrenzt erweiterbare Heuristik, an die Stelle des formalen Methodismus der erlebnisfrische Impuls, an die Stelle trockener Reflexion die aphoristisch andeutende Intuition.

Simmel hat es den Interpreten nicht leicht gemacht. Oft erhält man den Eindruck, als spreche ein philosophierender Künstler bald über diesen, bald über jenen Gegenstand, wie es ihm in einem beinahe spielenden schöpferischen Erkenntnisdrang gerade einfällt. Sucht man bestimmte Aussagen näher zu analysieren, so scheinen sie den Händen wieder zu entgleiten. Aber so bleibt es nur bei der ersten Begegnung mit dem Werk dieses Mannes. Es ist ein gefährlicher Irrtum, wenn man glaubt, daß der Inhalt seiner philosophischen Essays sich in unverbindlichen geistreichen Paradoxien erschöpfe, und daher einem oberflächlichen Genießen schon zugänglich sei. Zum vollen Verständnis seines Gesamtwerkes bedarf es vieler Monate, vielleicht sogar Jahre. Aber sind wir erst einmal von diesem Autor in die Bewegung des Gedankens hineingerissen – und „Bewegtheit", „Werden", „Prozeß" sind Lieblingsausdrücke Simmels – dann wird es immer leichter, die wiederkehrenden Leitideen zu erkennen, die sich wie ein roter Faden durch alle Veröffentlichungen hindurchziehen. Dann wird man gewahr, daß hinter solchen disparaten Zeugnissen dennoch eine *Einheit* waltet. Es ergeht also die Aufforderung an den Interpreten, das unzweifelhaft bestehende gemeinsame, zusammenhaltende geistige Band herauszufinden.

b) Begrenzung des Themas

Es könnte sich die Frage erheben: Ist die Begrenzung auf ein Einzelthema bei solchem Denker überhaupt zulässig? Und wenn man sie aus irgendwelchen zwingenden Momenten heraus auf sich nehmen muß: in welchem Grade ist sie noch erlaubt? Denn tatsächlich ist eine Zuordnung der in seinen Büchern behandelten Themen zu größeren „Gebieten" nur durch künstliche, die Einheit des Textes zerreißende Einschnitte möglich. Jedes seiner Werke, ja schon beinahe jeder Aufsatz, nimmt Bezug auf das Gesamt der Kultur, handelt eigentlich über das eine große Thema „Der Mensch" bzw. „Einzelleben im Gesamtleben", nur immer wieder in anderer Variation[1]. Alles ist mit allem verflochten, verwebt wie in einem „Teppich des Lebens", um den Titel eines Gedichtwerkes des mit Simmel befreundeten Dichters Stefan George zu gebrauchen.

Die Einspannung eines besonderen, nur einen Bereich behandelnden Themas in einen Rahmen, der die unendliche Fülle des Gebotenen begrenzt, ließe sich kaum mit gutem Gewissen rechtfertigen, wenn nicht zum Glück Simmel selber die menschliche Kultur als ein Gebilde angesehen hätte, das von verschiedenen „Lebensreihen" durchzogen wird. So durften wir ein Gebiet ins Auge fassen, das nun doch die Ausscheidung alles von ihm entfernter Gelegenen ermöglicht.

Der Bereich, den wir ausgewählt haben, die Religion, gehört zu den umstrittensten Fragekomplexen in der Erforschung der europäischen Lebensphilosophie. Noch einmal steigen Bedenken auf: Sind denn Simmels Bemühungen, eine Bestimmung des Wesens und der Aufgabe der Religion zu finden, überhaupt bedeutsam genug, um ihnen eine Untersuchung zu widmen?

Überblickt man die zeitgenössische Literatur, so fällt auf, wie rasch die Kritiker Simmels mit negativen Beurteilungen zur Stelle waren. Soweit man sich nach dem Tode des Philosophen (26. 9. 1918) mit diesem Thema befaßt hat, hat sich daran kaum etwas geändert. So kann man es durchaus als die noch heute allgemein verbreitete Auffassung ansehen, wonach dem Problem der Religion bei Simmel nur ganz peripherische Bedeutung zukomme. Religionsphilosophische und theologische Autoritäten (Wobbermin, Scheler, Scholz, Jelke, Wünsch, Hessen, Bauhofer, Steffes, Straubinger)[2]

---

[1] Vgl. Richard Lewinsohns Erinnerungen an Simmel (BdD 170).

[2] Georg Wobbermin: Systematische Theologie nach religionspsychologischer Methode. 2. Bd. Das Wesen der Religion 1925^2, 441–445. – Max Scheler: Vom Ewigen im Menschen 1933^3, 521–523. – Heinrich Scholz: Religionsphilosophie 1922^2, 265–273. – Robert Jelke: Religionsphilosophie 1927, 127. – Georg Wünsch: Wirklichkeitschristentum 1932, 119. – Johannes Hessen: Die Religionsphilosophie des Neukantianismus 1924^2, 183 f. – Johannes Hessen: Religionsphilosophie. 2. Bd. System der Religionsphilosophie 1955^2, 243–246. – Oskar Bauhofer: Das Metareligiöse. Eine kritische Religionsphilosophie 1930, 198–200.

stimmen mehr oder weniger darin überein, daß Simmels Religionstheorie indiskutabel sei. Es ist übrigens gleichgültig, ob man dabei Simmel selbst jedes Verständnis für das wahre Wesen der Religion abspricht, oder seine Theorie als für die Weiterentwicklung der Religionsphilosophie völlig nichtig und belanglos ansieht. Für diese Interpreten waren das offenbar wechselseitig sich stützende Argumente.

Simmel selbst hat in keiner Weise dazu beitragen wollen, daß sich die Aufmerksamkeit der geistigen Welt auf seine Religionstheorie richte, im Gegensatz zu den Neukantianern, die sich an geschlossenen Systemen versuchten (Reischle, Cohen, Natorp, Mehlis, Görland)[3]. Formulierungen, Bestimmungen, Folgerungen, Stellungnahmen bezüglich des Themas der Religion finden sich bei ihm – abgesehen von einer kleinen monographischen Studie aus dem Jahre 1906 – weithin zerstreut vom Erstlingswerk bis zu den letzten Tagebuchaufzeichnungen. Aber, so quantitativ gering an Umfang (insgesamt kaum 300 Seiten) diese Äußerungen sein mögen, allein schon die Häufigkeit, mit der Simmel auf dieses Gebiet zu sprechen kommt, verrät ein Interesse dieses Denkers an der Religion, das unmöglich als nicht wesentlich beiseite geschoben werden kann[4]. Gleichbleibend richtete sich seine Aufmerksamkeit auf den Kampf um die gültige Religionsform.

Die Anschauungen Simmels über die Religion sind niemals bloße Gelegenheitsäußerungen, sondern ergeben sich folgerichtig aus der Gesamtkonzeption seines Denkens. Sorgsam müssen wir herausarbeiten, welche Rolle und Stellung gegenüber andern Verstehens- und Seinsweisen die Religion bei ihm einnimmt, um seine Aussagen gerecht würdigen zu können. Weiterhin müssen wir uns vergegenwärtigen, welche Eigentümlichkeiten innerhalb des riesigen Problemkomplexes der Religionsphilosophie er untersuchen wollte und welche Einzelfragen er bewußt und ausdrücklich von seinen Erörterungen ausschloß.

Wie überall, so bietet er auch hier keine fertigen Theorien oder Deduktionen aus philosophischen Sätzen, sondern läßt den Leser teilnehmen an der Suche nach letztmöglichen Wirklichkeitszusammenhängen. Die Gedan-

---

– Johann Peter Steffes: Religionsphilosophie 1925, 115 f. – Heinrich Straubinger: Einführung in die Religionsphilosophie 1929, 53–55. – Vgl. außerdem noch: G. Niemeier: Die Methoden und Grundauffassungen der Religionsphilosophie der Gegenwart 1930, 161–165. – Friedrich Karl Schumann: Religion und Wirklichkeit 1913, 99–145. – Hans Leisegang: Deutsche Philosophie im XX. Jahrhundert 1928, 101–102. – Hans Leisegang: Religionsphilosophie der Gegenwart 1930, 71 f. (Philosophische Forschungsberichte 3).
[3] Max Reischle: Die Frage nach dem Wesen der Religion 1889. – Hermann Cohen: Der Begriff der Religion im System der Philosophie 1915. – Paul Natorp: Religion innerhalb der Grenzen der Humanität 1908². – Georg Mehlis: Einführung in ein System der Religionsphilosophie 1917. – Albert Görland: Religionsphilosophie als Wissenschaft aus dem Systemgeiste des kritischen Idealismus 1922.
[4] Zwischen den Jahren 1898 und 1901 hielt Simmel fast in jedem Semester Vorlesungen über Religionsphilosophie.

kengänge, die er entwickelt, die überraschenden Schlüsse seiner z. T. auf Analogien kühnster Art beruhenden Argumentationen eröffnen stets neue, bis dahin noch unbekannte Aspekte, die in eigenwilliger Diskrepanz zu althergebrachten Thesen und Methoden stehen. Alle diese so unendlich feinsinnigen und auf keine Vorbilder zurückführbaren Besonderheiten hat kaum einer seiner religionsphilosophischen Kritiker beachtet[5]. Sie beurteilten unsern Philosophen durchgängig von außen, ohne sich der Anstrengung des Mit-Denkens zu unterziehen, und ohne zu versuchen, in die Tiefe seiner Wesensaussagen einzudringen.

Als Lebensphilosoph überhaupt steht Simmel freilich nicht isoliert da unter seinen Zeitgenossen, wenn man ihm auch mit Recht in den Darstellungen meist eine Sonderstellung einräumt. Er gehört durchaus als Vorbereiter und charakteristischer Vertreter jener gewaltigen irrationalistisch ausgerichteten Strömung an, die im ersten Viertel unseres Jahrhunderts so weit hin alles Denken beherrschte[6]. In seiner Metaphysik lassen sich unschwer verwandte Züge mit Leitideen Bergsons, Euckens und Joëls entdecken. Geschichtsphilosophisch berührt er sich sehr nahe mit Dilthey und Troeltsch. Querverbindungen zu den Neukantianern sind in reicher Zahl vorhanden. Jüngere Philosophen wie Cohn (geb. 1869), Liebert (geb. 1878), Litt (geb. 1880), Spranger (geb. 1882), Ortega y Gasset (geb. 1883), Freyer (geb. 1887) verdanken Simmel Anregungen, bauen sie auf eigene Weise aus, oder stellten Teilaspekte in völlig andersartige Zusammenhänge.

Von allen diesen geistesgeschichtlich höchst bedeutsamen Längs- und Querlinien soll indessen abgesehen werden. In unserer Untersuchung werden *keine Vergleiche* durchgeführt und *keine Beweise von Fremdeinflüssen* aufgezeigt, mögen noch so viele „Ähnlichkeiten" mit andern Denkern (wie sie überall und zu allen Zeiten zu finden sind) zu solchen Unternehmungen einladen. Ich berufe mich in meiner Einstellung auf Simmel selbst, der in seiner Monographie „Schopenhauer und Nietzsche" (1907) sagt: „Je ‚persönlicher' eine geistige Persönlichkeit ist . . ., desto fälschender und widerspruchsvoller ist es, sie mit einer anderen zu messen — gleichviel ob sich als Resultat Gleichheit oder Ungleichheit ergibt". „Jede

---

[5] Auf Grund eines schematischen Einteilungsprinzips wird Simmel z. B. von Robert Winkler mit Natorp, Vaihinger und dem frühen Ziegler in einem Atemzuge genannt. Vgl. seine Einleitung in: Quellenbuch der Religionsphilosophie. Hrsg. von Georg Wobbermin 1925², 19.

[6] Das tiefste Geheimnis der Simmelschen Philosophie ist vielleicht erst dann zu begreifen, wenn man seine Aufsätze über ästhetische Gegenstände und künstlerische Persönlichkeiten eingehend studiert. Diese Essays im Rahmen einer Arbeit über die Religion gebührend zu würdigen, ist mir leider nicht möglich. Ohne weitere Begründung bitte ich als Tatsache hinzunehmen, daß Simmel im Laufe seines Lebens ein immer mehr verfeinertes Kunstinterpretationsvermögen entwickelt hat. Seine Deutungen der Werke Michelangelos und Rembrandts bedeuten den Höhepunkt der neuromantischen Kunstphilosophie.

Vergleichung, die die eine auf denselben Generalnenner mit der anderen bringen muß, vergewaltigt ihre Einzigkeit, welche ihren Maßstab nur an der Idee ihres eigenen Seins oder an ideellen, über die Persönlichkeit überhaupt hinweggreifenden Normen findet"[7].

c) Plan der Gliederung

Noch einige kurze Bemerkungen, wie wir zu der streng triadischen Gliederung dieser Untersuchung gelangt sind. Wir können die ganze Spannweite eines philosophischen Grundbegriffes besonders vollständig dann erfassen, wenn wir ihn zu anderen Seinsmodi oder Daseinskategorien in Beziehung setzen. Bei Simmel heißt das entscheidende Wort (etwa im Sinne von Chiffre) unzweifelhaft „Leben". Durch eingehende Beschäftigung mit andern Lebensphilosophen ergab sich, daß folgende Kategorien von zentraler Bedeutung sind: 1. die Wirklichkeit; 2. die Zeit, einschließlich der Zeithaftigkeit menschlichen Daseins und der daraus entspringenden spezifischen Zeitanschauung; 3. die Freiheit. Alle drei Begriffe sind zum Gesamtleben in Beziehung zu setzen.

1. Für jeden Lebensphilosophen nimmt die „Wirklichkeit" als Korrelat zum „Erleben" einen besonders hohen Rang ein. Mitunter tritt sie als „Urwirklichkeit" oder „schöpferisches Werden" an die Stelle des traditionellen Verständnisses von „Sein" (bei Eucken, Klages, Kottje u. a.). Für Simmel ist wichtig die Unterscheidung von Wirklichkeit und „Welt". Jede Erkenntnistheorie setzt ein eigenes Vorverständnis von Wirklichkeit schon voraus.

2. Das Problem der Zeit steht nicht nur bei Bergson im Mittelpunkt; es spielt auch bei Dilthey, Klages, Spengler u. a. eine fast unheimliche Rolle. Simmel hat nicht nur dem Phänomen der „historischen Zeit" eine eigene Studie gewidmet, sondern stellt auch in seinem metaphysischen Hauptwerk („Lebensanschauung" 1918) die Erörterung des Zeitproblems an den Anfang (ähnlich Klages). In allen ästhetischen und kunstphilosophischen Arbeiten wird das Verhältnis zur Zeit berücksichtigt.

3. Mit dem Freiheitsproblem hat sich Simmel sehr viel stärker beschäftigt als Bergson. Es ist wenig bekannt, daß er kurz vor seinem Tode noch begonnen hatte, ein umfangreiches Werk über die Freiheit vorzubereiten. Bruchstücke davon sind 1922 veröffentlicht worden[8]. Das Thema der Freiheit steht bei fast allen Lebensphilosophen im Vordergrund des Interesses (Eucken, Joël, Troeltsch, Keyserling, Driesch usw.). Bei den Neukantianern ist die Behandlung dieses Problems meist in einem Formalismus erstarrt (außer bei Windelband, Bauch und Liebert).

---

[7] SchN 16 f.
[8] In: Logos Bd. 11. 1922/23, 1 – 30.

Selbstverständlich soll die Einteilung in die drei Kapitel „Leben und Wirklichkeit", „Leben und Zeit", „Leben und Freiheit" nur eine Art heuristisches Orientierungsprinzip darstellen. Es ist uns bewußt, daß sich noch andere äquivalente Allgemeinbegriffe aufdrängen, deren Verknüpfung mit den obigen Kategorien wir im Einzelnen an entsprechender Stelle nachzugehen haben. Bei der Übertragung auf die religionsphilosophische Sonderproblematik ergeben sich eigentümliche Spannungen: Wirklichkeit und Hypostasierung; Zeit und Ewigkeit; Freiheit und Gnade.

Um eine Deutung von außen her (z. B. theologischer oder ontologischer oder positivistischer Art) streng zu vermeiden, mußte der erste, die grundlegenden Voraussetzungen erarbeitende Teil unserer Untersuchungen recht ausführlich werden. Eine gerechte Würdigung der Simmelschen Stellung zur Religion ist *nur* möglich, wenn wir sein *lebensphilosophisches* Anliegen, seine schwierige Dialektik, seine Theorie des objektiven Geistes und seine Lehre vom „individuellen Gesetz" voll verstanden haben.

Es wurde davon Abstand genommen, Simmels geistiges Schaffen in mehrere, fest abgegrenzte Phasen einzuteilen, wie es manche Interpreten tun[9]. Wohl wird in unserer Darstellung auch der historische Entwicklungsgang berücksichtigt und keine Aussage der „Spätzeit" mit einer 30 Jahre früher geschriebenen willkürlich vermengt. Aber wer Simmels „Frühzeit" kennt, weiß, daß er von Anfang an auf die Erhellung des Prozeßcharakters der Erscheinungswelt und auf das große Thema des „Ich", der Individualität, hinzielte. Wenn auch der Einheitsgedanke erst später klarer hervortritt, so darf man doch das Ganze seiner Bemühungen um eine Weltbewältigung ansehen als Wandlungen, Schwerpunktsverschiebungen innerhalb *einer einzigen lebensphilosophischen Grundhaltung*, deren Frühphase man als „werdensphilosophische Vorstufe" bezeichnen mag. Damit sind wir des Übelstandes enthoben, Simmels Denk-Entwicklung in einander heterogene Perioden auseinanderreißen zu müssen. Wir gehen von der Voraussetzung aus, daß sein Erkenntnisweg kontinuierlich verlief. Es sind immer wieder falsche Folgerungen gezogen worden, weil man nicht Simmels Prinzip beachtete, das darin bestand, das Entlegenste und scheinbar Widerspruchvollste durch paradoxe Zusammenfassungen zu einer höheren, das Verwandte (Analoge) transparent machenden Einheit zusammenzuzwingen. Unser Philosoph blieb sein Leben lang sich selbst treu in der von ihm ergriffenen Rolle als „Mittler zwischen der Erscheinung und den Ideen"[10]. Es erscheint mir daher widersinnig, an irgendeinem Zeitpunkt seines Lebens eine Zäsur anzubringen.

---

[9] z. B. Max Frischeisen-Köhler: Georg Simmel (Kant-Studien Bd. 24. 1919, 11 ff.) und Herwig Müller: Georg Simmel als Deuter und Fortbildner Kants. Diss. 1935.
[10] Siegfried Kracauer: Georg Simmel (Logos Bd. 9. 1920/21, 333).

Da unsere Arbeit nicht eine Gesamtdarstellung der Philosophie Simmels beabsichtigt, mußten soziologische, ästhetische und pädagogische Probleme, die unser Thema höchstens peripherisch berühren, ausgeschlossen bleiben.

Erster Teil

Die erkenntnistheoretischen und metaphysischen Voraussetzungen der Religionsphilosophie Simmels

Wirklichkeitsauffassung, Zeitanschauung und Freiheitsverständnis sind für menschliches Dasein in so gleich hohem Maße wesentliche Konstituentien, daß es methodisch beliebig ist, in welcher Reihenfolge wir sie in unserer Untersuchung berücksichtigen. Von jedem dieser drei Urphänomene oder Modi gelangen wir geradewegs in das Zentrum der Ich-Welt-Beziehung eines Denkers, können wir sozusagen mit drei fundamentalen Bestimmungsstücken Ort, Stand, Situation eines auf Daseinsfragen Antwort Suchenden sistieren. Verschiebt sich eines dieser drei Elemente im Raumkoordinatennetz menschlicher Weltdeutungsmöglichkeiten, dann verändern sich automatisch auch die Richtungen der beiden andern. Mag solches Bild angemessen sein oder nicht – auf jeden Fall besteht ein ganz enges Verhältnis wechselseitiger Durchdringung, und nur um einigermaßen stofflich Unterscheidbares auseinanderbreiten zu können, müssen wir in unserer Darstellung die drei Konstituentien Wirklichkeit – Zeit – Freiheit zunächst voneinander isoliert in den Griff zu bekommen suchen. Aus Vorbem. c) ergab sich bereits, daß wir bei einem Lebensphilosophen relativ frei von Umwegen und Wiederholungen zum Ziel gelangen, wenn wir mit der Analyse seiner Wirklichkeitsauffassung beginnen.

Erstes Kapitel

Die Entfaltung der Wirklichkeitsauffassung
(Leben und Wirklichkeit)

§ 1. Die „schlichte" Wirklichkeit und das Ideelle

Am Anfang des Denkens Georg Simmels steht eine eigentümliche Prozeßphilosophie, in der fast ausschließlich mit den zwei einander ergänzenden Kategorien „funktionaler Prozeß" (oder einfach „Funktion") und „Inhalt" operiert wird. Mit dem Funktionalen wird diejenige Seite der Erscheinungen ausgedrückt, die nicht für sich, sondern allein im Kontinuum, im Vollzug faßbar oder darstellbar ist[1]. Schon Goethe verstand unter „Funktion" „das Dasein in Tätigkeit gedacht". An den streng lo-

---
[1] Zum Vergleich die Definition Diltheys: „Eine Funktion bezieht sich immer auf einen teleologischen Zusammenhang und bezeichnet einen Inbegriff zusammengehöriger Leistungen, die innerhalb dieses Ganzen vollzogen werden". Systematische Philosophie. Hrsg. von Hinneberg. Teil 1. Abt. 6 1908², 68.

gisch-mathematischen Begriff der Funktion dürfen wir hierbei nicht denken. „Inhalt" ist dann im Gegensatz dazu alles Seiende in seiner mehr oder weniger dauerhaften Geformtheit, das Qualitativ-Invariable.

Mit Hilfe dieses Kategorienpaares suchte sich Simmel schon in seinen frühen philosophischen Veröffentlichungen die Dynamik und unendliche Verknüpfung aller Lebensäußerungen zu erklären. In der Vorform der „Werdensphilosophie" ist alle spätere eigentliche Lebensphilosophie im Keim enthalten. Schon hier kämpft Simmel gegen die Alleinherrschaft der Intellektualität, leuchtet er hinein in mannigfache Motive der Emotionalität, steuert er direkt hin auf den Prozeßcharakter der konkreten, geschehensrealen, erfahrbaren Erscheinungswelt.

Die „Wirklichkeit" wird im ethischen Frühwerk („Einleitung in die Moralwissenschaft" 1. Bd. 1892. 2. Bd. 1893) nicht als das statisch Festlegbare angesehen, sondern als etwas, das sich im Laufe der *Entwicklung* als „Qualität des Vorstellungslebens" einstellt. Die „Wirklichkeit der Dinge" und die Räumlichkeit sind für Simmel psychische *Prozesse*, die am *Inhalt* der Vorstellungen vor sich gehen[2]. Beim seelischen Prozeß steht ihm dabei immer das Bild des kontinuierlichen Fließens vor Augen, während dem Inhalt Eigenschaften zukommen, die sich nicht verändern, ganz gleich, ob er unter dem „Lokalzeichen" des Seins oder des Gedachtwerdens erscheint[3]. Simmel geht von der Voraussetzung aus, daß am Anfang ein *Indifferenzzustand* von Sein und Denken bestanden habe. Er zählt vier Kriterien auf, die bei der Scheidung für die menschliche Gattungserfahrung maßgebend waren: 1. Der direkte Augenschein. 2. Die logische Überlegung. 3. Der Ausschluß des Gegenteils. 4. Glaubensmäßige Motive. Dies sind sozusagen die Brücken, die im Vorstellen von der „Welt der Gedanken" (das Ideelle) zur „Welt der Wirklichkeit" führen[4]. Wir halten hier sogleich fest, daß für Simmel „Welt" ein der Wirklichkeit überzuordnender Allgemeinbegriff ist.

Die Einheit des *Ich*, welche doch eigentlich das Korrelat zur Wirklichkeit sein müßte, spielt in dieser Frühperiode für Simmel eine recht untergeordnete Rolle: Das Ich ist völlig inhaltlos und weiter nichts als ein Kreis, den wir der Gesamtheit unserer Vorstellungen umschreiben[5]. Indem wir *einen* Seeleninhalt aus dem *anderen* herleiten und so von einem zum andern fortschreitend alle Inhalte als ein in sich zusammenhängendes Gewebe begreifen, behaupten wir, die Seele sei *einheitlich*[6]. Die Seele als „Gesamtkomplex von Vorstellungen" erscheint nur deswegen „relativ einheitlich", „weil seine einzelnen Bestandteile durch aufeinander ausgeübte Kräfte sich schließlich einander anähnlichen"[7].

Da Simmels Fundierung einer Ethik für unsere Untersuchungen von Wichtigkeit ist, müssen wir noch darauf eingehen, welche Grenzziehung

---

[2] Mor I,6. — [3] Mor I,6. — [4] Mor I,6. — [5] Mor I,135. — [6] Mor II,368. — [7] Mor II,112.

er vornimmt zwischen Wirklichkeit und *Sollen*. Beide Kategorien[8] werden bezeichnet als „Aggregatzustände der Vorstellung", neben denen es noch andere gibt: das Wollen, das Können (Möglichkeit)[9], das Müssen (Notwendigkeit)[10], das Hoffen, das Fürchten, das Zweifeln. Geläufig ist uns das Sollen als ein Denkmodus, den die Sprache durch die Form des Imperativs ausdrückt[11]. Die Bestimmung des Inhalts gilt für das Sollen genau so wie für das Sein (= Wirklichkeit). Als Form neben andern Formen, welche der rein sachliche ideelle Inhalt der Vorstellungen zwecks Bildung einer „praktischen Welt" annehmen kann, als „gefühlter Spannungszustand von Inhalten"[12] ist das Sollen einfach eine „Urtatsache", über die wir logisch nicht mehr hinausfragen können[13]. Im Einzelnen weist Simmel nach, daß die Rückführung eines *Inhalts* des Sollens auf einen andern ins Unendliche fortgesetzt werden könnte, ohne daß man je ein unwiderlegbares einheitliches Prinzip erreichte. Jeder Versuch, vom bloßen Begriff des Sollens aus einen *bestimmten* Inhalt zu gewinnen, sei daher von vornherein aussichtslos[14]. So gelangt er zu der Feststellung: Das Sollen läßt sich überhaupt nicht *positiv* bestimmen, es ist „grundlos"[15]. Zwar kann das Subjekt immer nur etwas Bestimmtes sollen, aber das *Sollen selbst* ist etwas rein Formales, eine bloße *Funktion*[16]. Das ethische Sollen ist nur ein Spezialfall. *Alle* Zustände, denen man ein Sein noch absprechen muß, die aber dennoch nicht in der Gleichgültigkeit des Nichtseins verharren, gehören dem Modus des *Sollens* an[17]. Mit dem Begriff des Sittlichen ist freilich das Sollen bereits untrennbar verbunden: Sittlich sein bedeutet eben nichts anderes als tun was wir tun sollen[18]. Die Inhalte des Sittlichen sind einfach die *Erfüllungen* der Kategorie des Sollens. Simmel zeigt an historischen Phänomenen, wie Inhalte des Seins zu denen des Sollens wurden. Uns geht es hier nur um den *erkenntnistheoretischen* Charakter dieser Kategorie.

In den „Problemen der Geschichtsphilosophie" (1892, 1907³ stark verändert), der einzigen rein erkenntnistheoretischen Studie, bekämpft Simmel den Naturalismus, der die historische Erkenntnis zu einem Spiegelbild der Wirklichkeit machen wollte. Die Geschichtswissenschaft hat es gar nicht unmittelbar mit einer versunkenen empirischen Welt zu tun, sondern mit einem in sich geschlossenen Gebilde „Geschichte", das neuen, eigenen Gesetzen folgt und kategorial durchgeformt ist[19]. Man kann lediglich von einer „Umrißgleichheit" von unmittelbarer empirischer Wirklichkeit und Historie sprechen[20]. Die historische Betrachtung setzt erst ein bei den längst objektiv gewordenen Inhaltsreihen; nach *ideellen* Gesichtspunkten trifft sie eine Auswahl und fügt danach die Teile zu einem

---

[8] Nicht im Sinne Kants, sondern so viel wie: Ordnungsarten oder Welteinstellungen *aller* seelischen und geistigen Funktionen.
[9] Mor I,8. — [10] Mor I,54—61. — [11] Mor I,9. — [12] Mor I,11; I,68. — [13] Mor I,12. — [14] Mor I,13 f. — [15] Mor I,16—18. — [16] Mor I,54. — [17] Mor I,9. — [18] Mor I,15. — [19] Gesch 56. — [20] Gesch 48.

neuen Ganzen zusammen. Die Historie betreibt *Synthesen* vom Sachgehalt und von der Bedeutung einstiger Geschehnisse her; mit der Kategorie des seelischen Erlebens hat sie nichts mehr zu tun[21]. Es sind a priori wirksame Kategorien, die über den Spielraum der historischen Gestaltungsformen gegenüber dem realen Geschehen entscheiden[22]. Wenn man bedenkt, daß bereits das „wirkliche Erleben" eine apriorische Kategorie darstellt, so sind die Kategorien der Historik solche „zweiter Potenz", indem sie nun an einem Material wirksam werden, das vorher die Kategorie des Erlebens passiert hat[23].

In der „Philosophie des Geldes" (1900) wird der empirischen Wirklichkeit wiederum ein ideelles Reich, nämlich die gesamte Ordnung der *Werte* gegenübergestellt. Derselbe Lebens-Inhalt kann uns auf zweierlei Weise, als *wirklich* und als *wertvoll*, bewußt werden[24]. Den Kategorien des Seins (= Wirklichkeit) und des Wertes kommt der Charakter der Fundamentalität zu; sie können weder aufeinander noch auf einfachere Elemente zurückgeführt werden. Aber *oberhalb* von Wert und Wirklichkeit befindet sich eine Welt, die beiden das Material liefert: die Welt der *reinen Inhalte*. Es wird an dieser Stelle auf Platon hingewiesen; er bereits habe jene „obere" Welt gemeint, als er das Bezeichenbare, Qualitative, das in Begriffe zu Fassende „Ideen" nannte[25]. Simmel führt das räumliche Bild weiter durch, indem er sich die menschliche Seele an einem Ort *unterhalb* der Kategorien Wert und Wirklichkeit anwesend denkt[26]. Die Seele nimmt also Inhalte auf, die eigentlich aus dem „Jenseits" des Gegensatzes von Wert und Wirklichkeit stammen. Zum erstenmal wird von unserem Philosophen die Vermutung ausgesprochen, daß die *erkennende* und die *wertende* Zusammenfassung der Inhalte noch einmal von einer „metaphysischen Einheit" umfaßt werde, für die unsere Sprache nur kein Wort habe, „es sei denn in religiösen Symbolen"[27]. Es bestehe die Möglichkeit, daß hinter Wirklichkeit und Wert ein gemeinsamer „Weltgrund" liege, den man sich als „erhabene Indifferenz" oder auch als „harmonische Verflechtung" aller Divergenzen vorstellen könne[28].

Im Anschluß an diese vorsichtig tastende metaphysische Erwägung sucht Simmel die Kategorie „Wert" genauer zu bestimmen, indem er sie als ein Objekt des Begehrens von der Wirklichkeit als dem Objekt des Vorstellens abgrenzt. Beide Male gehe eine Subjekt-Objekt-Spaltung vor sich, die uns das Objekt als „Widerstand", als „Hemmnis" empfinden lasse[29]. Die besondere Beziehungsform des Wertes zum Subjekt wird näher präzisiert als „Forderung" oder „Anspruch", als eine Funktion des „zwischen uns und den Dingen", die ihren Inhalt einem außerhalb unser existierenden „ideellen Reiche" entnimmt[30]. Daher ist der Wert eine „metaphysische Kategorie", die niemals in der Zweiheit subjektiv-objek-

---

[21] Gesch 64. — [22] Gesch 72. — [23] Gesch 72. — [24] PdG 4. — [25] PdG 7. Vgl. Rem 189. — [26] PdG 7. — [27] PdG 7. — [28] PdG 7. — [29] PdG 13. — [30] PdG 15.

tiv aufgeht[31]. Die Verselbständigung der Werte sieht Simmel ganz unplatonisch an als das Ergebnis einer langen geschichtlichen Differenzierung, die Hand in Hand ging mit der Herausbildung des Ichbewußtseins, indem zwischen Momentanempfinden des Objekts und Wertung desselben eine immer größere Distanz eintrat. Denn einen Inhalt werten bedeutet nichts anderes als: ihn in eine objektive Distanz vom Subjekt rücken[32].

Diese im Einleitungskapitel der „Philosophie des Geldes" skizzierte *Werttheorie* wird für Simmel von Wichtigkeit in seiner Auseinandersetzung mit Kants Sollensethik. Es ist nicht zu leugnen, daß unser Autor erkenntnistheoretisch ein erhebliches Stück über die in der „Moralwissenschaft" gewonnene Einsicht hinausgelangt ist. Wirklichkeit und Wert sind jetzt bestimmt als zwei verschiedene Sprachen zwecks Verständlichmachung der Weltinhalte. Die in ideeller Einheit gültigen Vorstellungsinhalte und ihre psychischen Realisierungen werden scharf getrennt. Das übertheoretische „Wirklichkeitsgefühl"[33] bildet das „psychologische Vehikel" zwischen den beiden erkenntnistheoretischen Kategorien „Geltung" (= innere Gesetzlichkeit) und Vorstellungsobjekt (= Bewußtwerden im Subjekt). Jetzt erst erfaßt Simmel das eigentliche Wesen des *Geistes*: *„Der Inhalt eines Vorstellens fällt mit dem Vorstellen des Inhalts nicht zusammen"*[34]. Schon in der „Einleitung in die Moralwissenschaft" hatte er angedeutet, daß am Anfang des seelischen Lebens der Indifferenzzustand stehe, in dem Ich und Objekt noch ungeschieden ruhen[35]. Die innere Trennung vorzunehmen, sich selbst zum Objekt machen zu können, das eben ist erst die fundamentale Fähigkeit des Geistes. Erst der Geist schafft durch die Wechselwirkung von Subjekt und Objekt eine substantielle Einheit, die die Seele als solche noch nicht besitzt. „Geist", so definiert Simmel einmal, „ist der objektive Inhalt dessen, was innerhalb der Seele in lebendiger Funktion bewußt wird"[36]. Die Einsicht, daß der Geist sich als das Zugleich von Subjekt und Objekt jenseits seiner selbst stellen könne, wurde für Simmel der Ausgangspunkt seiner Lehre von der Selbsttranszendenz als der Basis einer dialektischen Lebensmetaphysik. Auch eine Theorie des objektiven Geistes als Grundlage einer immer weiter verzweigten Kulturphilosophie ist hier bereits fertig ausgebildet[37].

Ehe wir auf die Endphase in der Entfaltung der Wirklichkeitsauffassung eingehen, müssen wir noch einen Blick auf das Goethe-Buch (1913) werfen, denn hier erreicht die Anwendung des Prinzips der Korrelativität von Wirklichkeit und Wert einen für Simmel bedeutsamen Höhepunkt. Er gelangt in der Deutung von Person und Werk des Dichters zu folgenden Ergebnissen: Was sonst in „Erscheinung" und „Bedeutung" oder „Wert" dualistisch getrennt ist, fließt hier zusammen in die Synthese, indem die

---
[31] PdG 14 f. — [32] PdG 26 f. — [33] PdG 509. — [34] PdG 10. — [35] Mor I,6. — [36] PdG 527. — [37] PdG 509—511.

Gestalt als solche zur unmittelbaren Offenbarung der *Idee* wird[38]. Goethe fand das Unendliche allein in der Ebene des Endlichen. Für ihn war die Einheit seiner Existenz mit ihrem Wert identisch; sein Wertbewußtsein ruhte auf der *Identität von Wirklichkeit und Wert*[39]. Jedes Ding offenbart als Pulsschlag des Weltprozesses dessen Totalität von Wirklichkeit und Wert[40]. Es ist also die Aufzeigbarkeit der Idee in der Wirklichkeit, welche das Zusammen von Wirklichkeit und Wert realisiert und garantiert. Und weil beide im metaphysischen Grunde eins sind, darum ist Goethe Realist und Idealist zugleich[41]. Als der Dichter später deutlicher die Risse zwischen Idee und Erfahrung spürte, suchte er sie durch die Kategorie des „symbolischen Falles" zu überbrücken: Er schreibt dem Wirklichen eine Struktur zu, „die einen einzelnen Teil seiner sich zum Vertreter einer Gesamtheit qualifizieren und ihn damit die Beschränkung auf seine Singularität überschreiten läßt"[42]. Verteilt auf die einzelnen Lebensabschnitte zeigt die Relation von Wirklichkeit und Wert bei Goethe folgendes Gesicht: 1. Unkritische Einheit. 2. Auseinandertreten. 3. Ineinander. 4. Hinauswachsen des Wertes über die Verwebung mit den Wirklichkeitsinhalten[43]. Definiert wird die Wirklichkeit im Goethe-Buch als ein Weltbild, das in der Formung durch solche Kategorien erlebt wird, die für das praktische Handeln zweckmäßig sind[44]. Es wird also vorausgesetzt, daß der schlichten oder empirischen Wirklichkeit noch andere Formungsmöglichkeiten des Weltstoffes zur Seite stehen. Aber diese Anschauung von der Gestaltung eines Inhalts in verschiedenen „Welten" oder „Weltformen" erhielt ihre endgültige Fassung erst in Simmels metaphysischem Spätwerk.

Nach Formprinzipien oder apriorischen Kategorien hatte schon der junge Simmel auch außerhalb des naturwissenschaftlichen Bereiches gesucht, z. B. in der Geschichte (ähnlich Dilthey). Mit der immer stärkeren Hinwendung zum Ideellen, zum Reich der Werte, bildeten sich zwei wichtige Probleme, deren Bearbeitung für ihn richtungweisend wurde beim Übergang von der Erkenntnistheorie in die Metaphysik:

1. Wie kommt es zur Formung von geistigen Welten?
2. Wie verhalten sich die geistigen Welten zueinander und zum Leben?

§ 2. Die Selbsttranszendenz des Lebens

Bereits in der „Philosophie des Geldes" findet Simmel das entscheidende Charakteristikum menschlichen personalen Geistes im *Selbstbewußtsein*. Sich selbst verstehen, sich selbst beurteilen, sein eigenes Gesetz über sich selbst stellen, das ist das Urphänomen, das dem Menschen seine

---
[38] Gt 51. — [39] Gt 63. 78. — [40] Gt 60. — [41] Gt 60 f. — [42] Gt 130. — [43] Vgl. Gt 103 f. 105 f. 109 f. 117. — [44] Gt 17.

Sonderstellung im Kosmos verschafft. Geist haben heißt: sich selbst wissen können. Das Subjekt weiß sich als Objekt, das Objekt als Subjekt. Geist ist zugleich Subjekt und Objekt[45]. „Subjekt und Objekt werden in demselben Akte geboren"[46]. Noch schärfere Formulierungen für diese Tatsache verwendet Simmel – sicherlich irgendwie unter dem Einfluß Hegels – in dem Aufsatzband „Philosophische Kultur" (1911). Dort heißt es in zugespitzter Dialektik: Mit Hilfe des Selbstbewußtseins macht der Geist die Funktion seiner selbst zum Inhalt seiner selbst[47]. Oder: Das Grundwunder des Geistes besteht darin, daß er „in seiner Einheit verbleibend, sich dennoch sich selbst gegenüberstellt"[48]. Oder: Das Subjekt wird ohne zeitliches Intervall, im Zugleich, im Zurückbiegen auf sich selbst (d. h. in der re-flexio), sein eigenes Objekt; das Wissende und das Gewußte wird identisch[49]. Weil das Selbstbewußtsein es dem Ich ermöglicht, sich in Subjekt und Objekt zu trennen und dabei doch in seiner Einheit zu verbleiben, bezeichnet es Simmel sehr treffend als den *„Vorentwurf für jedes Denken eines Einzelinhaltes"*[50].

Als Lebensphilosoph vermag sich Simmel die Identität des Wissenden und des Gewußten nicht substantialistisch vorzustellen. Es handelt sich vielmehr auch im geistigen Leben um einen Prozeß. Das alles Vitale weit hinter sich lassende Urphänomen des Selbstbewußtseins erhebt das Leben auf eine andere Ebene, ohne daß etwas ihm noch nicht wesensmäßig Angehöriges hinzukommt. Um sowohl den Prozeßcharakter als auch den Gedanken der Einheit festhalten zu können, bedient sich der spätere Simmel in einem genial zu nennenden Lösungsversuch der Kategorie der *Grenze*. In „Lebensanschauung" (1918) wird das menschliche Bewußtsein interpretiert als ein dauernd Grenzen setzender Grenzüberwinder[51]. Auf diese Weise sucht Simmel zugleich die unzähligen Variationsmöglichkeiten des zwischen Wissen und Nichtwissen stehenden und daher ständig nach Orientierungspunkten greifenden Menschen zu erklären. Eine Grenze beschränkt nicht nur, sondern bestimmt das Begrenzte in seinem innersten Wesen; daher *hat* der Mensch nicht nur Grenzen, sondern *ist* selbst Grenze[52]. Aber zugleich weist jede Grenze über sich hinaus; deshalb *weiß* der Mensch nicht nur um seine Unbeschränktheit, sondern *ist* selbst ein Wesen ohne Grenze. Indem er ein Jenseits der Grenze denken kann, hat er sie bereits überschritten[53]. Der Mensch als ein Grenzwesen ohne Grenze vermag prinzipiell beides *in einem Akt*: in sich zu verbleiben, in seiner Subjektivität zu kreisen, und doch zugleich dauernd sich selbst zu überschreiten, indem er objektiv *über* den Dingen und *über* sich selbst steht[54].

Der vor der Ausweitung zur Metaphysik noch unbestimmte „Pandynamimus" Simmels gelangt jetzt in der Anwendung auf das allumfassende,

---

[45] PdG 84. – [46] PdG 12. – [47] PK 211. – [48] PK 211. – [49] PK 212. – [50] PK 212. – [51] Leb 2–4. – [52] Leb 1. – [53] Leb 4. – [54] Leb 15.

überindividuelle Leben zu einer Dialektik von Kontinuität (Leben als Dynamik, „funktionaler Prozeß") und Invariabilität (Leben als Form). Mit „Form" ist jetzt nicht mehr die apriorische Kategorie auf der Subjektseite gemeint, sondern das von ihr geformte *objektive Gebilde*. Die Steigerungstendenz des Lebens bezeichnet Simmel als „Mehr-Leben"[55]; die Überschreitungsweise des Lebens (Transzendieren) in das Über-sich-hinaus, d. h. in die Ebene der Sachgehalte (des logisch autonomen Sinnes, des Wertes, der Idee, des zeitlosen Geltens) nennt er „Mehr-als-Leben"[56].

Mit den Neukantianern teilt Simmel die Voraussetzung, daß wir die Inhalte unseres Erkennens einem Reiche des sachlich Geltenden entnehmen. Bereits in der „Philosophie des Geldes" dehnte er diese rein erkenntnistheoretische Position aus auf das Verhältnis zwischen dem individuellen Subjekt (also nicht mehr dem transzendentalen Ich Kants!) und dem in der Kultur vergegenständlichten Geist. In der Kultur liegen „präformierte Inhalte" vor, die unabhängig vom aufnehmenden Subjekt ein Eigendasein führen. Unser Bewußtsein verdichtet jeweils bestimmte Abschnitte aus dieser rein ideellen Sphäre des „objektiven Geistes" zur Wirklichkeit[57]. Erst die Tatsache, daß Geist in den „Aggregatzustand" der Vergegenständlichung zu treten vermag, d. h. daß sein gültiger Gehalt zu einer historischen Kategorie wird, ermöglicht *Tradition*, Teilhabe des Subjekts an einer (in der Empirie längst versunkenen) „Welt"[58].

In „Lebensanschauung" bezeichnet Simmel den Übertritt der geistgewordenen Form vom pulsierenden Leben zur zeitlosen Existenzweise als „Achsendrehung"[59] oder als „Wendung zur Idee"[60]. Das geformte Leben hat sich sozusagen um das prozeßhafte „Mehr-Leben", dem es seine Entstehung verdankt, herumgedreht, und beginnt es nun seinerseits mit seinen „Kristallisationen", seinen starr sich absetzenden Diskontinuitäten und Verabsolutierungen zu beherrschen. Die Dialektik spitzt sich fast zu einer Paradoxie zu: Das Wesen dieses merkwürdigen, alles umgreifenden Phänomens „Leben" besteht für Simmel darin, daß es sein „Anderes", nämlich *Form* werden will, und zugleich diese Form nicht sein will; so oszilliert es dauernd zwischen dem Noch-nicht-Form-sein des (noch ursprungsnahen) Möglichen und dem Nicht-mehr-Bewegtsein des Gewordenen[61]. Ein konkretes Beispiel seiner metaphysischen Theorie erblickt Simmel in der Tatsache, daß die Menschheitsgeschichte einen ständigen Wechsel darstellt zwischen vitaler Steigerungstendenz, verfestigter Lebensform und wieder neu durchbrechender Lebensdynamik. Von hier aus bekommt seine Kulturphilosophie und Geschichtsmetaphysik einen tragischen Akzent.

---

[55] Leb 20. — [56] Leb 23. — [57] PdG 510. — [58] PdG 511. — [59] Leb 37. — [60] Leb 27 ff. — [61] Vgl. Leb. 20–22.

§ 3. Der Parallelismus der Weltformen

Mit der Konzeption von der Ideozentrierung des Lebens verbindet Simmel eine Theorie von der Pluralität der geistigen Welten. Eine seiner Grundüberzeugungen ist es, daß der Geist Weltinhalte, die nicht irgendeine Gestalt annehmen, die aus weiter nichts als dem reinen „Rohstoff" (Daseinsstoff, Weltstoff)[62] bestehen, nicht zu erfassen vermag. Der Geist muß den Bestand möglicher Qualitäten erst zu Gehalten, zu ideellen Ordnungen *organisieren*. Der Geist entscheidet, wie sich der Weltstoff verhalten wird, denn er ist das Ganze schöpferischer Möglichkeiten. Die Kategorien, über die der Geist verfügt, formen die Inhalte zu einer „Welt" oder „Ganzheit", ohne dabei den Daseinsstoff selbst innerlich zu verändern[63]. Das allumfassende Schema für die Bildung einer Welt und die Deutung *aller* Welten der Lebensgestaltung (= „Lebensreihen") ist für Simmel die durch Abstraktion vollzogene Scheidung des Daseins in Formen (kategoriale Erfassung) und Inhalte („Lebensinhalte", „Weltinhalte")[64]. Die Abstraktion selbst bleibt ein unerklärliches Urdatum, das wir hinnehmen müssen.

Es macht den Spannungsreichtum des kulturellen Lebens aus, daß ein Nebeneinander von Weltganzheiten oder Lebensreihen besteht, die von je einem Grundmotiv her den Daseinsstoff formen und auf je eigene Art den Menschen beanspruchen[65]. „Jeder gegenständliche Bewußtseinsvorgang gehört seinem Inhalt und Sinne nach in eine dieser Welten"[66]. Die Weltinhalte sind uns nicht „Stück für Stück" gegeben, sondern kraft besonderer kategorialer Formung schließen sie sich zu einem *Kontinuum* zusammen. Das Ganze können wir niemals erfassen: „Unsere sämtlichen aktiv oder passiv erlebten seelischen Inhalte sind *Fragmente* von Welten"[67]. Simmel gebraucht das Bild von auseinander gelagerten Ebenen, durch die das Leben, der Vitalstrom, hindurchschwingt. Jede dieser mannigfachen Ebenen, durch die wir kursieren, stellt prinzipiell die Welttotalität nach einer besonderen Formel dar[68]. Mit diesem Satz wird also behauptet, daß jede Weltform grundsätzlich *alle* Lebensinhalte zu gestalten vermag. Freilich macht Simmel eine wichtige Einschränkung: Innerhalb der *geschichtlichen Realisierungen* tritt immer nur *eine* Form *in individueller Einseitigkeit* auf. Hier herrscht das Prinzip der Begrenzung. Jede Form ist ja zugleich verendlichend, steckt Grenzen und kann daher nur der *Idee* nach, aber niemals realiter die Gesamtheit möglicher Inhalte umfassen[69]. Aber eben an der Möglichkeit, daß die Fülle des Daseinsstoffes grundsätzlich in *jede* Weltform einfließen könnte, muß Simmel festhalten; damit steht und fällt seine metaphysische Konzeption. „Eben wegen dieser prinzipiellen Fähigkeit, den Stoff in seinem ganzen Umfang

---
[62] Rel 9. Leb 30. 33. — [63] Leb 30 f. — [64] Rel 9. — [65] Leb 31. 35. — [66] Leb 35. — [67] Leb 35. — [68] Leb 36. — [69] Leb 32 f.

aufzunehmen, nenne ich das Wirkliche als Ganzes und ebenso das künstlerisch Erschaffbare, das theoretisch Erkennbare und das religiös zu Konstruierende je eine Welt"[70]. Hier werden vier der wichtigsten Welten aufgezählt. Aber es gibt noch weitere (z. B. sittliches Werten, gefühlsmäßig innerliche Verarbeitung der Welt, Erleben der Weltinhalte in der Lebensspannung des Abenteuerlichen), denn zur „Weltform" eignet sich jede Tätigkeit des Bewußtseins, die in sich eine Gesetzmäßigkeit trägt. Nur was in keinem unmittelbaren oder mittelbaren Zusammenhang steht, gehört in keine Welt. Die „Kontinuität ist für den Weltbegriff unerläßlich"[71].

Innerhalb jeder dieser eigengesetzlichen Welten ist wiederum Pluralität, größte Ausgliederungsmöglichkeit anzunehmen. „Wir erblicken in jedem dieser Bezirke eine innere sachliche Logik, die zwar Spielraum für große Mannigfaltigkeiten und Gegensätze gibt, aber doch auch den schöpferischen Geist an ihre objektive Gültigkeit bindet"[72]. Wichtig ist der Terminus „Gültigkeit". Erkenntnis, Kunst, Ethik, Religion usw. sind also selbstgenügsame, von innen her zusammengehaltene *objektive* Gebilde. Ihnen haftet eine „eigenweltliche Ideellität" an[73], oder, wie es schon in der „Philosophie des Geldes" hieß, „eine Norm, ein Maßstab, eine ideell vorgebildete Totalität", die wir in unserem aktiven Wirken „in die Form der Realität" überführen[74]. In „Probleme der Geschichtsphilosophie" (1907³) bezeichnet Simmel das von innen her zusammenhaltende Prinzip einer Weltform als ‚ „Bündigkeit"[75]. Werke der Kultur, religiöse Heiligkeiten, philosophische Systeme, ethische Imperative: sie alle tragen in sich eine gegenständlich-sachlich-sinnhaltige Bündigkeit. Nur einheitliche Gebilde mit ganzheitszentrierten Qualitäten besitzen einen „bündigen" Zusammenhang.

So liegen diese Weltformen in „ideeller Vorzeichnung" vor uns (bzw. „über uns"), und unsere individuelle geistige Produktivität spielt dabei weit mehr eine *entdeckende* und *erobernde* als eine rein erschaffende Funktion[76]. Letztere kommt dem praktischen Leben zu: das Leben „erfindet", weil es auf vitale Zweckmäßigkeit aus ist. Die Funktionsart des theoretischen Erkennens dagegen, die Wissenschaft, „entdeckt"[77].

Simmel gehört mit seiner Weltstofflehre geistesgeschichtlich auf die Seite des Nominalismus. Während für die traditionelle Ontologie irgendeine Teilhabe am „Seinsgrund" die Voraussetzung bildet, geht der Nominalismus von den Individualisierungen aus. Er begnügt sich mit dem *Suchen* nach einem Absoluten, kennt es nicht als substantielle Primärform, das als ein von vornherein Gegebenes nur noch auf scharfsinnige Weise deduziert zu werden braucht. Simmels purer Weltstoff, jenes rät-

---

[70] Leb 31. Vgl. PK 29 f. 254. Rel 10. HdP 16. BT 145. — [71] Leb 31. —
[72] Leb 29. — [73] Leb 36. — [74] PdG 508. — [75] Gesch 35 f. — [76] Leb 34 f. —
[77] Leb 60.

selhafte x, jenes neutrale Substrat, das umschreibt ein objektives Minimum, das in einem äußersten Gegensatz steht zum Maximum objektiven Entgegennehmenmüssens etwa in der Lehre von der einigenden Wesensvorbildlichkeit der platonischen Ideen. Erst durch die kategoriale Blickfähigkeit des Menschen empfangen die Inhalte ihre jeweils verschiedene Form. Die Inhalte sind nicht „real", da sie erst durch Kategorisierung „für uns" *werden*[78]. Die Form ist das „Akzidentelle", das den Weltstoff nur von außen umgreift[79].

Die Schwierigkeiten, eine solche metaphysische Konzeption konsequent auf alle philosophisch relevanten Gebiete zu übertragen und an einzelnen Punkten zu erhärten, sind keine geringen. Wer sich einmal in diese Sichtweise hineinversetzt hat, auf den dürften aber die konkreten Fälle, die Simmel anführt, einen durchaus überzeugenden Eindruck hinterlassen[80].

Zu den Voraussetzungen dieser Theorie gehören aber noch drei Momente, die wir beachten müssen.

1. Die Weltformen sind keiner Mischung, keines Übergreifens, keiner Kreuzung fähig[81]. Hier muß Simmel das Zugeständnis machen, „daß im einzelnen Grenzunsicherheiten entstehen und ein von einer Kategorie geformtes Weltstück in die andere hineingenommen und hier von neuem als bloßer Stoff behandelt werden kann"[82]. Aber das stört nicht die Grundthese, daß jede Funktionsart des Geistes den ganzen Weltstoff in ihrer besonderen Sprache ausdrückt.

2. Die Weltformen stehen „ontologisch" auf derselben Stufe. Auch die sog. Welt der praktischen Wirklichkeit ist den übrigen zu koordinieren[83]. Damit wird die so weit verbreitete Vorstellung zurückgewiesen, als ob die Welt der Erfahrung und der Praxis, die Welt des sinnlich Wahrnehmbaren, die Wirklichkeit schlechthin sei[84]. Denn auch aus dieser – uns anscheinend schon so vertrauten – Summe von Dingen und Geschehnissen schafft erst der Geist eine Einheit, indem er die Inhalte in ein Netz, das er selber gesponnen hat, einfängt. Das Prinzip „Realität" nimmt nur deswegen im Einzelleben einen solch großen Raum ein, weil es sich so eng mit dem „Pragmatischen" verbindet, relativ frei ist von Einseitigkeiten und individuellen Ausprägungen, und uns daher „in einer relativ gleichmäßigen Attitüde festhält"[85]. Simmel ist also ein Gegner jeder „Überbau-Theorie". Das ist tief bedeutsam, denn er steht damit tatsächlich *jenseits* der Alternative Positivismus – Phänomenalismus, Realismus – Idealismus usw. Man sollte gerade hier in der Beurteilung keine erkenntnistheoretischen Spitzfindigkeiten hereintragen, wie es die Neukantianer taten. Es

---

[78] Leb 31. – [79] Vgl. hierzu Peter Wust: Die Dialektik des Geistes 1928, 544. – [80] Vgl. Leb 44–93. – [81] Leb 29. – [82] Leb 29. – [83] Leb 34. – [84] Rel 10. – [85] Leb 33. Vgl. auch Frg 58.

geht der Lebensphilosophie um das Dasein des Menschen und um seine Haltungen und Werte. Der eigentliche Maßstab ist stets das *Schöpferische*; deswegen vertritt Simmel die „Koordination" und schreibt den ideellen Welten die gleiche Mächtigkeit und Totalisierungsfähigkeit zu wie der empirisch-praktischen Sphäre. „Wirklich" im umfassenden Sinne wird damit, was für den Menschen einen vollen Wirklichkeits-Wert und eine „Wirkens-Kraft" besitzt. „Real" drückt nur den Gegensatz zu „ideell" aus. Der Einfluß Goethes und der Romantik ist unverkennbar. Zugleich wird dem Pragmatismus eine Absage erteilt. Simmel hat einer Argumentation jeden Bogen entzogen, welche diejenige Welt für die allein wirkliche hält, die als die praktisch zweckmäßigste scheint. Außerdem sind die praktischen Welten bei jedem biologisch anders eingerichteten Wesen ohnehin ganz verschieden. „Die wirkliche Welt ist nur eine von vielen möglichen"[86]. Hier wird „wirklich" im Sinne des Kategorienpaars „Aktualität – Potentialität" verwendet. Der Weltstoff birgt nach Simmel ein unendlich großes „Reservoir" von „Möglichkeiten". Inhalte können in beliebig vielen Formungen einheitliche Gebilde ergeben[87]. Die Mehrheit gleichrangiger Welten („Äquivalenz") ist ein Konstituens des Menschseins.

3. Wenn wir nicht das „Andere" des Lebens (d. h. seine geistige Funktionsform) betrachten, sondern das Leben selbst in seiner Dynamik des Prozesses, dann sind die mannigfaltigen Welten oder Weltformen alle miteinander verbunden, und es ist ein und dasselbe Leben, das sie als seine „Pulsschläge" erzeugt[88]. Durch diese Aussage wird die Einheit im metaphysischen Sinne bewahrt. Der Zusammenhang bleibt trotz des Nominalismus unzerstört; die Fülle des Seienden versinkt nicht in einem chaotischen Nebeneinander womöglich ganz zufälliger übersingulärer Idealitäten, sondern diese Weltformen sind zugleich „*Lebensreihen*", kein für sich stehendes Reich des Lebensjenseitigen, sondern durchaus mit dem Leben verwurzelt. Sie besitzen „Embryonalstadien", embryonale Vorformen; das Vitale als „Mehr-Leben" hatte sie sämtlich einst aus seiner eigenen Dynamik hervorgetrieben[89]. Erst durch die Achsendrehung zur Idee (Ideozentrierung) haben sie sich verselbständigt, so daß jetzt umgekehrt das Leben ihnen dient und in ihnen seine letzte Wert- und Sinnerfüllung sieht[90]. In diesem Prozeß des Umschlags aus dem Vitalen ins Ideelle erblickt Simmel die Entstehung der Kultur überhaupt[91]. Zwischen den einzelnen Reihen, in denen sich Lebenskategorien in Bildner eigenwertiger Formationen verwandeln, besteht ein Verhältnis der „Ähnlichkeit"[92]. „In relativistischem Prozeß erhebt sich über das subjektiv psychologische Geschehen die von ihm unabhängige objektive Gestalt und Wahrheit, Norm und Absolutheit"[93], die sich dann in den eigengesetzlichen Welten manifestiert[94].

---
[86] Rel 11. — [87] Rem 191. — [88] Leb 36. — [89] Leb 36. 49. — [90] Leb 37. — [91] Leb 49. — [92] Leb 93. — [93] Leb 94. — [94] Vgl. Leb 30.

§ 4. Wirklichkeit und Wahrheit

Im Zusammenhang der Ableitung der Wissenschaft aus dem *Wissen* als der vitalen Vorform kommt Simmel auf den Wahrheitsbegriff zu sprechen. Abgelehnt wird die Hypothese, daß eine absolute, für alle Wesen gültige Wahrheit das objektiv deckende Gegenbild der Wirklichkeit bilde. Nach dem Pragmatismus bemächtigt sich der Intellekt schrittweise immer mehr der Wahrheit, weil er eingesehen hat, daß ihre Aneignung und Verbreitung einen höchsten Nutzen für das menschliche Gesamtdasein darstellt. Diese Theorie läßt nach Simmels Meinung das Wesen der Wahrheit selbst ungeklärt[95]. Eine morphologische „Übereinstimmung" mit einem Objekt komme überhaupt nicht in Frage, vielmehr: Wahrheiten sind begriffliche Spiegelungen gewisser Richtungen, „die die praktisch-dynamischen Zusammenhänge des sich entwickelnden Lebens in sich und im Verfolg ihres eigenen Sinnes erzeugen"[96]. Ausgehend von der Grundüberzeugung Goethes „was fruchtbar ist, allein ist wahr", zeigt Simmel, wie das Leben sich selber seine erkennenden Funktionen schafft, damit diese die Inhalte so weit bearbeiten können, um intellektuelle Formen um das praktische Leben herum aufzubauen[97]. Nach der Ideozentrierung des Lebens kommt es nun zu der Situation, daß Menschen die Erkenntnis zum alleinigen Lebenssinn erheben. Der Alltagsmensch erkennt, um zu leben; die Wahrheit innerhalb der Praxis wird nur um des Lebens willen gesucht[98]. Aber um *Wissenschaft* sein zu können, müssen die Erkenntnisse aus der Lebenslinie erst herausgelöst werden. Sie werden nun dem ideell vorgezeichneten Bezirk des *Nur-Wahren* zugeordnet, werden Träger eines genuin gewordenen Wahrheitswertes[99], werden mit einer genuinen Schöpfungskraft erfüllt, und stellen so die „Welt der Wissenschaft" her. In der selbstgenügsamen Form der Wissenschaft ist das Wahre ein freischwebender Komplex: jedes Glied baut sich in ihr auf jedes andere in Wechselwirkung auf, und dies ist eben Ausdruck der geschlossenen Einheit der Wissenschaft[100]. Eine Welt, die sich selbst trägt. Der *Grund* aller Wissensinhalte liegt *außerhalb* des Wissens. Die Relativität der Einzelerkenntnisse ist der Preis, den die Wissenschaft für ihre Erhebung zur Eigenweltlichkeit und Souveränität bezahlen muß[101].

Faßt man Wahrheit in dem althergebrachten Sinne von „adaequatio rerum et intellectus", so wird man über den Bereich mathematischer Richtigkeit und dogmatischer Hinnahme nicht hinauskommen. Im Bereich des schöpferischen seelisch-geistigen und geschichtlichen Lebens gibt es keine Übereinstimmung gegenständlicher Behauptungen mit nachmeßbaren Objekten. Simmel geht es um die Unabhängigkeit des Wahrheitswertes eines Vorstellungsinhaltes von der Psyche. Er hat niemals gesagt: „Alles ist rela-

---

[95] Leb 53. — [96] Leb 54. — [97] Leb 54 f. — [98] Leb 56. — [99] Leb 57. — [100] Leb 58. — [101] Leb 58.

tiv", oder „Wahrheit ist unerreichbar", oder „Alles ist grundsätzlich anzuzweifeln oder bloßer Schein", und was sonst noch für agnostizistische, skeptizistische und illusionistische Theorien aufgestellt worden sind, sondern so lautet sein Satz: *„Relativität ist das Wesen der Wahrheit selbst"*[102]. An dieser Stelle sei erinnert, daß der der Lebensphilosophie nahestehende Ernst Troeltsch ebenso vergeblich wie Simmel selbst gegen die gedankenlose Gleichsetzung von Relativität und Relativismus gekämpft hat. Relativität hat den positiven Sinn, daß objektiv gleichwertige Wahrheiten in beliebiger Zahl nebeneinander existieren können, ohne sich gegenseitig aufzuheben. Wissen um die Relativität erfordert ein unbegrenztes Offensein für den Wahrheitswert aller nur möglichen Welten. Die Kantische Voraussetzung „Unsere Erkenntnisse sind wahr, weil und insoweit sie von apriorischen Normen bestimmt sind — und diese sind gültig, weil jene von ihnen normierte Wissenschaft unbezweifelt gilt" — wird von Simmel als ein sich selbst tragender Zirkelschluß entlarvt[103]. In einer Tagebuchaufzeichnung hat er der *Weisheitserkenntnis* vor der einfachen Wahrheitserkenntnis den Vorzug gegeben: Erstere stehe mit der Ganzheit des Lebens im Zusammenhang und sei dessen Aufgipfelung, während letztere nur auf die Sache gerichtet und daher etwas Vereinzeltes sei[104].

Simmel wußte um die Bedingtheit auch der sog. „festgestellten" Wahrheiten und um die Überheblichkeit der Behauptung schon erkannter oder immer wieder erkennbarer „ewiger" Wahrheiten. Zwischen mitgebrachter geistiger Struktur und Wahrheitsinhalt besteht eine sachliche Präformation. Die individuelle Wahrheit hat den Charakter einer prinzipiellen Festgelegtheit, einer Art Norm, die das vorstellende Subjekt ergreifen oder verfehlen kann. Im höchsten Sinne ist Wahrheit für Simmel kein statisches Prinzip, sondern ein ständiger Anspruch, eine regulative Idee, ein sich im praktischen Handeln ausdrückendes Verhältnis von Wille und Wirklichkeit. Besonders in „Goethe" vertritt er diesen über die wissenschaftliche Richtigkeit hinausgehenden ethisch-metaphysischen Wahrheitsbegriff, der sich etwa auf die Formel bringen läßt: Angemessene und zur inneren Nachbildung hinreichende Darstellung des Verhaltens einer Seele zur Welt[105].

§ 5. Der Vorrang des Lebens gegenüber der Idee

Simmels erkenntnistheoretische und metaphysische Gedanken beruhen trotz des Ausgehens von Kants Kritizismus auf einer lebensphilosophischen Konzeption. Er hat selbst einmal geschrieben: „Ich stelle mich in den Lebensbegriff wie in das Zentrum; von da geht der Weg einerseits zu Seele und Ich, andererseits zur Idee, zum Kosmos, zum Absoluten"[106].

---
[102] PdG 81. — [103] Kt 46 f. Vgl. Brief Simmels an Rickert vom 15. 4. 1917 (BdD 118 f.). — [104] Frg 31. Vgl. 21 f. — [105] Gt 26—33. — [106] Frg 6.

In der nachgelassenen Mappe „Metaphysik" wurde die Aufgabe einer Philosophie des Lebens in der Weise bestimmt, daß sie das *Apriori des Lebens* festzustellen habe. Während die Erkenntnistheorie ein verhältnismäßig leicht übersehbares Gebiet kategorialer Formung bearbeitet, muß hier etwas, das von vornherein dauernd gleitet und oszilliert, mit einer gewissen Künstlichkeit erst auf die begriffliche Ebene projiziert werden[107]. Wir führten bereits aus, welche Bedeutsamkeit der Zustand der „Indifferenz" besitzt (S. 17 u. 20). Am Anfang steht eine inhaltsbestimmte Einheit, die noch nicht in Subjektivität und Objektivität auseinandergefallen ist. Sie ist durch keine intellektuelle Reflektion zu erfassen, sondern nur durch eine „spezifische Schauung", die Simmel ausdrücklich in Analogie setzt zu der von Kant in der „Kritik der reinen Vernunft" erwähnten überzeitlichen Schauung oder dem „Intuitus originarius"[108]. Er sieht in der Schauung eine fließende Einheit hinsichtlich ihres Objekts und eine noch einheitliche Funktion hinsichtlich des Subjekts. Die von uns vollzogene Antwort unserer Gesamtexistenz auf das Dasein der Dinge, insofern sie in einem unmittelbaren funktionellen Konnex mit der Objektivität geschieht – wo sich also noch keine Vermittlungen unseres Weltverhältnisses einschalten – nennt Simmel „Erleben". Das Erleben ist „unsere Seite des Verhältnisses zwischen einem Objekt und der Ganzheit oder Einheit unseres Seins"[109]. Erleben setzt ein Einssein des Schauenden mit dem Geschauten voraus, Erkennen dagegen eine gegenständliche Subjekt-Objekt-Beziehung. Indem das Erkennen *distanziert*, zerbricht es die Kontinuität des Lebens. Das Erleben ist das Frühere, die vorausgehende Aktivitätsform, die die Erkenntnis potentiell in sich enthält. Trennung von Subjekt und Objekt und nachträgliche Synthesis im Erkennen „gehen wohl pari passu vor sich"[110]. Schon in den „Problemen der Geschichtsphilosophie" hatte Simmel betont, daß sich die „unmittelbare Wirklichkeit" nur im „Augenblick des Erlebens" zeigt, während das „Erkenntnisbild" bereits voller „Bedeutungsgefühle" ist[111].

Die erste Entfaltung der Lebenseinheit im Akt der Abstraktion bewirken die beiden grundlegenden Kategorien Prozeß und Inhalt. Simmel schwebte als Ziel vor, die Gesetze der Synthese zu finden, auf Grund derer die Elemente des kontinuierlichen Lebens ihre eigentümlichen Relationen zwischen den Inhalten bilden. Leider ist dieser Plan nicht mehr zur Ausführung gelangt.

Wie bei Bergson geht es um die Erfassung des Werdens, der kontinuierlichen Strömung oder Beweglichkeit selber; nur bleibt hier die Intuition auf das *Wissen* um das ununterbrochene Leben beschränkt. Jede Einzelerkenntnis dagegen beruht bereits auf kategorialer Formung, Abstraktion,

---

[107] Buber-Festschr. 1928, 222–224. – [108] Rem 45. – [109] Frg 150. – [110] Buber-Festschr. 222. – [111] Gesch 55.

Vergegenständlichung. Simmel bezweifelt, daß der Charakter des absoluten Fließens *allein* das Sich-Versetzen in die reine Identität von Ich und Welt leisten könnte. Das große philosophische Anliegen der Menschheit, im Festen, Stabilen und Bleibenden ein Weltprinzip zu sehen, käme dabei zu kurz[112]. Bergson konnte den Gegensatz von Intellekt und Leben nicht überwinden, weil er das Phänomen des menschlichen Selbstbewußtseins nicht genügend beachtet hatte. Wenn aber das Leben sich selber überschreiten kann, dann gehört eben das Sich-selbst-Verstehen mit zum Wesen des Lebens[113]. Freilich ist es die Kontinuität, die die *Totalität* des Lebens verkörpert, freilich erweist sich „des Lebens Gegenspiel", die Form, stets als der Faktor der *Unlebendigkeit* im Lebendigen. Aber das übergegensätzliche, das absolute Leben, umgreift beides, Leben und Nichtleben. Um existieren zu können, muß sich das Leben immer wieder in Nichtleben verwandeln. Das ist seine Tragik, die Bergson nicht bemerkt hat[114]. Die Dualistik ist aufgehoben zugunsten einer Dialektik mit Schwerpunkt auf einem Pol, denn überall triumphiert letztlich das Leben überhaupt über das Ideelle. Sogar jeder Gedanke ist „realer Pulsschlag realen Lebens"[115]. „Daß das Bewußtsein *lebt*, ist nicht fraglich"[116]. Die unzähligen Formen, die unser schöpferisches Erkennen in actu hervorruft, sind gleichsam die Spiegel, in denen das Leben sich seiner bewußt wird.

So bekommt das Hegelsche Absolute einen umgekehrten Akzent. Was bei Hegel das Andere zum Geist war, die Natur, das wird bei Simmel Ausgangspunkt: die Form wird zum „Anderen des Lebens"[117]. Die Abstraktion bleibt ein völlig inadäquates Mittel, um das Wesen des Lebens näher zu erfassen, da die „Schicht der Begrifflichkeit" mit dem Reich der Formen zusammenfällt. Von dem *vor* oder *jenseits* aller Formen gelegenen absoluten Leben kann man nach Simmel keine begriffliche Definition mehr bilden[118]. Das absolute Leben ist „ein unbezeichenbares Etwas", „ein Immer-Gleiches", „das in das Leben erst allmählich eingeht"[119]. Wenn man will, kann man die geistigen Funktionsarten als die emporgeschleuderten leichteren Gestalten des schaffenden geheimnisvollen Grundes ansehen.

Streng logisch genommen hat Simmel vier Varianten des Lebensbegriffes dialektisch in eine Verschmelzungseinheit gebracht:

1. Leben als reine Vitalität, als Daseinsstrom.

2. Leben als Aktcharakter des Bewußtseins (Erlebensfunktion).

3. Leben als geistige, geschichtliche, kulturelle Erscheinung (= Idee, Wert, Objektivation, Kristallisation).

---

[112] PdK 144 f. — [113] Frg 6. — [114] PdK 138. — [115] Leb 52. — [116] Frg 263. —
[117] Leb 80. 94. — [118] Konfl 27. Anm. — [119] Rem 74.

4. Leben als höhere und heile metaphysische Instanz, die die Gegensätze und Zerrissenheiten in einer phänomenologisch nicht mehr erfaßbaren Einheit versöhnt bzw. allem Riß vorausgeht.

Allen vier Strukturen ist gemeinsam das Prinzip der in der Vielheit sich entwickelnden Einheit[120]. Denkmodell ist dabei das Analogon zum Verhalten im Organischen, die Projektion der Lebensbewegung in die logische Sphäre. Es handelt sich um eine doppelte Dialektik: Die Gegensatzpaare Mehr-Leben (Steigerungsdrang) und Mehr-als-Leben (Überschreitungsdrang), sowie Prozeß und Inhalt, die sich vielfach überkreuzen, nehmen ihren Ausgangspunkt von einer Indifferenz *Leben* als letztaussagbare weltdurchwaltende *Energeia*. Simmel erreicht hier schauend eine Schicht, „in der logische Schwierigkeiten nicht ohne weiteres Schweigen gebieten"[121]. Simmel gibt selbst zu, daß er in seinem Sprachgebrauch (z. B. Die Idee „lebt") „Leben" in einem „ganz allgemeinen oder *symbolischen* Sinne nimmt"[122]. Das aber heißt, daß sich ihm das Urdatum Leben zu einer metaphysischen Chiffre vertieft hat.

§ 6. Wirklichkeit und Symbol

Simmels Verständnis der Symbole ist nicht das Goethes, Schellings und der Romantiker. Diese waren es, die den uns heute in Dichtung und Kunst geläufigen Symbolbegriff geschaffen haben, während Simmel einer älteren rational-nominalistischen Traditionslinie folgt. Vergegenwärtigen wir uns kurz die hauptsächlichsten Unterschiede zwischen beiden Auffassungen. Nach der idealistisch-romantischen Interpretation ist ein Symbol mit ahnungsschwerer Sinnfülle geladen, gleichsam stummberedte Ursprache des Kosmos, Offenbarung des Unerforschlichen. Um Symbole recht zu erkennen, bedarf es der Intuition, des Vermögens der inneren Anschauung. Voraussetzung ist hier eine Korrespondenz der Erlebnisgebiete, durch die das Seelische zur Einheit wird. Symbol und Gegenstand werden gedacht in Entsprechung zur Polarität von Innen und Außen. Zeichen und Bezeichnetes treffen im Bilde zusammen, ohne übereinzukommen. Da sich im sinnlichen Zeichen das Geheimnis verbirgt, bleiben die Symbole vieldeutig, ja die Logik des Geistes steht der Symbol-Schau geradezu feindlich gegenüber. Man kann diese Weise, mit Symbolen umzugehen, als „Ausdrucks-Symbolik" klassifizieren.

Ganz anders die Bewertung der Symbole bei Simmel. Für ihn ist das Symbol vor allem eine reine Funktion, die sich in der Stellvertretung erschöpft, fast identisch mit „Zeichen". Wir wollen diese Auffassung der „Terminations-Symbolik" zuordnen. Zwei Vorstellungen stehen zueinander in einem ganz bestimmten Verhältnis. Die Möglichkeit und Eigenart dieses symbolischen Vorstellens beruht auf einem rational-konventionellen

---
[120] HdP 100 f. — [121] Leb 26. — [122] Leb 187.

Prinzip, das man als „Ähnlichkeit" im weitesten Sinne umschreiben kann. Immer steht die Bildlichkeit des Vorstellungsinhaltes „in Funktion eines Anderen", nämlich eines unanschaulichen Sinnphänomens. Die „Bedeutung" ist sozusagen das Band zwischen dem Symbolisierenden und dem Symbolisierten. Als „Relationalist", der alles in Verhältnissen und Analogien versteht, muß Simmel auch in den Symbolen etwas *Mittelbares* erblicken; ihnen steht das unmittelbare Ergreifen der Objekte gegenüber. „Unmittelbar" ist für ihn immer der Gegensatz zu „nur symbolisch"[123].

Während Simmel in der „Einleitung in die Moralwissenschaft den Symbolen eine reine „Als-ob"-Bedeutung zuweist[124], treffen wir in der „Philosophie des Geldes" schon eine bedeutend vertiefte Auseinandersetzung mit diesem Phänomen. Zwar die „nebelhafte Symbolistik mythologischer Weltanschauungen" gehört nach ihm unwiederbringlich der Vergangenheit an[125]. Der Prozeß der Symbolbildungen und Entsymbolisierungen unterliegt einem ewigen Wechsel: „Auf der einen Seite wächst die Symbolisierung der Realitäten, zugleich aber werden, als Gegenbewegung, stetig Symbole aufgelöst und auf ihr ursprüngliches Substrat reduziert"[126]. Symbole können in die „Gefühlsbedeutung der Realität" einrücken, sie können aber ebensogut in anderen Zeiten diese Verbindung wieder lösen. Bei sehr hochentwickelten und komplizierten Kulturzuständen treten Symbole erneut ganz stark hervor, verlagern sich hier jedoch völlig aus dem Gebiet der theoretischen Weltschau in die Sphäre des praktischen Erkennens. Die extensive und intensive Häufung der Lebensmomente erfordert ein Operieren mit ihnen durch Zusammenfassungen, Verdichtungen und *Vertretungen* in symbolischer Form. Mit Hilfe eines immer mehr geschärften Intellekts werden die Quantitätsbeziehungen der Dinge verselbständigt, um die unmittelbaren Greifbarkeiten von Dingen und Werten für die Praxis zu ersetzen. Der moderne Intellekt bedient sich der „bloßen" Symbolik der Abstraktionen, Durchschnitte und Zusammenfassungen, um Kraft und Zeit zu sparen und höchste Zweckmäßigkeit in der restlosen Beherrschung aller Dinge zu erreichen. Die Symbolik niederer Lebensstufen und naiver Gemützustände bedeutete dagegen effektiv „Umweg und Kraftvergeudung"[127]. Es ist auffallend, wie sehr hier noch der utilitaristische Evolutionismus der zweiten Hälfte des 19. Jahrhunderts nachwirkt; das idealistisch-romantische Ideengut war eine Zeit lang so gut wie versunken.

---

[123] Vgl. PdG 124. Leb 232. Rem 5. 103 f. 175. BT 1.
[124] Mor II, 281–285. Das Symbol ist hier so etwas wie eine *Anwendung*, die das Bewußtsein vornimmt, indem es etwas auf andere Objekte überträgt (Empfindungen = Symbole der Realitäten; Begriffe = Symbole der Anschauungen; logische Gesetze = Symbole des empirischen Verhaltens der Dinge; ethische Maximen = Symbole für Wollungen, Erkenntnisse und Gefühle). Ein Wahrheitswert kommt solcher Symbolisation nicht zu. Das nominalistische Symbolverständnis zeigt sich hier in seiner reinsten Konsequenz.
[125] PdG 124. – [126] PdG 123. – [127] PdG 124.

Bei der Erörterung des Modus der Distanz im Verhältnis des Ich zu den Dingen kommt Simmel im gleichen Werk noch einmal auf das Symbol zu sprechen[128]. Hier führt er aus, daß die moderne Wissenschaft keineswegs gegenüber der mythologischen Weltsicht restlos im Vorteil sei. Was in relativ äußerlicher Hinsicht an Distanz überwunden wird, das wird wieder illusorisch gemacht durch ein viel stärkeres Distanznehmen in den innerlichen Beziehungen. Die alte Mythologie besaß wenigstens „innig vertraute Nähe"; ungebrochen war noch das Vertrauen zur teleologischen Einstellung der Götter auf das Wohl der menschlichen Seelen[129]. Im modernen mechanistisch-technischen Bewußtsein wird „das Entfernteste näher, um den Preis, die Distanz zum Näheren zu erweitern"[130].

Hier gegen Ende des Werkes nähert sich Simmel schon der ausdruckssymbolischen Interpretation. Überraschend fällt die Bemerkung, daß das Symbol „Ausdruck für einen an sich unsagbaren Sachverhalt" werden könne[131]. Jetzt gibt er auch zu, daß *einfache seelische und körperhafte Daseinsinhalte* einer symbolisierenden Deutung ganz besonders zugänglich seien[132]. Zugleich wird er auf das Problem der Distanz von Wirklichkeit und subjektiver Umbildung in der Kunst aufmerksam[133]. Denn daß das Kunstwerk den eigentlichen Höhepunkt einer „Beseeltheit des Seins" darstellt, muß ja irgendwie mit seiner Symbolik zusammenhängen. Die Relation von mittelbar und unmittelbar kehrt sich um, als Simmel Motive aus Schopenhauers Weltanschauung in großer Zahl übernimmt. Er ist sich mit diesem Denker darin einig, daß die Vernunft nicht den tiefsten Wesensgrund des Menschen darstellt[134]. Aber „indem wir uns als überhaupt Wollende wissen", langen wir so nahe wie möglich an das Ungreifbare des Weltstoffes heran, stehen wir an seiner „klarsten, fühlbarsten Offenbarung". Es geschieht jetzt, daß „statt der Allegorien, die uns sonst das *Absolute vertreten*, wenigstens ein *Symbol* seiner sich bietet"[135]. Von hier führt ein gerader Weg bis zu der 1917 geäußerten Überzeugung, daß wir am Kunstwerk ein Symbol des tiefsten Lebensgeheimnisses besitzen[136].

Zum vollen Durchbruch ist das neue Symbolverständnis bei Simmel nicht gekommen, denn noch im Goethe-Buch wird wie sonst dem Ergreifen und Benennen der Dinge in ihrer Unmittelbarkeit und Eigenexistenz gegenübergestellt das bloß symbolische Erfassen der Lebensinhalte, in welchem die Dinge dann nur noch Zeichen sind für die Pulsschläge des „mit sich allein lebenden, sich selbst Welt seienden Innern"[137]. Vielleicht – so fügt Simmel allerdings hinzu – ist diese Erfassungsweise „überhaupt unser einziges Mittel, das Leben einigermaßen als eine Einheit vorzustellen"[138]. Im Übrigen bleibt alles in der Schwebe. Simmels Äußerungen über

---

[128] PdG 535–541. – [129] PdG 540. – [130] PdG 541. – [131] PdG 537. – [132] PdG 536. – [133] PdG 537–539. Vgl. auch PdG 148. – [134] SchN 38. – [135] SchN 33. – [136] Logos Bd 7. 1917/8. 223. Auch Frg 228. – [137] Gt 253. – [138] Gt 253.

Goethes Symbolbegriff sind zu sporadisch, zu unbestimmt und zu peripher, als daß wir daraus eindeutige Rückschlüsse auf einen grundlegenden Wandel im Symbolverständnis ziehen könnten[139].

Entsprechend der bisherigen Gegenüberstellung von unmittelbar-realistischer und symbolischer Behandlung der Inhalte menschlicher Interessen hat Simmel auch in der *Religion* zwischen Bedürfniserfüllung durch symbolische Dienste und Formeln einerseits und unmittelbarem Sich-Hinwenden des Individuums zu seinem Gott andrerseits eine Trennungslinie gezogen[140]. In der „Soziologie" werden die Zusammenhänge zwischen den Symbolen und der Menschengruppe, in der sie verwendet werden, eingehend erörtert. Simmel macht auf Beispiele aufmerksam, wo der Verlust eines dinghaften Symbols die zusammenschließende Kraft einer Gemeinschaft noch verstärken kann (Judentum nach der Zerstörung des Jerusalemer Tempels). Nur wo der Zusammenhalt schon vorher schwach war, wirkt der Verlust des repräsentativen Symbols definitiv zerstörerisch. „Indem das Symbol seine körperliche Wirklichkeit eingebüßt, kann es als *bloßer Gedanke, Sehnsucht, Ideal*, sehr viel mächtiger, tiefer, unzerstörbarer wirken"[141]. Auch der rein materielle Besitz kann hohe symbolische Bedeutung gewinnen. Simmel meint, daß die ungeheure Besitzerweiterung kirchlicher Korporationen im Mittelalter nicht auf Motive reiner Habsucht zurückzuführen sei, sondern etwas *Qualitatives* symbolisieren sollte: die allen Zufälligkeiten der Endlichkeit enthobene überirdische Beständigkeit und der Transzendenz entstammende Machtfülle[142].

In seinen Versuchen, das Wesen der religiös-kultischen Symbole zu erfassen, ist Simmel über Ansätze nie hinausgelangt. Die nominalistische Grundeinstellung blieb vorherrschend. Da die Symbole gerade für die mythischen Vorstellungsinhalte so konstitutiv sind, so erreichte er aus denselben Gründen keinen rechten Zugang zum Mythus, der sich doch Goethe und der Romantik schon so großartig erschlossen hatte. Freilich stellt auch das Verständnis des Symbols im ausdruckshaften, panphysiognomischen Sinne nicht des Rätsels letzte Lösung dar. Neben die Funktionen der Repräsentation (Stellvertretung), Termination (Zeichenhaftigkeit) und Expression (Ausdruck) muß bei den für die religiöse Frömmigkeit zentralen Symbolen noch die „Amplifikation" treten. Darunter verstehen wir in Anlehnung an den protestantischen Religionsphilosophen Kurt Leese eine ganz eigentümliche Steigerungsweise der dem Symbol innewohnenden Transparenz. Die Amplifikationsfunktion eines Symbols ist das über sich hinausweisende Hinweisen, die Fähigkeit des Symbols zur Vermeh-

---

[139] Gt 13. 69. 129 f. 253—255. Vgl. die Bemerkung im Tagebuch: „Vielleicht hat niemand ein so symbolisches Leben gelebt wie Goethe" (Frg 51).
[140] PdG 123. In diesen Zusammenhang gehört auch der Exkurs über gegenständliche „Gruppensymbole" in: Soziologie 525—527.
[141] Soz 525 f. — [142] Soz 527.

rung im metaphysisch-transzendenten Sinne, seine Offenheit und Unausmeßbarkeit im Gegensatz zur Geschlossenheit und substantiellen Greifbarkeit des Dogmas. Simmels Verständnis des Lebens als allumfassende Chiffre ist solcher ergänzenden Ausdeutung durchaus fähig[143].

Verzeichnis der von Simmel in metaphysischer Analogie verwendeten Symbolisantia

Fließen, Strömen
Allgemeines Symbol für den in *einer* Richtung sich vorwärts bewegenden funktionalen Lebensprozeß

Gerinnen, Kristallisieren
Metapher für die Verfestigung des Lebendigen zur konstanten Form, für die Stabilisierung des nur Funktionellen

Teppich
Symbol für den mit mannigfaltigsten Fäden „verwebten" Zusammenhang alles Lebendigen

Licht
In Rembrandts Kunst dargestellte direkte Ausdrucksform der metaphysischen Verklärung des anschaulichen Seins, der Beseeltheit, des In-sich-selber-metaphysisch-Seins[144]

Weg
Fundamentales Symbol des stetigen Verbindungswillens zwischen zwei Orten im Endlichen[145]

Brücke
Aktive Konfiguration der Hindernisse (Gegensätze) überwindenden, versöhnenden Verbindung von Endlichem mit Endlichem, die Sicherheit und Richtung verleiht. Vereinheitlichung der Geschiedenheit des bloß natürlichen Seins[146]

Tür
Symbol der Simultaneität von Trennen und Verbinden, des Grenzpunktes und dauernden Wechseltausches zwischen dem Begrenzten und dem Grenzenlosen, wobei die beiden Richtungen „Hinein" und „Hinaus" völlig wesensverschiedene Intentionen anzeigen. Scheidung der uniformen, kontinuierlichen Einheit des natürlichen Seins[147]

Haus
Symbol der besonderen Einheit eines aus der ununterbrochenen Einheit des natürlichen Seins herausgeschnittenen Bereiches, der eine Abgeschlossenheit gegen alles „Jenseits" bezweckt[148]

Ruine
Ruhendes Bild sowohl der aufwärtsstrebenden als der abwärtsstrebenden Weltpotenz, nachdem das Gleichgewicht von Naturwirkung und formender Geistig-

---

[143] Vgl. hierzu Kurt Leese: Die Religion des protestantischen Menschen 1938, 193. 327.
[144] Vgl. Rem 173. 176. — [145] BT 2. — [146] BT 2 f. — [147] BT 3–7. — [148] BT 3.

keit zerbrochen ist. Rückkehr des Geistigen zum mütterlichen Grunde. Spannungseinheit von Zweck und Zufall, Natur und Geist, Vergangenheit und Gegenwart[149]

Fenster
Symbol für das nur von innen nach außen gewandte Zuschauen[150]

Rahmen
Symbol der definitiven Abgrenzung zwischen der Weltform Wirklichkeit (reale Welt) und einer autonome Ganzheit für sich beanspruchenden Weltform (ideale Welt, z. B. die Kunst)[151]. Innere Einheit und Sich-Abschließen nach außen.

Henkel
Symbol des Gleichgewichtes zwischen Selbstzentriertheit eines Individuums und seiner Beanspruchung durch eine zweckbestimmte Ordnung, der Zugehörigkeit zu zwei Welten durch Ergreifen-Ergriffenwerden[152]

Jedes Symbol enthält in sich eine besondere Dialektik. Hinter dem Symbol steht nicht primär das Sein, sondern der erlebend-erkennende Mensch als das Grenzwesen, das keine Grenze hat. Simmel erhebt jede Bedeutung eines objektiven Gebildes zum erschöpfenden *Ausdruck* eines metaphysischen *Sinnes*. Damit hat er in seinem tatsächlichen Umgang mit Symbolen seine bloß nominalistische *Theorie* des Symbolischen überschritten.

Auffallend ist die Bevorzugung von Artefakten, der menschlichen Gebrauchsgegenstände. Am Prozeß des Geld-Umlaufes und der Gesetzlichkeiten des Geld-Verkehrs hat Simmel analogiemäßig eine Theorie des objektiven Geistes abgelesen. In diesen Zusammenhang gehört auch die metaphysisch-symbolische Ausweitung eines bestimmten menschlichen Verhaltens: Tanz, Schauspiel, Schmuck, Takt, Mahlzeit, Scham, Abenteuer, Mode, Koketterie. Ganz fern blieb Simmel die mythisch-kosmische Symbolik der vitalistischen Lebensphilosophen (Elemente, Pflanzen, Tiere, Tages- und Jahreszeiten, Sternbilder).

---

[149] PK 135. 139. 143. — [150] BT 4 f. — [151] PdK 52—54. — [152] PK 133 f.

Zweites Kapitel

Die Entfaltung der Zeitanschauung
(Leben und Zeit)

§ 7. Der Ausgangspunkt

Für eine Philosophie, die die ständige Bewegtheit, das Fließen, das Sich-Wandeln in das Zentrum stellt, wird notwendigerweise die *Zeit* zu einem Ur- und Grundphänomen alles Wirklichen werden. Denn die Zeit ist die Quintessenz des Werdens, die Unruhe des Werdens in seiner reinsten, nacktesten Form. Je mehr bei Simmel die lebensphilosophische Komponente ihre eigentümliche Ausprägung erhielt, desto gründlicher befaßte er sich mit dieser Problematik. In den Werken seiner frühen Schaffensperiode findet sich noch keine ausgeführte Zeittheorie; sie enthalten nur allgemeine Reflexionen über das *Werden,* über den *Lebensrhythmus* und über das *Tempo*[1]. Zwei Gedanken sind aber schon in der „Philosophie des Geldes" bemerkenswert:

1. Die Vergangenheit kann nur aus den Erfahrungen unmittelbarer Gegenwart gedeutet werden, und umgekehrt wird die Gegenwart selbst nur durch die Vergangenheit verständlich. Es herrscht also das Prinzip des wechselseitigen Aufeinanderangewiesenseins. Nur innerhalb der Grenzen dieser Korrelation kann sich unser zeitliches Innewerden bewegen: „Das abschließende Begreifen ist in die Unendlichkeit hinaus verlegt"[2]. Dieser Zirkel wies Simmel auf eine *vor-rationale Einheit des Verstehens* hin.

2. Nicht nur das Beharren (z. B. von gültigen Gesetzen), sondern auch die Veränderung und Bewegung ist als eine so absolute zu denken, daß ein bestimmtes Zeitmaß nicht mehr besteht. Daraus darf die metaphysische Folgerung gezogen werden, daß das „Ganze des Seins" in der Einheit des *schlechthin* Dauernden und des *schlechthin* Nicht-Dauernden ohne Rest aufgehe. Das absolute Fließen der konkreten, historischen, erfahrbaren Dinge der Erscheinungswelt (= Wirklichkeit) *ist kein Dauern von Zeit.* Diese wahrnehmbare Welt entspricht dem heraklitischen Kosmos, in dem alle Formen schon im Augenblick ihres Entstehens wieder aufgelöst werden. Was wir dagegen als Gesetzlichkeiten mit dem Merkmal der Notwendigkeit erfassen, das gehört einer ideellen Sphäre des Beharrens an, die ebenfalls frei ist von Zeitdauer und in der sie unabhängig von allen Gegebenheiten *gelten*[3].

---

[1] Mor II, 108–113. PdG 80. 113. 552–558. 568. — [2] PdG 76. Vgl. auch Rem 41. — [3] PdG 582 f.

In diesen beiden Momenten, der Konzeption von dem Wechselverhältnis von Gegenwarts- und Vergangenheitsverständnis, und der Konzeption eines Gegensatzpaares absolute Konstanz – absolute Veränderung ist bereits im Keim die ganze dialektische Lebensmetaphysik Simmels enthalten.

§ 8. Stellung zu Kants Zeit-Theorie

Zunächst begann sich Simmels eigene Zeitanschauung in der Auseinandersetzung mit *Kant* zu klären. Wir wollen dahingestellt sein lassen, ob Kants Theorie noch andere, vielleicht wesensgerechtere Deutungen zuläßt, und nur den Grundlinien folgen, die Simmel als bedeutsame herausgreift[4].

Die Einzelzustände jedes Augenblicks werden außer in der Verräumlichung zugleich in der *Verzeitlichung* zu einer Innenwelt geformt. Erst im Nacheinander, in der „Zeitreihe" vermag sich eine Welt zu entfalten, in der Distanzierung gegenüber dem bloßen Augenblick. Nur wenn das Vorher in der *ideellen* Form der *Erinnerung* weiterlebt, kommt es zu einer Bildung von Zeit. Vergangenheit ist das Bewußtsein, das von früheren Eindrücken etwas gegenüber dem Neuen weiter besteht; Zukunft erzeugen wir dadurch, daß wir in der Phantasie die Gegenwart mit der Bewußtseinsfärbung der Vergangenheit ausstatten. Objektiv real ist aber nicht einmal die Gegenwart, sondern allein der *Zeitpunkt*. Zeitliche Ausdehnung gibt es nur subjektiv, nämlich vermöge der Erinnerung. Und doch bedeutet diese Subjektivität keineswegs individuelles Belieben, da wir nicht wählen können, an welcher *Stelle* der Zeit wir einen Vorstellungsinhalt setzen. Das *zeitliche Verhältnis* wird durch ein seelisches Tun gestiftet, das wir *Reproduktion* nennen. Diese ist es, welche Sein und Nichtsein der Inhalte in die diesem selbst fremde Tonart der Zeitlichkeit transponiert. Zusammenfassend wird die Zeit, wie sie Kant versteht, bezeichnet als „die Form, die nur an unseren Vorstellungen selbst realisierbar ist und durch deren Funktionieren das Ich als Gegenstand unserer eigenen Erkenntnis zustande kommt"[5]. Wie Simmel aber bereits im Sinne der Werdens- und Prozeßphilosophie weiterdenkt, auch wenn er nur zu interpretieren glaubt, zeigt folgende Formulierung: Zeitliche Relation des Vergangenen zum Gegenwärtigen entsteht dadurch, daß ich sie e r l e b e, d. h. daß sie die Form meines Erlebens annehmen, das sich sowohl über gegenwärtig-Wirkliches als auch über vergangenes Nicht-mehr-Wirkliches „ausspannt"[6].

An der Grundeinsicht Kants, daß die Zeit nichts Reales sein könne („transzendentale Idealität") hat Simmel fortan festgehalten. Er stützt hierauf auch seine, schon aus seinen positivistischen Anfängen stammende Überzeugung, daß das menschliche Erkennen keine Brücke zur Erfassung der Einheit der Seele habe: gegenüber dem substantiellen metaphysischen Wesen „Ich" sei Kants erkenntnistheoretisches Ich etwas rein *Ideelles*, eine „Funktion", die durch rationale Analyse konstruiert werden könne[7].

---

[4] Kt 98–102. — [5] Kt 101. — [6] Kt 101. — [7] Kt 103.

§ 9. Stellung zur Wiederkunftslehre Nietzsches

Ehe wir den Einfluß Bergsons untersuchen, müssen wir noch Simmels Stellungnahme zu der extremen und wie eine provokatorische geistige Sprengkraft wirkenden Zeitauffassung Nietzsches erörtern. Hier geht es nicht mehr um eine transzendentalphilosophische Analyse des Phänomens der Zeit, sondern um ein z. T. in dichterisch-dithyrambischer Form verkündetes Pathos einer Lehre mit Wahrheitsanspruch und prophetischer Auftragsgewißheit. Oft haben die Anhänger Nietzsches versucht, die Lehre von der ewigen Wiederkunft des Gleichen als eine wunderliche Erfindung einer übersteigerten Subjektivität zu ignorieren. Wo man sich ernsthafter mit ihr auseinandersetzte, dort wurde sie fast immer für unvereinbar mit der Lehre vom Übermenschen gehalten, die eine geradlinige („lineare") Aufwärtsentwicklung voraussetze. Die gern diskutierte Möglichkeit einer Wiederaufnahme pythagoräischer Kreislauflehre erklärt nichts, verdunkelt eher die Eigentümlichkeiten bei Nietzsche. Es ist Simmels Verdienst, daß er im Zusammenhang mit Nietzsches Lebensattitüde nach den eigentlichen Motiven, nach dem Hauptanliegen fragte, das dieser Denker dabei verfolgte. Denn das Anliegen ist ein durchaus positives und erschöpft sich keineswegs in der bloßen Negation, in der Antithese gegenüber der christlichen Eschatologie.

Die ewige Wiederkunft bedeutet nach Simmels Auslegung für Nietzsche nicht mehr und nicht weniger als: „Jede Existenz ist ewig. Denn wenn sie sich unendlich oft wiederholt, so ist ihre Dauer dieselbe, wie wenn sie ewig kontinuierte"[8]. Wichtig ist dabei, daß die unendliche Wiederholbarkeit des Weltprozesses kein bloßes Postulat darstellt, sondern von Nietzsche als *Realität* behauptet wird[9]. Um die logische Möglichkeit hat er sich dabei wenig gekümmert. Jeder Nietzsche-Kenner weiß, daß die Wiederkunftsidee ihn wie eine Inspirationsoffenbarung überfiel, daß er Wert darauf legte, Ort und Stunde ihres Hereinbrechens angeben zu können und daß er immer nur mit tiefster Erschütterung und Weihe davon sprach. Es ist also völlig abwegig, physikalische, formal-logische oder rein erkenntnistheoretische Erwägungen und Argumente als Kriterium für die Richtigkeit oder Unrichtigkeit der Wiederkunftsidee heranzuziehen. Wenn die ganze Lehre überhaupt einen Sinn haben soll, dann nur, wenn Nietzsche eine Auferstehung des eigenen Ichs für möglich gehalten hat, ist sie doch für ihn eine Wahrheit, die die Mahnung und den Appell enthält, wie wir *jeden Augenblick* leben sollen. Wenn Simmel interpretiert: wir sollen so leben, *als ob* wir ewig so lebten[10], so nähert sich dies schon einer fiktionalistischen Umbiegung und Abschwächung. Wir müssen vielmehr im Sinne Nietzsches formulieren: *weil* wir ewig so wieder leben werden.

---

[8] SchN 248. — [9] Vgl. SchN 250. — [10] SchN 254.

Damit aber enthüllt diese Idee die ganze Kraft und Tiefe von Nietzsches ethischer Grundabsicht. Wert oder Unwert unseres Verhaltens wird davon abhängig gemacht, ob es tatsächlich würdig ist, unzählige Male wiederholt zu werden. Das Leben enthält keine unwesentlichen Momente, keine Abschnitte, die wir leichtsinnig als vorbeigegangen aus Gedächtnis und Gewissen auslöschen können, sondern: Mit dem Augenblick als vorübereilendem Moment ist es nicht abgetan, denn dasselbe Tun oder Leiden steht uns und der Menschheit unzählige Male bevor. Simmel macht darauf aufmerksam, daß Nietzsche zwei Wegbereiter vorangegangen sind: Kant und Fichte. In der Tat: Ging es nicht schon Kant um die keine Frage nach dem Wie oft? zulassende Multiplizierbarkeit der einzelnen Handlung? Hat nicht schon Fichte die Gültigkeit des Sittengesetzes zumindestens postulatorisch in ein zeitliches Nacheinander verwandelt?[11] Aber nun kommt Nietzsche und vertritt die radikale Verlegung des Verhaltens in das Sein des Subjekts selbst: Wir allein sind es, die die Realisierung oder Nicht-Realisierung der Werte zu verantworten haben. Nicht das Tun mit seinen Folgen, sondern das in sich geschlossene Sein ist ausschlaggebend, das Aufwärtswachsen selbst, nicht die Mittel dazu[12]. Der höchste Wert ist der Lebensprozeß selbst, seine feinste Sublimierung aber ist das *Ideal des vornehmen Menschen*. Freilich, daß dieses Wertgefühl, wenn es zum objektiven Maßstab erhoben wird, bereits lebensunabhängig, „mehr als Leben" geworden ist, scheint dieser Philosoph – wie Simmel feststellt – völlig übersehen zu haben[13].

Mit allem Nachdruck zeigt Simmel, daß das Vornehmheitsideal das eigentliche Zentrum der praktischen Philosophie Nietzsches bildet, die ja zugleich eine umfassende Wertlehre ist und genau seinem Bestreben nach Befreiung von einer jenseitsgebundenen Ethik entspricht. Weil das Sein den Rang des Menschen bestimmt, ist der Vornehme für sich ganz allein vollgültiger Repräsentant dieser Bedeutung[14]. So kann Simmel mit Recht behaupten, daß der Sinn für die Verantwortlichkeit, der der Vornehmheitsmoral einwohnen muß, das *letzte Motiv* der Wiederkunftsidee bilde[15]. Nur anhangsweise nennt er noch ein weiteres Motiv: Endlichkeits- und Unendlichkeitscharakter der Zeit lassen sich in vollkommenster Weise im Symbol des Ringes zusammenfassen, denn der Umfang des Ringes ist endlich und trotzdem gestattet er eine endlose Bewegung. Damit hat Nietzsche zugleich den uralten philosophischen Gegensatz zwischen Werden und Sein in genialer Weise versöhnt. Der Verlust eines absoluten Anfangs und eines absoluten Endes wird aufgewogen durch die Umfangsgrenze und Formbestimmtheit der zum Kreis sich biegenden Weltperiode[16].

---

[11] Vgl. SchN 248–250. – [12] SchN 236. – [13] SchN 239. – [14] SchN 260. – [15] SchN 246. – [16] Vgl. SchN 255–259.

Unter diesem Aspekt löst sich aber auch leicht der so oft beklagte Widerspruch zwischen der Wiederkunftsidee und dem Ideal des Hinauswachsens über das Bloß-Menschliche; denn Übermenschentum ist das jeweilige Hinaus über ein Gegenwartsstadium, ist als „funktionelles Ideal" immerwährend „Übergang" und „Brücke"[17], ist „die Höhe jeder künftigen Stufe über jeder aktuellen"[18]. So ist es bei Nietzsche der schaffende Mensch selber, der die Bedeutsamkeit der Zeit gründet. Alle Erkenntnistheorie und Naturphilosophie weit hinter sich lassend fordert er eine restlose Bejahung des puren Werdens und Wieder-Werdens aller Momente, eine Sanktionierung des Werte erzeugenden Lebensprozesses durch seine eigene ewige Wiederholung. Das „Paradoxon" des Ringes garantiert, daß die Wiederholung dennoch nicht zum starren Automatismus erstarrt, denn vor jeder noch so unvollkommenen Gegenwart öffnet sich ein unbegrenzter Raum zur Entwicklung ins Vollkommenere[19]. Im Gegensatz zu Kant klammert sich Nietzsche an die newtonisch gedachte Zeit; im Gegensatz zum Christentum stellt er die „Weltzeit" nicht dem „Aeonischen" gegenüber, sondern erhebt sie selber zum Rang der Ewigkeit. Die „ins Absolute gesteigerte Möglichkeit" ist „ein Motiv echt transzendenten Wesens", wie Simmel betont[20]. Das Zeitliche wird zur rotierenden Zeit-Ewigkeit umgedeutet, damit die Unmittelbarkeit der menschlichen Gesamtexistenz gewahrt bleibt.

Man kann dem Anliegen der Wiederkunftslehre nur dann voll gerecht werden, wenn man berücksichtigt, daß sie als ein auf Inspiration sich berufendes Erlösungswissen rational miteinander Unvereinbares versöhnen sollte. Im Sinne Simmels dürfen wir sagen: Nietzsche hat hier gerungen zwischen dem „Nein gegenüber jedem Gegebenen" und dam „Ja gegenüber dem Dasein überhaupt", zwischen dem Glauben an die Mächtigkeit der Zeit und dem Glauben an die Unzerstörbarkeit des menschlichen Selbst. In der Wiederkunftslehre wurde ihm die unlösliche Verbindung dieser Gegensätze zur persönlichen Gewißheit, erst so wird überhaupt verständlich, weshalb sie in seinem Nachlaß als die „Religion der Religionen" bezeichnet wird[21].

Wie sehr Simmel von Nietzsches Zeitanschauung ergriffen wurde, zeigt eine spätere Tagebuchnotiz[22], in der er versucht, diesen sonst gewöhnlich Entsetzen hervorrufenden Gedanken einer kreislaufartigen Wiederkehr des Gleichen in modifizierter Form aufrecht zu erhalten. Er meint, die volle Umdrehung könne erst in der Unendlichkeit, also *niemals*, eintreten, weil der Radius so unendlich groß sei. An dieser Stelle ist bemerkenswert, daß Simmel in der Idee der *Erschöpfbarkeit qualitativer Mannigfaltigkeit* ein

---

[17] SchN 254. — [18] SchN 258. — [19] SchN 14. — [20] SchN 14. 203.
[21] Zitiert nach der Ausgabe von Alfred Baeumler. Friedrich Nietzsche: Die Unschuld des Werdens (Der Nachlaß) Bd. 2. 1931, 476.
[22] Frg 6.

durchaus gültiges Motiv zur Verwendung des Bildes vom Rade sieht. Alles je Denkbare und Geschehensmögliche könnte ja während des *einen* Umlaufes eintreten. Da aber eine Ausschöpfung alles Möglichen erst in der Unendlichkeit zu erwarten ist, kann eben die Zeit dennoch faktisch bis ins Unendliche weiterdauern. Wahrscheinlich hätte Nietzsche eine solche nur scheinbare Umdrehungstendenz als Beseitigung der schonungslosen Härte seiner eigenen Lehre verworfen. Andererseits müssen wir bedenken, daß Simmel als ein sich der Geisteswissenschaft nähernder echter Geschichtsdenker, der ähnlich Dilthey transzendentalphilosophische Kritik an der historischen Vernunft betreiben wollte, stets ein Nominalist blieb und als solcher die unverkennbar mythischen Elemente in Nietzsches Lebensphilosophie durchschaute und schwerlich restlos bejahen konnte. Hinzu kommt, daß er durch Bergsons Einfluß viel zu sehr von der Einmaligkeit und Unwiederholbarkeit des schöpferisch Neuen überzeugt war, als daß er sich ohne Vorbehalt der Idee von der ewigen Wiederkunft des Gleichen hätte verschreiben können. In „Lebensanschauung" distanziert er sich sogar scharf von Nietzsche, indem er dessen ethisches Grundmotiv mit seinem eigenen Ideal des individuellen Gesetzes konfrontiert: „Statt des eigentlich öden Nietzscheschen Gedankens: Kannst du wollen, daß dieses dein Tun unzählige Male wiederkehre – setze ich: Kannst du wollen, daß dieses dein Tun dein ganzes Leben bestimme?"[23]

§ 10. Stellung zu Bergsons Zeit-Theorie

Was Nietzsches „Magie" der Ewigen Wiederkunft hinwegzuzaubern schien, die Sehnsucht der Menschheit nach dem Neuen, gerade das enthält Bergsons Zeitlehre in einem überreichen Maße. Hier, in dieser französischen Lebensphilosophie ist ja der Charakter des Schöpferischen ein Hauptmerkmal der „wirklichen" oder „fundamentalen" Zeit. Der Zeitbegriff, mit dem unser Verstand operiert, wird entlarvt als eine verräumlichte, quantifizierte Scheinzeit. Versetzen wir uns jedoch in unser tiefstes Inneres, unterlassen wir alles reflektierende Analysieren und Zergliedern, dann können wir noch etwas von dem wahren Charakter der Zeit spüren und erahnen, der nichts anderes als Ununterbrochenheit des Fließens, „reine Dauer" (durée pure) ist, deren Elemente sich in unfaßbarer Weise gegenseitig durchdringen (compenetration). In diesen Punkten stimmt Simmel Bergson zu: Die Zeit ist für das Leben die *unmittelbare Wesensform*[24]. Unser Philosoph drückt es in dem Satz aus: „Nur die Zeit, die gelebt wird, in der also jeder Punkt früher oder später als jeder andere ist, ist die wirkliche, ablaufende Zeit"[25]. Darin steckt die Wahrheit der scheinbaren banalen Aussage: „Leben heißt Altern"[26]. Nicht einmal denselben Gedanken können wir das zweite Mal ebenso denken[27]. Es gehört zur positiven Qualität des Lebens, daß das Künftige aus dem Frühe-

---

[23] Leb 235. – [24] PdK 130. – [25] PdK 130. – [26] PdK 129. – [27] PdK 131.

ren oder Jetzigen nicht berechenbar ist. Die ursprüngliche Bewegung des Lebens kann eben nur *erlebt* werden[28].

Im Prinzip anerkennt Simmel zunächst auch die Ausweitung der Gedanken Bergsons ins Metaphysische: Die Wirklichkeit ist in ihrem Grunde Leben; vom Intellekt kann die Welt in ihrer Ganzheit und Einheitlichkeit nicht bewältigt werden[29]. Die zentrale Strömung trägt alles Dasein; alles Mechanische und Anorganische im kosmischen Bereich, alles Schematische und Erstarrte im menschlichen Bereich – ist weiter nichts als herabgesunkenes, abgestorbenes Leben[30]. Aber nun folgt ein tiefgreifender Einwand: Kann es bei einem so scharfen Dualismus zwischen dem verfälschenden Intellekt und der absoluten Schöpferkraft des Lebens überhaupt noch zu einer sinnvollen (geschweige denn werthaften) Verbindung zwischen beiden kommen? Wie vermag dieses Leben gegenüber der mechanischen Weltstatik seine Wirklichkeit durchzusetzen? Wie verhält sich das kontinuierlich fortschreitende Werden zum zeitlos Erstarrten? Simmel findet keine befriedigende Antwort bei Bergson. Im Grunde wird eine Kluft sichtbar, die ihn weiter von dem Franzosen trennt als von dem idealistischen Kulturphilosophen Eucken, wenn er zu dem abschließenden Urteil gelangt: „Es ist, als ob er die Tragik davon gar nicht bemerkte, daß das Leben, um nur existieren zu können, sich in Nichtleben verwandeln muß"[31]. Der Wesensunterschied zwischen beiden Denkern zeigt sich darin, daß Bergson dialektische Lösungsversuche fernlagen; sie waren ihm zu „verbal". Wo Paradoxien unvermeidlich waren, suchte er sie durch suggestive Bilder annehmbar zu machen[32].

Noch größere Bedenken hat Simmel dort, wo Bergson der Kraft der *Intuition* eine Mitwisserschaft am Sein zutraut. Bleibt nicht das Erkennen immer an Begriffe gebunden? Würde eine Aufhebung des Gegenüber von Subjekt und Objekt, eine „Zurückverschmelzung" in das Sein, nicht zugleich das Erkennen selber aufheben? In keiner Weise wird die Schwierigkeit aus dem Wege geräumt, „daß Erkennen immer ein Erfassen ist und eine Distanz zwischen Erkennendem und Erkanntem setzt"[33]. Wir hatten bereits in § 5 darauf hingewiesen, daß Simmel seinen Begriff der „Schauung" sehr viel enger und vorsichtiger anwendet.

Es ist Simmels Bemühungen zu verdanken, daß Bergsons Philosophie rasch in Deutschland bekannt wurde und auf weite Kreise wirksam werden konnte. Aber das kann nicht darüber hinwegtäuschen, daß wir es mit zwei verschiedenen „Typen" innerhalb der großen lebensphilosophischen

---

[28] PdK 132. – [29] PdK 139. – [30] PdK 144. – [31] PdK 138.
[32] Vgl. Pauls Jurevics: Henri Bergson. Eine Einführung in seine Philosophie 1949, 40. Siegfried Marck: Die Dialektik in der Philosophie der Gegenwart. 2. T. 1931, 35–43.
[33] PdK 143.

Gesamtbewegung zu tun haben, die sich zueinander wie Mystik und Nominalismus verhalten. Die folgenden Ausführungen werden zeigen, daß Simmel in der Entfaltung der Zeit-Theorie eigene Wege gegangen ist[34].

§ 11. Erinnerung und Lebensvergangenheit

Schon im Goethe-Buch hatte Simmel Gelegenheit, das Verhalten eines schöpferischen Geistes zum Phänomen der Erinnerung zu untersuchen. Für Goethe war das Leben „in jedem Augenblick ganz es selbst, ganz seine Gegenwart"[35]. Solche Selbstgenügsamkeit jedes Lebensmomentes bestimmte seine Stellung zur Vergangenheit[36]. Es gehörte zur Selbstbegrenzung und Selbstüberwindung seiner Existenz, die Erinnerung (ebenso wie die Sehnsucht) abzutun, „nicht zu statuieren", um sich nicht an ein Starres, als vergangen Gegebenes binden zu müssen, um stillstandslos zu einem neuen objektiven Wirken, zu neuer subjektiver Selbstgestaltung fortschreiten zu können[37].

Simmel findet in dieser Haltung eine Stütze für seinen eigenen metaphysischen Grundsatz: „Jede Lebensperiode enthält die Ganzheit des Lebens in sich, nur jedesmal in anderer Form, und es liegt kein Grund vor, ihre Bedeutung aus einer Relation zu einem Vorher oder Nachher zu schöpfen"[38].

Im Abschnitt „Die Lebensvergangenheit im Bilde" seines „Rembrandt" betont Simmel, daß wir niemals von einem Augenblick auf frühere Augenblicke schließen, um die seelische Vergangenheit eines Menschen zu rekonstruieren, sondern daß wir sogleich den *ganzen* Menschen sehen. Es sind nicht „einzelne, inhaltlich bestimmte Stationen gleichsam hintereinander aufgebaut"[39], ... sondern „in Wirklichkeit nehmen wir zunächst und unmittelbar eine zeitlich erstreckte, gar nicht in Momente auseinanderfallende Einheit wahr"[40]. Der Bergsonsche Gedanke einer Werdensströmung wird wiederaufgenommen, in welchem „jedes Gebilde als ein in der flutenden Rhythmik von Leben, Schicksal, Entwicklung, gewordenes oder werdendes erschaut wird"[41]. Nur die *Inhalte* des Lebens können wir isoliert wahrnehmen, nur die festumschriebenen Sachgehalte haben ihre Einzelmomente, ihre isolierten Jetze, die sich von ausgedehnten Vergangenheitsabschnitten deutlich abheben, denn hier betätigen wir immer schon unsere intellektuelle Reflektion. Wo es sich aber um die *Funktion* des Lebens ganz unmittelbar handelt, da nehmen wir stets ein *Werden* wahr: „sonst könnte es nicht Leben sein", wird ausdrücklich in Klammern dazugesetzt[42].

---
[34] Ich befinde mich hier im Gegensatz zu Bollnow, der einen „nur relativen Unterschied" zwischen den Zeittheorien Bergsons und Simmels feststellt (Lebensphilosophie 1958, 21).
[35] Gt 192. — [36] Gt 261. — [37] Gt 192. — [38] Gt 261. Vgl. auch Rem 2: „Jeder Augenblick ist das ganze Leben". — [39] Rem 44. — [40] Rem 45. — [41] Rem 44. — [42] Rem 43.

Indem Simmel das Leben geradezu mit der „Gegenwart werdenden Vergangenheit"[43] gleichsetzt, muß er wie Bergson der *Erinnerung* eine Hauptaufgabe zuweisen, denn die Erinnerung ist es, die dieses Hineinleben der Vergangenheit in die Gegenwart garantiert. Im Sinne Bergsons könnte man sagen: sie ist die grundlegendste Beschaffenheit der durée. Auch Simmel führt den Vergleich mit dem Mechanischen durch. Während in der mechanischen Welt jedes ursächliche Vorher restlos in seine Wirkung umgesetzt wird, so daß sie nur eine *punktuelle* Gegenwart kennt, erstreckt sich im Stadium des geistigen Lebens die Sphäre des real Gegenwärtigen bis zu dem früher Erlebten zurück, das in unserem Bewußtsein seine eigene, nicht verschiebbare Zeitstelle einnimmt[44]. Wir leben über den Augenblick hinaus in die Vergangenheit hinein.

Wie wird nun die Erinnerung bei Simmel genauer charakterisiert? Hierzu müssen wir einen religionsphilosophischen Aufsatz („Die Persönlichkeit Gottes" 1911) heranziehen. Er schreibt: Die Erinnerung „bedeutet, daß das frühere Ereignis ... in seinem Inhalte, seiner morphologischen Identität sozusagen erhalten, als späteres Ereignis wiederkehrt"[45]. Sie „hebt das Vergangene in die Gegenwart und damit in seine relative Gleichgültigkeit gegen den Zeitverlauf"[46]. Darin sieht Simmel eine „ganz einzigartige Konstellation": Das schon in der „Philosophie des Geldes" erwähnte paradox anmutende Wechselverhältnis[47] erfährt jetzt durch die Analyse des Phänomens der Erinnerung seine nähere Fundierung. Weshalb wirkt die Vergangenheit auf die Gegenwart und zugleich die Gegenwart auf die Vergangenheit? Es sind die zweierlei Vorstellungsarten oder Bewußtseinselemente, die aufeinander einwirken, „sich untereinander modifizieren"; die aktuell eintretenden Vorstellungselemente werden durch das in uns lebende Vergangene beeinflußt und umgekehrt. Diese Tatsache faßt Simmel in dem wichtigen Satz zusammen: „Die einsinnige, nur vorwärts drängende Kausalität der Zeit wird innerhalb des seelischen Lebens zu einer Wechselwirkung" ..., „die unser körperliches Wesen an Geschlossenheit weit übertrifft"[48]. Freilich funktioniert diese Wechselwirkung ziemlich ungleichartig, denn die momentan neuerzeugten Inhalte stellen in der Regel nur ein Minimum dar, so daß „die Gegenwart des Menschen, im großen und ganzen, das Ergebnis seiner Vergangenheit ist"[49].

Der Zwang aller lebenden Wesen, sich immer erinnern zu müssen, bedingt das Brüchige und Lückenhafte der Welterkenntnis; Ganzheit und

---
[43] Rem 42.
[44] Leb 9. Im Rahmen unserer Darstellung ist es nicht möglich, zum Vergleich näher auf Bergsons Lehre von der Erinnerung einzugehen. Die wichtigsten Stellen darüber in Materie und Gedächtnis, deutsch 1908, 134–184 und Die seelische Energie, deutsch 1928, 98–150.
[45] PK 201 f. – [46] PK 202. – [47] PdG 76. Vgl. § 7. – [48] PK 202 f.
[49] PK 202. Vgl. Rem 2: „Jeder jetzige Moment ist durch den ganzen vorherigen Lebensablauf bestimmt, ist der Erfolg aller vorangegangenen Momente".

Einheit der Inhalte bleibt ihnen verschlossen. Nur ein absolutes Wesen, d. h. ein Wesen mit absolutem Persönlich-Sein, dessen Dasein gesammelte Einheit ist, könnte eine zeitüberlegene Einsicht in das Ganze des Seins haben. „Wer sich nicht erst zu erinnern braucht, für den gibt es keine Zeit"[50]. Welche religionsphilosophische Konsequenzen das nach sich zieht, wird uns in § 33 näher beschäftigen.

§ 12. Die „Irrealität" der begrifflichen Zeit

In Simmels metaphysischem Hauptwerk „Lebensanschauung" stehen Reflexionen über das Wesen der Zeit gleich am Anfang, auf diese Weise die Bedeutsamkeit unterstreichend, die diese Problematik für unseren Philosophen auf dem Höhepunkt seiner denkerischen Entwicklung gehabt haben muß. Die Theorie der Zeit dürfen wir als das Herzstück der Werdensphilosophie ansehen. Freilich werden wir auch jetzt nicht auf irgendwelche Ausblicke in eine überzeitliche Transzendenz stoßen; nicht einmal ein direkter Übergang zur Geschichtsphilosophie wird vollzogen. Es bleibt bei der Analyse dessen, wie sich Zeit und Wirklichkeit des gelebten Lebens oder genauer: wie sich *Gegenwart* und *Selbsttranszendenz des Lebens* zueinander verhalten. Nachdem schon im „Rembrandt" das Problem der individuellen Zeitlichkeit vorbereitend behandelt worden war, geht es jetzt vor allen Dingen um eine *Neufassung des Gegenwartsbegriffes*[51].

Simmel stellt fest: Nur die Vergangenheit und die Zukunft sind ausgedehnte Zeitgrößen. Gegenwart im streng logischen Sinne müßte sozusagen ein (unausgedehnter) „Punkt" sein. Aber ein solches Gebilde wäre so wenig Zeit wie der Punkt Raum ist. Aber auch der Vergangenheit und der Zukunft kommt kein Realitätscharakter zu, denn durch etwas, das „nicht mehr" oder „noch nicht" Gegenwart ist, kann sich keine Wirklichkeit hindurch ausdehnen[52]. Daraus folgt, daß der Zeitbegriff auf die Inhalte der Realität nur anwendbar ist, wenn deren Unzeitlichkeit, die sie (die Inhalte) als Gegenwart besitzen, zu einem *Nicht* geworden ist[53]. Der logische Begriff der Gegenwart ist für das Erleben überhaupt nicht zu fassen, denn das subjektiv gelebte Leben ist ja eine nicht umkehrbare Strömung, mit der jeder Moment im nächsten aufgeht. Erst der Intellekt mit seinem Schema des Nebeneinander macht die Lebensaugenblicke begrifflich unterscheidbar. Er fügt zurückdenkend und vordenkend das „nicht mehr" und das „noch nicht" in eine *Zeitlinie* zusammen. „Real" aber ist die Zeit überhaupt nur für das *Leben*. Außerhalb und ablösbar vom Leben gibt es keine Zeit. In diesem Sinne haben wir Simmels radikale Formulierung zu ver-

---

[50] PK 205.
[51] Vgl. Leb 8–12. Als Ergänzung muß der Nachlaß-Aufsatz „Die historische Formung" (Frg 147–209) herangezogen werden.
[52] Vgl. auch Frg 182 f. — [53] Leb 8.

stehen: „Die Zeit ist nicht in der Wirklichkeit, und die Wirklichkeit ist nicht Zeit"[54].

Es geht Simmel, wie er ausdrücklich in seinem Aufsatz über „Die historische Formung" vermerkt, um „die logische Durchdringung des empirisch Gegebenen" und nicht um die Ungültigkeitserklärung der Zeit für das Absolute[55]. Und streng logisch enthält der Terminus „zeitliche Wirklichkeit" eben eine Paradoxie, so wie räumliche Wirklichkeit imaginär wäre, wenn das Reale nur aus Punkten bestände. Das Leben hat einen ganz andern Rhythmus, eine ganz andere Möglichkeit, die Welt und sich selbst zu erfassen, als sich nach der traditionellen logischen Formel von Vergangenheit, Gegenwart und Zukunft ausrechnen läßt. Und hier an dieser Stelle gliedert Simmel seine Zeitanschauung in die inzwischen voll ausgereifte Metaphysik des Lebens ein.

§ 13. Die Gegenwart als gelebte Zeitlichkeit

Der Geist, der die Fähigkeit besitzt, Vergangenes und Künftiges in eine Zeitlinie zusammenzufügen, formt auch den Gegenwartsbegriff in einschneidender Weise um. Mit einem unausgedehnten Punkt, mit einer absoluten Augenblicklichkeit kann er nichts anfangen. Er macht vielmehr aus der Punktualität ein komplexes Gebilde, das „immer aus einem Stückchen Vergangenheit und einem kleineren Stückchen Zukunft" besteht[56], wobei die Längen von Erinnerung und Vorblick um das Jetzt-Zentrum herum sehr variabel sein können. Simmel läßt es dabei etwas im Unklaren, ob tatsächlich der Geist umformt oder ob nicht vielmehr das Erleben die Exklusivität der begrifflichen Gegenwart durchbricht[57]. Handelt es sich um ein Übergehen „ohne merkliche Schwelle", dann müßte man jedenfalls an die Rhythmik des Lebens denken. Andererseits hat Simmel eine offensichtliche Abneigung gegen eine Zeit, die im Bergsonschen Sinne schlechthin nur verfließt. Ein ausdehnungsloses Jetzt ist für das Gedächtnis nicht faßbar. Es kommt ihm darauf an, daß nichts formlos zerfließt, sondern daß das Ablaufende in ein festes Beziehungsverhältnis zum Gegenwärtigen gelangt. Und so wird bei ihm der Gegenwartsbegriff – ein eminenter Fortschritt im Vergleich zu Bergson – mit einem neuen Inhalt gefüllt. Streng genommen kann es nämlich Gegenwart nur für ein in der Zeit sich

---

[54] Leb 8. Eine außerordentlich weitgehende Modifikation der Kantischen These von der „Idealität" der Zeit. Eine Position in der Mitte zwischen Kantianismus und Lebensphilosophie nimmt Robert Reininger ein: „Die Wirklichkeit selbst ist zeitlos: sie steht außerhalb der Zeitreihe. Darum ist die Zeit selbst unwirklich". Aber dann fährt er streng kantisch fort: „Die Zeit ist nicht eine Form des Erlebens, sondern nur eine Form des *Vorstellens*". (Metaphysik der Wirklichkeit 1931, 52). Vgl. auch den Satz: „Nichts Wirkliches ist in der Zeit und die Zeit selbst ist nichts Wirkliches, alles Wirkliche aber muß in der Form der Zeit *vorgestellt* und *gedacht* werden" (ebd. S. 62).
[55] Frg 183. — [56] Leb 8. Frg 183. — [57] Vgl. Frg 184.

abspielendes *Geschehen* geben; denn was allein Wirklichkeit hat, sind die Inhalte, die sich ändern. Anorganische, mechanische Dinge können nur eine „stehende" Gegenwart haben; aber die Verwendung solchen Ausdrucks enthielte schon einen inneren Widerspruch, denn das Wesen der Gegenwart besteht ja im Vorrücken, im unaufhaltsamen Sich-Vorschieben. So ist allein das *Leben* mit der Fähigkeit ausgestattet, Gegenwart tatsächlich zu *haben*. Im Gegenwartserlebnis erfüllt sich die höchste Potenz des Lebens. Und im Vorrücken ist schon die unumkehrbare Richtung ausgedrückt: *vorwärts*. Die Gerichtetheit in die Zukunft ist also das praktisch Entscheidende, wie ja auch vergangene Lebensinhalte für uns immer schon nach vorwärts hin orientiert sind. Es handelt sich bei dieser Gerichtetheit einfach um eine letzte Lebenstatsache, die wir ebenso unmittelbar fühlen wie „rechts" und „links"[58]. Jedenfalls ist die Einheit der Gegenwart mit dem Noch-nicht der Zukunft wichtiger als die Synthese von Gegenwärtigem und Vergangenem. So gelangt Simmel zu der entscheidenden Formel: „Die Gegenwart des Lebens besteht darin, daß es die Gegenwart transzendiert"[59]. Von der Vorstellung, als ob die Zukunft wie ein unbetretenes Land vor uns liege, müssen wir uns dabei vollständig frei machen. Wir existieren zugleich diesseits und jenseits der „Schwelle". Der Lebensprozeß als Unmittelbarkeit kennt nur ein „schwellenloses Sich-Strecken in die Zukunft". Wir leben „dauernd in einem Grenzbezirk"[60].

Die Feststellung: Wir haben die Gegenwart nur als die die Gegenwart Überschreitenden — beruht auf einer Schauung; für den Intellekt bleibt das ewig paradox. Für Simmel war vor allem ausschlaggebend, daß er mit der Erhellung des Phänomens Gegenwart zugleich eine inhaltliche Bestimmung für seinen metaphysischen Lebensbegriff gewann. Gegenwarts-Transzendenz ist also eine der wichtigsten Stützen für die Selbsttranszendenz des Lebens überhaupt, denn das Hinausgreifen des Lebens gehört nach Simmel zum Wesen des Lebens mit dazu. Hier steht er im allerschärfsten Gegensatz zum französischen Lebensphilosophen, hier hat er den „Bergsonismus" überwunden.

§ 14. Die Zeit als Lebenskonstituante

Am Ende seiner Ausführungen über die Zeit gelangt Simmel zu einer Art Koinzidenz-Formel von Leben-in-der-Zeit und Erlebniszeit. Vergangenheit und Zukunft werden dem Leben nicht nur „hinzugedacht", sondern Leben selbst *ist* wirklich Vergangenheit und Zukunft[61]. Sobald die begrifflich in Modi zerschnittene Zeit in das Leben selbst hineingenommen wird, ist Zeit nicht mehr „irreal", sondern dann und nur dann allein kommt ihr Realität zu. Die einzelnen Zeitmodi durchdringen einander, indem der Modus Vergangenheit in die Gegenwart, und die Gegenwart in die Zu-

---

[58] Frg 185. — [59] Leb 10. — [60] Leb 10. — [61] Leb 11.

kunft „hineinexistiert"⁶². Nicht-Aktuelles greift in Aktualität hinein, Aktualität greift in Nicht-Aktuelles hinaus. Zeit ist die Abstraktion dessen, was Leben in unmittelbarer Konkretheit ist. Der Gedankengang erfährt seine kühnste Steigerung in dem Satz: „Zeit ist . . . das Leben unter Absehen von seinen Inhalten"⁶³. Ein Lebloses wäre niemals fähig, nach vorwärts oder nach rückwärts zu transzendieren. Zeit-Ausdehnung ist also die durch das Leben erst „realisierte" Zeit. Oder anders ausgedrückt: Durch die Selbst-Transzendenz des Lebens tritt so etwas wie Zeit überhaupt erst aus der bloßen Idealität in die Realität einer Ausdehnung. Realisieren heißt bei Simmel: Form geben. Daher in „Rembrandt" die Bemerkung: „Nur wo sich eine Form bietet . . . ist Zeit"⁶⁴. Geformtes Lebendiges aber ist nichts anderes als Individualität, die selbstverständlich in allerengster Beziehung zur „Ordnung der Zeit" steht. Höchste Individualität drückt sich in den schöpferischen Leistungen der Künstler und Dichter aus. Daher hat Simmel fast in allen seinen Arbeiten zur Kunstphilosophie sein Augenmerk darauf gerichtet, auf welche Weise eine zeitliche Synthese im Werk stattfindet. Auch an Objekten der Landschaften und Bauwerke (Alpen, Italienische Städte, Ruine) hat er stets ihr Verhältnis zur Zeit untersucht. So kann er in „Rembrandt" definieren: „Indem die Ordnung der Zeit die Individualität bedingt, diese aber zugleich jene, offenbart sich beides als *eine*, nur von verschiedenen Seiten her betrachtete Formung des Lebens"⁶⁵.

Das ewig flutende Werden ist für Simmel nur die *Voraussetzung* der Zeit, es ist sozusagen noch formlos, nur-fließend und leer. Erst das kontinuierlich *formwechselnde* Strömen enthält die Zeit als Element; erst wo Leben ist, d. h. in Vielheit und Mannigfaltigkeit sich entwickelnde Einheit, dort haben wir es auch mit *geformter, realisierter, gefüllter, gelebter* Zeit zu tun.

Das Ergebnis von Simmels Analyse des Wesens der Zeit läßt sich dann etwa folgendermaßen zusammenfassen:

1. Die Zeit „ist" nur für das Leben.

2. Das Leben, seiner Inhalte entleert, fällt zusammen mit dem Phänomen „nichts als" Zeit.

3. Andererseits wird die Zeit erst durch die Selbst-Transzendenz des Lebens „realisiert".

4. Die „Existenzart Leben" ist dort, wo Vergangenheit in Gegenwart und Gegenwart in Zukunft „hineinexistiert" (nach vorwärts gerichtete Bewegung).

---

⁶² Leb 12. – ⁶³ Leb 11. – ⁶⁴ Rem 135. – ⁶⁵ Rem 137.

§ 15. Die Rolle der Zeit im historischen Bewußtsein

Unter geschichtsphilosophischem Aspekt hat Simmel das Phänomen der Zeit analysiert in den beiden Aufsätzen „Das Problem der historischen Zeit" (1916) und „Die historische Formung" (Fragmente und Aufsätze S. 185 – 187), sowie in dem Vortrag „Vom Wesen des historischen Verstehens" (1918, S. 22 – 26). Gegenüber dem Rhythmus des Lebens ist Geschichte ein kategorial Neues[66]. Simmel nennt als das fundamentale erkenntnistheoretische Problem der Geschichtsphilosophie: *Wie wird aus dem Geschehen Geschichte?*[67] Das *Geschehen* „verläuft schlechthin absatzlos in einer Kontunuität, die der bloßen Zeit ohne Bruch angeschweißt ist"[68]. *Geschichte* dagegen ist das Ergebnis einer Setzung, die der Geist vornimmt, indem er bestimmte Einzelvorgänge in neuartiger Weise ordnet. Wie diese „Formung" ursprünglichen Lebens zur Historie vor sich geht, hat Simmel in den „Hauptproblemen der Geschichtsphilosophie" (1907³) untersucht, auf die wir hier im Einzelnen nicht eingehen können[69]. Uns interessiert in diesem Zusammenhang die enger gefaßte Frage: Welche Faktoren sind nötig, um Geschehens- oder Erlebenszeit in „historische Zeit" umzuwandeln[70].

Zunächst ist zu beachten, daß eine radikale Umdrehung durch das Bewußtsein vollzogen wird. „Vorwärts" war die Richtung des Erlebnisstromes. Jetzt müssen Inhalte von rückwärts hereingeholt, „vergegenwärtigt" werden („Gegenintentioniertheit"). Das organische Verwachsensein der Vergangenheit mit der Zukunft wird in der Historie vollständig ausgelöst[71]. Das Vergangene wird *als* Vergangenes bedeutend; es ist zum selbständigen Wert geworden. Das historische Verstehen verläuft dabei – wie Simmel in dem Aufsatz von 1916 feststellt – unabhängig von der die Form der

---

[66] Vgl. Frg 209. – [67] PdK 169. Frg 152. – [68] PdK 163.

[69] Folgende Punkte seien kurz herausgehoben: In den „Problemen der Geschichtsphilosophie" wird u. a. die eigentümliche Mittelstellung der Geschichte zwischen logischer und psychologischer Betrachtung der Inhalte erörtert (S. 4). Simmel ist (wie Dilthey) auf der Suche nach dem „historischen Apriori" (S. 5 – 10. 59). Als eines der größten Rätsel historischen Erkennens bezeichnet er das Nachempfinden fremder Subjektivität (S. 32). Erst der *Sinn* bindet historische Vorstellungskomplexe zu einer Einheit. Die „Projizierung" wird vermittelt durch die „Synthesis der Phantasie" (S. 39 – 41). Historische Wahrheit ist geistige Aktivität (S. 42). Die Auswahl der neuen Sinnreihen erfolgt nach Gesichtspunkten einer „objektiven Idee" (S. 48). Die Historie interessiert sich zwar nicht primär für den Erlebensverlauf, sondern nur für die im Leben realisierten *Inhalte* (S. 49 f.), aber dennoch geht das Erleben als Sinn und Bewegtheit, als Beseelung und Entwicklung im Gegensatz zur sachlich systematischen Wissenschaft nicht verloren (vgl. Frg 162). So verstanden ist Geschichte „eine bestimmte Form oder Summe von Formen, mit denen der betrachtende, synthetische Geist einen zuvor festgestellten Stoff, die Überlieferung des Geschehenen, durchdringt und bewältigt" (WhV 16). Auf die von Simmel angeschnittenen metaphysischen Fragen nach dem Sinn der Geschichte komme ich in § 35 zu sprechen.

[70] Frg 208. – [71] Frg 186.

Wirklichkeit repräsentierenden „historischen Zeit"; es ist ausschließlich auf die *ideellen Gehalte* der Geschichte gerichtet. Historische Zeit ist nur eine Relation der Geschichtsinhalte untereinander, während das Ganze der Geschichte „zeitfrei" ist[72]. Voraussetzung ist, daß die Tatsachengruppen nicht mehr nach vorwärts oder rückwärts verschiebbar sind, daß wir einen Wirklichkeitsinhalt innerhalb unseres Zeitsystems an eine bestimmte Stelle geheftet wissen.

Die Antinomie, wie ein das Verstehen bestimmender *zeitloser* Sachgehalt doch als *zeitlich* fixiert hervortreten kann, beseitigt Simmel durch die Besinnung auf die „historische Totalität". Es ist eine Berücksichtigung der Gesamtheit erkundbarer Inhalte unbedingt erforderlich. Nur durch Einreihung der Gesamtheit der Inhalte wird die bis dahin in ihrem Charakter beliebige *immanente* Zeit einer Ereignisgruppe in einem *absoluten* Zeitpunkt mit der Begrenzung „frühestens" – „spätestens" befestigt, wo nun für jeden Teilinhalt nur ein Platz angewiesen ist. Erst wenn das *In-der-Zeit-sein* und das *Verstehen* sich schneiden, d. h. wenn das zeitlose Verstehen den Inhalt verzeitlicht, wird dieser Inhalt „historisch"[73]. Verzeitlichung aber bedeutet stets „Fixierung an einer *bestimmten* Zeitstelle"[74]. Der bestimmte Zeitpunkt ist auch alleiniger Träger der historischen Einzigkeit. Unter historischer Individualität versteht Simmel jedes „einzelne, qualitativ charakterisierte Sondergebilde überhaupt, also Gruppen und Situationen, Zustände und Gesamtentwicklungen ebenso wie das Sein und Werden des Persönlichen"[75].

Der Begriff der historischen *Dauer* wird scharf abgehoben gegenüber der bloßen Beharrung bzw. der zeitlichen Ausdehnung. Es „dauern" nur die einander ablösenden Ereignisse oder Zustände, aber nicht die Elemente der Zeit selbst. Von Dauer zu reden ist überhaupt nur dann sinnvoll, wenn sich der Endpunkt einer Periode gegenüber dem Anfangspunkt geändert hat. Inhaltslose Zeitausdehnungen sind historisch irrelevant[76].

Im Fortgang seiner Untersuchung stößt Simmel auf eine weitere Paradoxie. In der historischen Zeit wird nämlich die Kontinuität, unter der wir unsere eigene Daseinsform erleben, gleichsam übertragen, hineingedeutet in eine an sich aus lauter diskontinuierlichen historischen Atomen bestehende Ereignisreihe; denn die auf Grund von theoretischer Forschung entstandene historische Erkenntnis ist außerstande, jedes tatsächliche Einzelgeschehen lückenlos abzuspiegeln. Simmel faßt die darin enthaltene Dialektik in dem Satz zusammen: „Die geschichtliche Erkenntnis bewegt sich ... in einem dauernden Kompromiß zwischen der Aufstellung ausgedehnter Einheitsgebilde, deren Kontinuität zwar die Form des Geschehens nachbildet, aber nicht mit der Einzelheit realer Anschauungen zu er-

---

[72] PdK 156 – [73] PdK 158. – [74] PdK 158. – [75] Gesch 148 Anm. – [76] PdK 161 f.

füllen ist – und diesen letzteren, die im wissenschaftlichen Ideal nur je einen chronologischen Punkt bezeichnen und gerade dadurch dieses Ideal der Stetigkeit des realen Geschehens entrücken"[77]. Wir erfinden z. B. „ideelle Subjekte", um uns eine Entwicklungsreihe begreiflich zu machen[78]. Überall, wo uns ein historisches Bild vor Augen tritt, handelt es sich um eine „Entlebendigung", um Teilbilder, die sich um einen zentralen Begriff herum kristallisiert haben[79]. Es findet eine Hinaufhebung aus der Konkretheit in eine abstrakte Ebene statt, und nur „ideell" bleibt die Kontinuität des Geschehens noch erhalten[80]. Sie wird nur noch „hineingemeint"[81]. Und darin sieht Simmel eben eine Paradoxie: Trotz Stillstellung des vorwärtsdrängenden Lebensrhythmus bleibt noch etwas vom Erlebnischarakter gewahrt.

In Wahrheit besteht also die sog. historische Zeit aus lauter durch eine Zeitausdehnung hindurch kontinuierlich erstreckten Einheiten, die ihrerseits nur in einer abstrakten Intuition erfaßt werden können. Die Erlebniszeit ist verwandelt in eingerahmte Abschnitte mit Zentrierungspunkten und von ihnen ausgehenden Radien, kurz: in begrifflich geleitete lineare Synthesen.

So macht uns das Phänomen der Strukturverwandlung der Zeit die Unterschiede zwischen Leben und Geschichte deutlich. Dennoch soll nur eine erkenntnistheoretische, keineswegs eine metaphysische Scheidelinie gezogen werden, denn auch das der „Form" Geschichte eigentümliche Anders-Sein-als-das-Leben ist als geistige Seinsweise durchaus eine dem Leben entstammende Form, so wie auch alles andere Gegenüber-vom-Leben als Äußerung und Tat dem Leben selbst entsprungen ist[82].

Man kann wohl ohne Übertreibung behaupten, daß Simmels Analyse des Phänomens der historischen Zeit mit dazu beigetragen hat, dem „historischen Realismus"[83], der in geradezu naiver Befangenheit die Ereignisse mit Sicherheit „nachziehen" zu können glaubte, den Todesstoß zu versetzen. Die Bedeutsamkeit dieser kognitiven Errungenschaft ist nicht nur auf philosophischer Seite (Theodor Litt, Franz Böhm, Fritz Heinemann), sondern auch auf theologischer Seite (Ernst Troeltsch, Erich Seeberg, Georg Wünsch) anerkannt worden[84]. Diese Autoren spürten deutlich, daß die Zeitproblematik in der Lebensphilosophie eine ganz neuartige Akzentuierung erfahren hatte. Hier wurde die Zeit als die Grund-

---

[77] PdK 169. – [78] WhV 22–27. – [79] PdK 163 f. – [80] PdK 165. – [81] PdK 166. – [82] PdK 169. – [83] Diesen Ausdruck gebraucht Simmel in Gesch 55 u. 59.
[84] Siehe Theodor Litt: Geschichte und Leben 1930³; ders.: Erkenntnis und Leben 1923, 92, 121; Franz Böhm: Ontologie der Geschichte 1933; 61, 52–72, 137–140; Fritz Heinemann: Neue Wege der Philosophie 1929, 230–250; Ernst Troeltsch: Gesammelte Schriften Bd. 3. Der Historismus und seine Probleme 1922, 572–195; ders.: Die Bedeutung der Geschichte für die Weltanschauung 1918; 30; Erich Seeberg: Ideen zur Theologie der Geschichte des Christentums 1929, 7; Georg Wünsch: Wirklichkeitschristentum 1932, 86.

form alles Geschehens zur zentralen kategorialen Bestimmung des Lebens erhoben, hier erhielt sie endlich die ihr gebührende metaphysische Vorrangstellung vor Räumlichkeit und Kausalität. Zugleich wurde die Einsicht gewonnen, daß die Zeit diejenige Instanz darstellt, die das Erlebnis der Tiefe vermittelt. Paul Tillich sagt einmal: „Die Zeit ist ebenso unerschöpflich wie der Grund des Lebens selbst"[85]. Jede Untersuchung des Wesens der Zeit enthält in sich bereits die verborgene Frage nach dem Wesen dessen, das der Zeit enthoben ist. Deshalb nennt Simmel in einer Tagebuchnotiz neben der „Entsubjektivierung des Individuellen" als sein ihm ebenso wichtiges Hauptproblem: „Die Ewigkeitsbedeutung des Zeitlichen"[86].

§ 16. Die individuelle Zeitlichkeit als Schicksal
Übergang zum Freiheitsproblem

Zwischen dem, was dem Ich als Zeit begegnet und dem, was es als Freiheit anspricht, nimmt das Schicksal eine vermittelnde Stellung ein. Das Schicksal scheint zu jenen Worten zu gehören, die bis heute ihre Herkunft aus den Dämmerungen mythischer Frühe nie ganz verleugnen konnten[87]. Vielleicht ist dies der Grund, weshalb es in die Philosophie so wenig Eingang gefunden hat; es gibt kaum einen Begriff, den die Philosophie bisher so vernachlässigt hat. Simmel nennt noch besondere Gründe philosophiegeschichtlicher Art, die seine Außerachtlassung erklärlich machen könnten. Er meint, daß vor allem der Idealismus, der Pantheismus und der Rationalismus dafür verantwortlich zu machen seien. Dem Idealismus ist die vom Subjekt unabhängige Geschehensseite des Schicksalsbegriffes unsympathisch, der Pantheismus will von seinem personalen Akzent nichts wissen, und für den Rationalismus kommt das Moment des Unbegreiflichen, Unauflöslichen von vornherein nicht in Frage[88].

Simmel geht im Einzelnen den Voraussetzungen nach, die die tiefere Struktur des Schicksalsbegriffes ausmachen. Vom Schicksal sprechen wir da, wo unser Fühlen, Denken und Wollen unter die Kategorie des *Ereignisses* rückt. Was von unserer eigensten Lebensbestimmung nicht aufgenommen und verarbeitet werden kann, wird uns nie und nimmer zum Schicksal; es verbleibt im Umkreis des Zufälligen[89]. Die *Totalität* des Schicksals geht ungeachtet aller äußeren Faktoren vom Wesen des Schicksal erfahrenden *Menschen* aus[90]. Das Zentrum der schicksalhaften Veranlassungen liegt in der apriorischen Formungskraft des individuellen Daseins selbst. Kurz: Das Schicksal ist eine der Kategorien des Lebens[91].

---

[85] Paul Tillich: In der Tiefe ist Wahrheit 1952, 42. — [86] Frg 4.
[87] Im Mythus wird die Zeitlichkeit immer nur als Schicksal verstanden.
[88] Vgl Simmels Aufsatz „Das Problem des Schicksals" in: Geisteswissenschaften 1. Jg. 1913/14, 112–115. (Wiederabgedruckt in BT 8–16.) Verändert übernommen in Leb 119–125.
[89] Leb 121. — [90] Leb 123. — [91] Leb 124.

Durch solche Deutung vermag Simmel der Anwendung des Schicksalsgedankens in seiner kunstphilosophischen Interpretation eine außerordentliche Vertiefung und Überzeugungskraft zu geben. In „Rembrandt" definiert Simmel das Schicksal als ein „weltmäßiges, von dem Subjekt unabhängiges Geschehen", das „in einer teleologisch sinnhaften Beziehung ... zu der eigensten Lebensrichtung dieses Subjektes steht"[92]. Die Bezüglichkeit auf den eigenen inneren Lebenssinn zeigt sich in der Kunst Rembrandts in der Weise, „daß der Mensch ganz und gar vom Schicksal durchgearbeitet und geprägt erscheint, dadurch aber in keiner Weise unindividuell und nivelliert wird, sondern gerade so, daß das Für-sich-Sein, die innere Unvergleichlichkeit seiner Existenz sich auftut"[93]. Rembrandt hat „dem Schicksal die Form des Gegenüber genommen, und es, mit allem Bitteren und Harten, in die Form der wirklich gelebten individuellen Existenz sich hineinleben lassen"[94]. Dieser Schicksalsauffassung stellt Simmel das unpersönliche Schicksal der Gestalten Michelangelos entgegen, „hervorwehend aus jenen kosmischen Gründen und Fernen, die den Menschen, sobald er überhaupt das Zentrum in sich selbst gefunden hat, in irgendeine Gegnerschaft und letzte Fremdheit bannen"[95]. Seine Gestalten sind unfrei: „Schicksal und Leben ... vergewaltigt sie"[96], während Rembrandts Menschen „immer noch einen Freiheitspunkt fühlen"[97]. Hier erscheint die Individualität am Lebendigen „als dieser ideelle Bestand, an dem sich die auf- und niedertauchenden Werdensmomente gewissermaßen aufreihen"[98]. „Solcher Sinn der Individualität ist ersichtlich nur durch den zeitlichen Zusammenhang der Lebensmomente zu realisieren"[99]. Die individualistische Auffassung des Menschen bei Rembrandt ist „die von der Geschichte des Menschen dominierte"[100]. Sein Weg geht „vom Moment in die Ganzheit des individuellen Schicksals, das zeitlich ist"[101]. Michelangelos Gestalten dagegen erleben die Ganzheit des Menschenschicksals überhaupt oder des Kosmos, die ... zeitlos ist. Hier sind die Grenzen des individuellen Daseins durchbrochen, während Rembrandt seine Gestalten durch die Einschließung in ihr personales Schicksal vom kosmischen Schicksal förmlich absperrt. Bei Rembrandt bleiben die schlechthin überindividuellen Ideen und Totalitäten außerhalb des Gesichtskreises[102]. Er verharrt beim „Wunder der Individualität des bei sich selbst verbleibenden Lebens". Hier ist das Leben „um seiner selbst willen da, als das Absolute zu all seinen Relationen"[103].

So zeigt Simmel sehr schön an einem konkreten geschichtlichen Beispiel, wie sich in zwei genialen Menschen zwei Vereinseitigungen der Schicksalsidee repräsentieren. Auf die Strukturenerfassung des Aufsatzes

---

[92] Rem 31. — [93] Rem 132. — [94] Rem 133. — [95] Rem 132. — [96] Rem 133. Vgl. auch PK 163. 167. 173. — [97] Rem 133. — [98] Rem 136. — [99] Rem 137. — [100] Rem 137. — [101] Rem 137. — [102] Rem 139. — [103] Rem 139.

„Das Problem des Schicksals" zurückblickend, können wir Simmels Verständnis des Schicksals in folgenden beiden Punkten zusammenfassen:

1. Der Schicksalsbegriff in seiner vollen Ausprägung ist in sich dialektisch, indem er die Tatsache der Preisgegebenheit des Lebens an die kosmischen Bewegtheiten (der immer etwas Dunkles, Unauflösbares anhaftet) mit der Selbstzentriertheit und Selbstverantwortlichkeit menschlicher Existenz zu einer die Zufälligkeit zwischen beiden aufhebenden Spannungseinheit zusammenzwingt[104].

2. Wie bei der Geschichte ist es erst der Sinn, das Teleologische, der alle Beliebigkeit und Zufälligkeit im bloßen Zeitverlauf beseitigt. Erst die Zweckbedeutung läßt das Ereignis zum Schicksal werden. Dieser Sinn braucht keineswegs ein vernünftiger, positiver zu sein, er kann auch *empörend, zerstörerisch, unfaßlich* sein. Denn auch dann besteht eine Eingefügtheit in den beseelten Lauf des Lebens[105].

Der zweite Punkt leitet bereits über zum Urphänomen des Tragischen, auf dessen Problematik wir bei userm Philosophen noch in anderen Zusammenhängen stoßen werden.

---

[104] Simmel drückt dies sehr treffend auch so aus: „Die Aktivität und die Passivität des Lebens in seinem tangentialen Verhältnis zu dem Weltlauf ist im Schicksalsbegriff zu *einer* Tatsache geworden" (BT 10).
[105] Leb 120.

Drittes Kapitel

Die Entfaltung des Freiheitsverständnisses
(Leben und Freiheit)

§ 17. Die Vieldimensionalität der Freiheit

Es scheint naheliegend, daß eine Lebensphilosophie unter den Aspekten der Wirklichkeit dem Prozeß des Freiwerdens, der Mächtigkeit des Werdenkönnens als Voraussetzung aller Durchbrechung von passiver Beharrung und Konstanz eine Vorzugsstellung einräumt. Was im vorhinein feststeht, hat kein Werden mehr. Raum ist für Freiheit nur dort, wo ewig Unfertiges vorliegt. Schicksal läßt uns die Welt nur als Grenze der Freiheit erfahren.

Aber Freiheit selbst, was ist ihr Wesen? Ist sie eine für sich bestehende Potenz? Über dieses Thema begann Simmel schon fast zu derselben Zeit zu reflektieren, als Bergson sein erstes großes Werk „Essai sur les données immédiates de la conscience" (1889) veröffentlichte. Das 6. Kapitel des 2. Bandes der „Einleitung in die Moralwissenschaft" (1893), das über die Freiheit handelt, umfaßt nicht weniger als 175 Seiten.

Für Bergson sind Freiheit und Zeitlichkeit beinahe Wechselbegriffe, die sich gegenseitig interpretieren. Nur die vom Intellekt mit dem Raum identifizierte Zeit, in der Sukzession und Simultaneität vermengt sind, entspricht dem *Gegenteil* von Freiheit. Dagegen die freie Aktivität, das ist dasjenige, das – uns unbewußt – bereits durch alle Momente der Dauer hindurch seinen Fortgang nimmt. In der Gesamtwelt bedeutet Freiheit die Rückkehr des Lebens aus der Materie, beim Menschen gehört sie zum Ich-Gefühl des „In-der-Dauer-Lebens". Denn in der Dauer ist ja nicht nur das unaufhörliche Fließen, sondern auch das *schöpferische Zuwachsen* als konstituierendes Moment enthalten[1]. Das ist zweifellos ein umwälzendes Neuverständnis des Wesens der Freiheit. Dennoch hatte Bergson wenig Verständnis für die *Vieldimensionalität*, die im Freiheitsproblem steckt. Troeltsch warf Bergson vor, daß sein Freiheitsbegriff letztlich ohne eigentliches Zentrum und Inhalt bleibe[2]. Freiheit ist für ihn eine so klare Tatsache, daß er jede Definition schon als eine derartige Fixierung ansieht, daß sie sofort den deterministischen Verleugnern Recht geben würde[3]. An Bestimmungen erfährt man eigentlich nur, daß Freiheit

---
[1] Vgl. Bergson: Zeit und Freiheit. Ausg. 1949, 181 f. 190. 195 Anm.
[2] Troeltsch: Ges. Schr. Bd. 3. 1922, 642. – [3] Zeit und Freiheit 181 f. 190. Vgl. Pauls Jurevics: Henri Bergson 1949, 130.

bedeute, daß wir eben „frei sind"; eine solche Tautologie führt erkenntnistheoretisch und metaphysisch nicht sehr weit. Zwar gibt auch Simmel zu: „Ihrem Wortsinn nach sagt die Freiheit nur aus, daß etwas nicht da ist, nämlich Beschränkungen"[4]. Aber sobald es sich um das In-die-Erscheinung-Treten der Freiheit handelt, lassen sich sehr wohl positive Bestimmungen aussagen.

Simmel schrieb seine „Einleitung in die Moralwissenschaft" zu einer Zeit, als die Welt der Gebildeten infolge der Vorherrschaft des naturwissenschaftlichen Evolutions- und Kausalitätsdenkens an der Erörterung des Freiheitsproblems wenig interessiert war. Weithin hielt man den Determinismus für eine endgültig bewiesene Tatsache. Unser Philosoph hielt es daher für nötig, sein Kapitel über die Freiheit mit der Feststellung einzuleiten: „Die neuesten Darstellungen der Ethik zeigen eine unverkennbare Tendenz, am Probleme der Freiheit vorüberzugehen; es erscheint der Diskussion entweder nicht bedürftig oder nicht fähig"[5]. Er muß ausdrücklich auf die doch immerhin in der Freiheitsidee steckenden „tiefen ethischen Motive" noch hinweisen, mag man sie anerkennen oder nicht. Auch wenn sie ein Mißverständnis sein sollte, so käme man doch um die *Forderung* nicht herum. Deshalb sei es eine dringende Aufgabe, die theoretischen und praktischen Voraussetzungen der Freiheitsidee herauszuholen und zu analysieren[6].

Simmel geht von einer deskriptiven Ethik des Alltagsbewußtseins aus, setzt sich dann mit schwachen Punkten der Freiheitslehren neuzeitlicher Denker (von Bruno und Spinoza bis Herbart und Beneke) auseinander[7], und weist nach, wie die Philosophie oft unbedenklich empirisch gegebene Verhältnisse auf das Metaphysische übertragen hat. Die Unsicherheit des Vorherwissens, welcher Verhaltensansatz sich durchsetzen werde, substanzialisiert die Metaphysik zu einer realen Kraft „Anders-Tun-Können"[8]. Simmel versucht nun die Freiheit u. a. als eine Kategorie nicht des solipsistischen Seins, sondern des *soziologischen Tuns*, der sozialen Zweckmäßigkeit zu interpretieren, indem er sie auf die gesellschaftliche Erfahrung der Verantwortlichmachung für Vergehen zurückführt. Er stellt fest, daß soziologischen Beziehungen durchweg eine Spannung zwischen Freiheit und Bindung zugrunde liegt. Die Deszendenz der Freiheit vom Verdienst- und Schuldbegriff analysiert er schon im 1. Band[9]. Zu oft übersieht die Ethik, daß auch zur Unsittlichkeit und zum Schuldigwerden schon „Freiheit" gehört. Sie verwickelt sich allzu gern in einen Zirkel, indem sie Freiheit *zur* Sittlichkeit braucht, um Freiheit *als* Sittlichkeit zu gewinnen. Man operiert in diesen Theorien mit kämpfenden und siegenden Antrieben und Motiven, und wirft die bloße Empfindung von Drang und Streben zur Sittlichkeit mit dem durch die *realisierte* Sittlichkeit erworbenen Ge-

---

[4] Mor II, 244. — [5] Mor II, 131. — [6] Mor II, 132. — [7] Mor II, 139–146. —
[8] Mor II, 138. 155. — [9] Mor I, 288–292.

fühl von Würde und Bedeutsamkeit durcheinander. Um dieser Vieldeutigkeit zu entgehen, tritt Simmel dafür ein, daß der Sinn der ethischen Freiheit nur in folgendem Zusammenhang gesehen werden sollte: *Indem wir uns Schuld oder Verdienst erwerben, gewährt uns der gleiche Akt das Gefühl der Befreiung vom entgegengesetzten Antrieb*[10].

Im Verfolgen der einzelnen Verzweigungen des Freiheitsverständnisses – deren Analysen wir nicht weiter nachgehen wollen – gelangt Simmel zu folgender schematischer Einteilung der Realisationsweisen der Freiheit[11]:

1. F. der eigenen Seele gegenüber = sittliche oder philosophische F.
2. F. dem eigenen Körper gegenüber = empirische, persönliche F.
3. F. den äußeren Objekten gegenüber = „freier Besitz"
4. F. anderen Subjekten gegenüber = „Herrschaft".

Nehmen wir dagegen die Begriffsausweitung von Freiheit zum Einteilungsprinzip, so lautet die Reihenfolge:[12]

1. F. als allgemeines Verhältnis zwischen dem Willen und seinen Objekten.
2. F. als Verfügung über den eigenen Leib.
3. F. als Strukturform der Beziehung des Individuums zur Gesamtheit der menschlichen und seelischen Objekte.

§ 18. Freiheit und Ichbewußtsein

Nachdem so der Umkreis dessen abgesteckt ist, was alles an Motiven und Strebungen dazu beigetragen haben mag, um den Begriff der Freiheit bis hin zu seiner rein sittlichen Bedeutung zu erzeugen, müssen wir noch einmal zurückgehen auf die *Wahlfreiheit* im formalen Sinne. Sie ist eine tatsächlich vorhandene Fähigkeit des Menschen, die auch der Determinist nicht leugnen kann, auch wenn er die Bedingtheit des Wählens durch noch so viele Beweggründe und Triebfedern in den Vordergrund rückt. Diese Freiheit meint Simmel, wenn er in seiner ersten Definition sagt, sie bedeute, daß sich „der Charakter des Ich ungehindert im Wollen ausprägen kann"[13]. Ihr Gegensatz heißt nicht Abhängigkeit, Notwendigkeit oder Gesetz, sondern *Begrenzung, Schranke*. Empirische Freiheit und Schranke sind „komplementäre Begriffe"[14].

Nun spricht man aber auch von einer „Freiheit des Handelns". Sie hat ebenfalls noch gar nichts mit der sittlichen Freiheit zu tun, sondern gehört als zweite Komponente zum Begriff der empirischen Freiheit. Simmel zeigt bei der Analyse derselben, daß sich der Unterschied zwischen Wol-

---
[10] Mor I, 292. – [11] Mor II, 257. – [12] Vgl. Mor II, 285. – [13] Mor II, 137. – [14] Mor II, 170.

len und Handeln auf einen Unterschied zwischen *zwei Willensarten* reduzieren läßt[15]. Unfreiheit bedeutet auf dieser Ebene alsdann, daß „die Handlung oder Unterlassung, die wir . . . tatsächlich wollen, . . . zugleich den meisten oder den wertvollsten Strebungen unseres Ichs widerstreitet"[16]. Freiheit und Unfreiheit unterscheiden sich also nur quantitativ bzw. wertmäßig voneinander. So gelangt Simmel zu der positiven definitorischen Formel: Frei sind wir, „wenn . . . das für uns hauptsächliche oder wertvolle Wollen für sich allein das Handeln aus sich hervorgehen läßt"[17].

Maßgebend für Simmels Freiheitsbegriff ist also das Verhältnis zwischen dem Wollen und dem Ich. Sonst hätte es überhaupt keinen Sinn, von Freiheit zu sprechen. „Nicht der Wille ist frei zu wollen – das wäre ein leerer Zirkelschluß – sondern das Ich ist frei zu wollen"[18]. Dabei ist sich Simmel der Fragwürdigkeit auch des Ich-Begriffes bewußt. Sicherheit besteht eigentlich nur darüber, daß es *Leben* gibt. Den Ich-Begriff brauchen wir, um die *Möglichkeit* der empirischen Mannigfaltigkeit des Lebens, den Freiheits-Begriff, um deren *Entstehung* zu erklären[19]. Im nachgelassenen Tagebuch wird das Leben als diejenige Instanz bezeichnet, die dem Menschen eine Mittelstellung zwischen Ich und Kosmos zuweist. „Wir sind weder die Herren noch die Knechte des Daseins, und gerade darum sind wir frei"[20]. Das Thema des Ich wird in „Lebensanschauung" bei der Erörterung des Unsterblichkeitsproblems angeschnitten. Sehr nachdrücklich weist Simmel darauf hin, daß sich die „Ich-Bildung" erst allmählich im empirischen Lebenslauf vollzieht. Das rätselhafte Gebilde „Ich" beruht auf einer Art Dialektik zwischen unserem Schon-Vorhandensein und unserem Noch-nicht-sein. Kategorial ist das Ich einem Jenseits von Wirklichkeit und irrealer Wertidee zuzuweisen[21]. Der Prozeß der Herausdifferenzierung des Ichs geht Hand in Hand mit der Vermehrung der „Entwicklungsreize" und der Füllung der Seele mit erlebten Inhalten[22]. Schließlich markiert sich das Ich so sehr als das Eine und Kontinuierende in allen Pendelschwingungen des Schicksals und des Weltvorstellens, daß es unabhängig seinen eigenen Sinn und seine eigene Idee zu entwickeln vermag[23]. Es wird nun zum Invariablen und Durchhaltenden in allen Mannigfaltigkeiten der vorüberflutenden Inhalte. Aber immer bleibt doch noch ein Rest, der sich aus der Verschmolzenheit mit den Inhalten nicht vollständig herauslösen läßt, ein Un-Gestaltetes, das den Menschen eine Unendlichkeit der Seele zu hoffen veranlaßt[24].

---

[15] Mor II, 163. – [16] Mor II, 164.

[17] Mor II, 164. 142 ff. Später drückt es Simmel noch präziser so aus: „Der Mensch ist in dem Maße frei, in dem das Zentrum seines Wesens die Peripherie desselben bestimmt" (BT 125).

[18] Mor II, 136. – [19] Mor II, 228. – [20] Frg 7. – [21] Leb 112. – [22] Leb 113. 117. – [23] Leb 113. – [24] Leb 116.

§ 19. Die Dialektik der Freiheit

Das große Thema des Ichs hat Simmel schon in seinem ethischen Frühwerk mit verblüffender Zielgerichtetheit in Angriff genommen, indem er dort in feinsinnigen Analysen zeigt, wie das *Zentrum des Ich* durch die Erfahrung der Freiheit überhaupt erst sichtbar wird. Freiheit und Abhängigkeit vom eigentlich innersten Ich sind identisch[25]. Erst die Weltsicht des Individualismus macht die Freiheit zu einer für sich bestehenden Potenz des Individuums[26]. Wir müssen die menschliche Persönlichkeit als *Ganzes* betrachten; dann nämlich erkennen wir, daß „die Notwendigkeit ihrer Bestimmung, d. h. der Ausschluß ihrer Zufälligkeit als einer Abhängigkeit vom Äußeren zugleich ihre Freiheit" bedeutet[27]. Hier an dieser Stelle setzt Simmels dialektische Erörterung des Freiheitsbegriffes ein.

Als „Selbstbestimmung" erscheint das Ich, wenn man es als einen vom Ganzen ablösbaren *Mikrokosmos* denkt, als „nezessitiert" dagegen, wenn man es als nicht löslösbar von sich selber denkt, wenn es „nur so sein kann, wie es ist"[28]. Obwohl Simmel scharf gegen jene Schlaffheit des Denkens polemisiert, die sich entweder zum Opfer des Kausalbegriffes hinreißen läßt[29], oder vorschnell ein Subjekt postuliert, um die Abgründe zwischen Notwendigkeit und Zufall zu überbrücken[30], gleitet er selbst in metaphysische Gedankengänge, die er so streng vermeiden wollte. Wenn wir nämlich – so argumentiert er – die übliche Verwechslung der *problematischen* Möglichkeit (bloße Erkenntnisbeziehung) mit der *realen* Möglichkeit (reales objektives Können) als einen nebulosen Vermittlungsversuch durchschauen, wenn wir nicht in das bloße Können schon einen ethischen Akzent hineinverlegen, dann müssen wir zugeben, daß Freiheit den reinen grundlosen Zufall bedeutet. Ein absoluter Zufall aber ist eine Schöpfung aus dem Nichts, „eine Schöpfung ohne Schöpfer"[31]. Die Ursachlosigkeit schlechthin, die den negativen Sinn der Freiheit ausmacht, ist es, die als positive Ergänzung eine „mystische" Freiheitskraft zu verlangen scheint[32]. Ohne sich für diese Deutung zu entscheiden, läßt Simmel sie doch irgendwie als eine metaphysische Möglichkeit offen.

Sehr viel wichtiger aber ist ihm die Aufweisung der Dialektik bei der empirischen Freiheit. In unserem Bewußtsein des „freien" Handelns sind wir auf jeden Fall davon überzeugt, daß unser Wille keineswegs jeden Augenblick aus dem Nichts geboren wird. Wir bewegen uns sozusagen in einer mittleren Sphäre, vertrauen einmal auf unsere „Determiniertheit" (sonst ginge alles soziale Zusammenleben in die Brüche), glauben aber andrerseits zugleich an die Freiheit, weil es der Respekt vor dem eigenen Ich einfach verlangt[33]. Wir wollen in unserer ethischen Gesinnung nicht

---
[25] Mor II, 205. – [26] Mor II, 222. – [27] Mor II, 205. – [28] Mor II, 205. – [29] Mor II, 210. – [30] Mor II, 208. – [31] Mor II, 207. – [32] Mor II, 300. – [33] Mor II, 231–238.

durch die eigene Vergangenheit präjudiziert sein[34]. Das Entweder-Oder löst sich auf in ein Zugleich von Determiniertheit und Freiheit. Darum ist die im Idealismus zu ihrer eigentlichen Höhe gelangte philosophische Freiheitslehre durchaus im Recht, wenn sie das Zusammenfallen von absoluter Notwendigkeit und absoluter Freiheit behauptet[35].

Aber ebenso im Recht ist die besonders von Jakob Böhme vertretene Korrelation von Freiheit und *Gegenwurf*. Auch sie hat ihre Begründung in der empirischen Tatsache, daß sich das Objekt dem Subjekt gegenüber entweder nachgiebig und konform oder widerstrebend und abweisend verhält[36]. In der allgemeinen Beurteilung erscheint die Freiheit stets um so wertvoller, gegen je stärkere Widerstände sie sich durchgesetzt hat. Oder wie es bei Simmel im Hinblick auf die Einzigartigkeit der Persönlichkeit Goethes heißt: „Bedingung, Beschränkung, Verzicht muß von vornherein der Lebensentwicklung einwohnen, die den Menschen zu reinem Er-selbst-Sein, d. h. zur „Freiheit" führt[37]. So ist es das Agens der Hemmungsüberwindung, der *Gegenwurf*, an dem die Freiheit überhaupt erst ihre eigene Existenz erringt[38]. Wiederum eine Stelle, wo Simmel unversehens die Schwelle zur Metaphysik überschreitet. Er wird dabei zugleich von der Einsicht geleitet, daß Freiheit und Schicksal in einem Korrelationsverhältnis zueinander stehen, wie es in ähnlicher Weise Rudolf Eucken und Paul Tillich betonen[39]. So spricht er davon, daß sich das „allgemeine Schicksal der Seele" durch alle Freiheit des einzelnen Handelns hindurch realisiere, als ob der innere Lebenslauf des Menschen von Anfang an determiniert sei[40]. Im nachgelassenen Tagebuch heißt es: „Zwischen der freien Besonderheit des Ich und geschlossenen Gesetzlichkeit des Naturgeschehens gibt es zwei Verbindungen: von jenem her die Handlung, die Tat, von diesem her das Schicksal"[41]. Auch in der Kunst, z. B. an den Gestalten Michelangelos entdeckt Simmel die beiden Elemente Schicksal („das Lastende") und Freiheit („die ausbrechende Sehnsucht")[42].

§ 20. Freiheit und Verantwortlichkeit

Das wesentliche Merkmal der ethischen Freiheit erblickte man in abendländischer Tradition seit je in der Verantwortlichkeit vor einem Sollen. Kant hat diesen Zusammenhang in seiner praktischen Philosophie ins Zentrum gerückt und seine Gültigkeit in zwingender Form ausgesprochen. Auch Simmel stimmt dem zu: „Es erscheint mir als eines der größten Verdienste Kants, daß er allen schwächlichen Vermittlungsversuchen gegenüber an dieser Bedeutung . . . festgehalten hat"[43]. Aber ihm geht es viel

---

[34] Mor II, 237. — [35] Mor II, 204. — [36] Mor II, 135 f. — [37] Gt 183. — [38] Mor II, 281.
[39] Rudolf Eucken: Grundlinien einer neuen Lebensanschauung 1907, 148 f.; ders.: Geistige Strömungen der Gegenwart 1928[6], 372—375; Paul Tillich: Systematische Theologie Bd. 1, 1955, 217—222; ders.: Der Protestantismus. Prinzip u. Wirklichkeit 1950, 35—37.
[40] Mor II, 198. — [41] Frg 27. — [42] PK 163. — [43] Mor II, 212.

stärker um die Eigenbedeutung, die die Verantwortlichkeit als solche besitzt. Deshalb warnt er davor, dieselbe auf die bloße Basis einer Bejahung oder Verneinung der Freiheit zu stellen, z. B.: der Mensch ist verantwortlich, *weil* er frei ist. Wieder geht Simmel von empirischen Tatbeständen aus. Im praktischen Leben, besonders auf dem Gebiete des Rechtswesens, versteht man unter Verantwortlichkeit die *Zurechnungsfähigkeit*. Daher gilt es als nutzlos, eine Handlung zu bestrafen, die durch Krankheit oder Abnormität des Seelenlebens veranlaßt wurde, denn einem solchen Täter ist keine Freiheit zuzuerkennen. Man will ja mit der Bestrafung eine *Determination des Subjekts* erreichen; die Gesellschaft ist an seinem *zukünftigen* Handeln interessiert. Demnach ist also nur ein solches Individuum verantwortlich, bei dem die Strafe auf seine Tat ihren Zweck erreicht[44]. Erst aus dieser Verantwortbarkeit kann man also umgekehrt schließen, daß Freiheit eben dort vorliege, wo eine Verantwortlichmachung von *Erfolg* begleitet ist[45]. Jetzt schweben Freiheit und Determination nicht mehr (wie Handlungen ohne Träger) in der Luft, sondern sind geknüpft an die Verantwortlichmachung wie an einen *teleologischen Prozeß*. Durch Strafe wollen wir die Möglichkeit einer *nachträglichen* Aktualisierung des Sittlichen erreichen. Nur in diesen Zusammenhang darf nach Simmel in die Freiheit der Sinn „Möglichkeit des Andershandelns" hineingelegt werden. Und die Möglichkeit selber bedeutet hier ganz streng nur „gedankenmäßige Antizipation einer künftigen Entwicklung", realer Zustand, der durch eine bestimmte Einwirkung, die Strafe, in einen andern, die Sittlichkeit, übergeführt wird"[46]. Zur Verantwortung bedarf es auf jeden Fall eines „einheitlichen Ichs", das *frei = vernünftig = ohne sittliche Störung* ist[47].

Es scheint, daß durch solche Einsicht der alte Freiheitsbegriff endgültig seine Vorrangstellung an den Begriff der Verantwortlichkeit abtreten müßte. Aber so weit will Simmel doch nicht gehen. Die Vertauschung der Rollen betrifft im Grunde nur die Genesis in der Empirie. Der Begriff der Freiheit überschreitet aber notwendig von selbst seinen ursprünglich sehr engen Umfang[48]. In ihm bricht schließlich dennoch eine „fundamentalere Seite" durch, zumal, wenn man bedenkt, daß „alles Verantwortlichmachen nicht zureicht, um das geschehene Böse, dem es gilt, völlig wieder gutzumachen"[49]. Denn niemals kann die empirisch verwirklichbare Strafe jenes Maß erreichen, daß die Reaktion vom Standpunkt des sittlichen Ideals aus fordert[50]. Da jede unsittliche Handlung in ihren Ursprüngen und in ihren Folgen auf die *Totalität des Individuums* weist, so „bleibt immer ein unaufgegangener Rest"[51]. Nie mehr kann das Böse wie ungeschehen gemacht werden.

---

[44] Mor II, 213. — [45] Mor II, 216 ff. — [46] Mor II, 220. — [47] Mor II, 218 f. — [48] Mor II, 225. — [49] Mor II, 222. Vgl. die Tagebuchnotiz: „Eigentliche Schuld kann nie gesühnt werden" (Frg 20). — [50] Mor II, 224 f. — [51] Mor II, 224.

Wir gehen wohl nicht fehl, wenn wir in diesem Punkt eine der tiefsten ethischen Grundüberzeugungen Simmels erblicken. Sicherlich war er sich dessen bewußt, daß er unmittelbar vor der Schwelle religionsphilosophischer Problematik stand, aber er hat sie damals nicht überschritten. Zwanzig Jahre später, in einer 1913 gehaltenen Vorlesung erklärt er, daß die Verantwortlichkeit als eine der ganz originären Kategorien „das ungeheure Problem der Theodizee" heraufgeführt habe[52]. Übrigens bezeugt gerade dieses Kolleg, daß Simmel durchaus Konzeptionen aus der Frühzeit fast unverändert in seine ausgereifte Lebensphilosophie übernehmen konnte. So ist z. B. dieselbe Umkehrung, die schon 1893 vorgenommen wurde, hier wieder anzutreffen: „Der Mensch ist frei, weil er verantwortlich ist"[53]. Ja, noch viel energischer formuliert er jetzt „Das Verantwortlichkeitsgefühl gilt als das Apriori aller Sittlichkeit und des sittlichen Lebens"[54].

§ 21. Das Moralprinzip des Freiheitsmaximums

Noch in einem andern Punkt hat der frühe Simmel versucht, Kants Ethik zu korrigieren. Es gefällt ihm nicht, daß Kant das Prinzip des Rechts nur in eine negative Ausdrucksform gebracht hat. Seine Forderung, die Freiheit eines jeden so weit einzuschränken, daß sie mit der Freiheit jedes anderen zusammen bestehen kann, entspreche zu sehr dem *Zwangscharakter*, der dem ganzen Rechtsleben eigentümlich sei[55].

Simmel will dieser Formel, der er inhaltlich sonst durchaus zustimmt, eine bewußt positive Wendung geben. Er nennt die von ihm aufgestellte Modifikation das „Moralprinzip des Freiheitsmaximums". Es lautet: „Handle so, daß die von dir geübte Freiheit zusammen mit der, die dein Handeln den andern läßt oder bereitet, ein Maximum ergibt"[56]. Mit dieser Neuformulierung ist tatsächlich etwas gewonnen, nicht nur eine rein verbale Akzentverschiebung hin zur Bejahung des Freiheitsideals, sondern erstens eine Aufforderung, nach der größtmöglichen *Mehrung* der Freiheit hinsichtlich des Zusammenlebens aller Menschen zu streben, und zweitens ein viel stärkerer Appell an den *Einzelnen*, die an sich selbstverständliche Ausgleichsforderung zwischen den verschiedenen Individuen *in sich selbst* zu wiederholen[57].

Es sind – wie Simmel im einzelnen ausführt – zwei fundamentale, in sonstigen Moralprinzipien fast immer nur einseitig berücksichtigte Tendenzen, die unter allen Umständen in der „Maximisierung" einen Ausgleich finden sollen: einerseits die Erstrebung eines *objektiven* sittlichen Zustandes, andrerseits die Bewertung des *(subjektiven)* sittlichen Strebens als solchen (Gesinnung, Verdienstlichkeit, Entsagung, Opfer usw.) Die

---

[52] Kolleg: „Ethik und Probleme der modernen Kultur". Philosophische Studien 1. Jg. 1949,318. – [53] Eth 322. – [54] Eth 322. – [55] Mor II, 264. – [56] Mor II, 164. – [57] Vgl. Mor II, 269.

obige Formel will diesen ständig drohenden Dualismus in eine Einheit zusammenführen. Es darf beides nicht zu kurz kommen: weder das Wie der Handlung, noch ihr realer Effekt. Simmel spricht hier innerhalb der Ethik zum erstenmal von einem „höheren, absoluten Gesichtspunkt", den eine solche beiderseitige Beschränkung der in der Menschheit immer nebeneinander anzutreffenden Hauptstrebungen voraussetzt[58]. Der Gedanke klingt freilich nur an, ohne daß weitere Konsequenzen gezogen werden.

Großen Wert legt Simmel auf die Feststellung des Paradoxons, daß die *partiellen Einschränkungen* der Freiheit geradezu die *Bedingung* sind, unter der allein das Maximum von Freiheit erreicht werden kann[59]. Der tiefste Sinn des von Simmel aufgestellten ethischen Idealprinzips ist vielleicht der, daß es voll einsichtig macht, wie sich in Entsagung, Verzicht, Aufopferung – wobei ausdrücklich auf die Haltung des Urchristentums hingewiesen wird[60] – am allerstärksten Freiheit bewähren kann, indem sie sich als innerlichste Kraft der Überwindung gegenüber niederen Werten auswirkt, während dasselbe Prinzip auch zugleich die bloß subjektivistische Vollendung der eigenen Seele als Fehlerhaftigkeit aufzuweisen vermag[61].

Auf den Freiheitsbegriff in der Bedeutung von „freier Besitz" und „Herrschaft" wollen wir wegen der rein soziologischen Zusammenhänge nicht weiter eingehen. Das umfangreiche – in seiner verwickelten Problematik darstellerisch kaum ausschöpfbare – Kapital über die Freiheit in der „Moralwissenschaft" schließt mit einer zwar vorsichtigen und verhaltenen, aber eben doch nicht zu übersehenden *Bejahung* der Freiheit: „Leugnen wir die Freiheit, so gibt es keine Gewähr für die objektive Richtigkeit unserer Überzeugungen".... „Das Urteil: unser Geist ist unfrei, hebt sich selber auf"[62].

§ 22. Freiheit und individuelles Gesetz

Simmel hat sich nach der Grundlegung in der „Moralwissenschaft" noch oft mit dem Freiheitsproblem auseinandergesetzt. Bis an sein Lebensende legen seine Werke Zeugnis davon ab. Schon in der „Philosophie des Geldes" (1900) wurde die Lehre von der *individuellen* Freiheit ausgebaut und vertieft. Auch die individuelle Freiheit weist er auf als eine Korrelationserscheinung[63]. Freiheit, die nicht im Gegensatz zu einer möglichen Gebundenheit gedacht wird, hat keinen Sinn[64]. Der Gegenpol sind die objektiven Abhängigkeiten. Wir geraten in eine um so größere Abhängigkeit von der *sachlichen* Funktion irgendeines Lebensgebildes, je gleichgültiger, wesenloser, auswechselbarer die Objekte in ihrer Einzelheit und Individualität für uns werden[65]. Die Betonung von Ich einerseits und Sache

---

[58] Mor II, 273 f. – [59] Mor II, 280. – [60] Mor II, 272. – [61] Vgl. Mor II, 271–273. – [62] Mor II, 305 f. – [63] PdG 315 f. – [64] So schon Mor I, 288. – [65] PdG 319.

andrerseits beruht auf einem fortschreitenden Differenzierungsprozeß, dem ein Zustand völliger Indifferenz voranging. In diesem Differenzierungsprozeß bildet sich als Korrelat zur Sachlichkeit die *Persönlichkeit* heraus, und das ist zugleich der *Entstehungsprozeß der Freiheit*, die Entwicklung nach Gesetzen des eigenen Wesens, eine Gegenbewegung, die aber nicht nur nach Besonderung, sondern auch wieder nach Versöhnung mit dem kontinuierlichen, sachlich bestimmten Sein strebt[66]. Hier taucht der neue Gedanke auf, daß die Freiheit erst mit und an einer Steigerung anderweitiger Lebensinhalte wirksam, lebendig und wertvoll wird[67]. So tritt neben den formalen, „reinen" Begriff der Freiheit derjenige der materiell bestimmten hinzu. In der Reaktion gegen eine Bindung verwirklicht sich Freiheit im praktischen Leben; während sie die Bindung abstreift, vollzieht sich auch schon eine Ergänzung durch Besitz- oder Machtzuwachs. Zur bloß negativen Freiheit „von etwas" tritt die inhaltsgefüllte Freiheit „zu etwas"[68]. Die „Soziologie" von 1908 betont besonders den Charakter der Freiheit als „Fürsichsein" der Seele[69].

Inzwischen hatte Simmel seine Kant-Vorlesungen veröffentlicht. Diese in die Tiefe der Transzendentalphilosophie gehende Darstellung enthält eine Kritik und eine Umdeutung zugleich. Folgendes stellt er als positive Errungenschaft an Kants Lehre vom intelligiblen Charakter heraus: „Die Freiheit ist nichts als das Sich-Selbst-Gehören, die Verwirklichung des Menschen, der sein *soll,* in eben demselben, insoweit er *ist;* der Mensch ist frei, wenn er sittlich ist, weil er im Gehorsam gegen das Sollen sich selbst findet, die eine Form seines Wesens zur Einheit mit der anderen bringt"[70]. Auch die Auffassung der Freiheit als *regulativer Idee* wird von Simmel akzeptiert. Freiheit gehört dem Gebiet mannigfacher Gültigkeitsarten an[71]. Durch diese Einsicht werden wir ebenso aus dem leeren Idealismus wie aus dem resignierten Naturalismus erlöst. Denn es ist das Kennzeichnende eines regulativen Begriffes, daß er den Wert des Absoluten und Transzendenten in die *Funktion* hineinrettet, „Sinn, Ordner und Wegweiser des Relativen und Empirischen zu sein[72].

Im übrigen aber distanziert sich Simmel von der moralistischen Pflichtethik, und stellt ihr sein eigenes ethisches Ideal lebensphilosophischer Ausprägung entgegen. Schon im Kapitel „Der kategorische Imperativ" seiner „Einleitung in die Moralwissenschaft"[73] hatte er Ansätze eines Individualethos entwickelt. Freilich nicht in dem Sinne, daß aus der bloßen Tatsache der Individualität schon die Befreiung von jeder Normierung zu folgern sei[74], sondern „daß die individuellen Bestimmungen daraufhin geprüft werden müssen, ob sie eine sittliche Tendenz aus sich entfalten, die jene (die allgemeine sittliche Forderung) aufhebt"[75]. Dem kategorischen

---

[66] PdG 320. — [67] PdG 445. — [68] Vgl. hierzu PdG 444—446 u. Soz. 80. — [69] Soz 38 f. — [70] Kt 167. — [71] Kt 227. — [72] Kt 231. — [73] Mor II, 1—300. — [74] Mor II, 52. — [75] Mor II, 51.

Imperativ kommt nur eine ganz allgemeine und heuristische Bedeutung zu, „indem er dem sittlichen Menschen aufgibt, auch in den individuellsten Situationen nach dem Allgemeinen zu suchen, das sein Verhalten normiere"[76]. Er vereinigt die Individualität als Realprinzip mit der Allgemeingültigkeit des Gesetzes als Normierungsprinzip"[77].

Zu sehr viel schärferer Polemik gegen die Unzulänglichkeit des kategorischen Imperativs greift Simmel in seinem Kant-Buch, später in seinem Kolleg „Ethik und Probleme der modernen Kultur"[78] und schließlich im Kapitel „Das individuelle Gesetz" seines metaphysischen Spätwerkes „Lebensanschauung". Er bezeichnet es als eine „naive Überhebung des Intellektualismus", ein ethisches Prinzip auf der bloßen Logik aufzubauen, als einen Einfluß mechanistischer Weltanschauung, die Einzelhandlung bei der Bewertung aus allen natürlichen Zusammenhängen herauszuschneiden und eine Allgemeinbedeutung nach Analogie anderer Gesetzesbegriffe festzusetzen[79]. Wenn ich die Situation einer Handlungsweise in *allen* ihren Bestandteilen verallgemeinere, so ist das Gesetz um gar nichts weiter als der individuelle Fall[80]. Sobald Entscheidungen in die Wirrnis gekreuzter Interessen und Bindungen verflochten sind, versagt der kategorische Imperativ vollständig, „weil wir nicht wissen, wo die Formulierung des allgemeinen Gesetzes, d. h. die Vernachlässigung der singulären Komplikationen einzusetzen hat"[81]. Kant kann sein Sittengesetz nur auf Grund der Ausbürgerung alles Sinnlichen aus dem Freiheitsbezirk verkünden[82]. Endlich „bekommt das Leben als Ganzes durch die Konzentrierung aller seiner Bedeutsamkeiten auf den äußersten Freiheitspunkt der Willensgesinnung etwas Formloses, es fehlt ihm der Reichtum differenzierter Entfaltung"[83]. Die radikale Projizierung des Lebens auf die ethische Ebene führt zur Leugnung der Werte des Schöpfertums[84]. Das sind Simmels hauptsächliche Einwände. Zugleich werden von ihm auch noch Widersprüche in Kants Freiheitslehre aufgedeckt. So wirft er ihm u. a. vor, daß er nicht konsequent genug daran festgehalten habe, daß die Freiheit nur eine bloße Idee, ein Grenzbegriff sei[85]. Es liege bei ihm immer noch eine metaphysische Tendenz zur substantialisierenden Verselbständigung der ursprünglichen Bestimmtheit der Sollens-Struktur vor[86].

Eine bei Simmel sonst ungewohnte schneidende Schärfe enthalten Urteile, zu denen er sich in der Vorlesung von 1913 steigert: „All jene Normen allgemeiner Natur . . . heben die Freiheit auf, weil sie das Leben aufheben"[87]. „Der kategorische Imperativ Kants wurde gewonnen, indem er dem Leben entrissen und ihm gegenübergestellt wurde"[88]. „Bei Kant ist die Lebenseinheit völlig zerrissen, und gerade diese für modernes Gefühl und Erkennen ganz ungerechtfertigte Zerreißung des Menschen ist es eben,

---
[76] Mor II, 58. — [77] Mor II, 58. — [78] Eth 327 ff. — [79] Vgl. Kt 158 f. 162 f. — [80] Kt 155. — [81] Kt 157. — [82] Kt 166. — [83] Kt 173. — [84] Kt 173 f. — [85] Kt 227–229. — [86] Kt 226. — [87] Eth 326. — [88] Eth 327.

die uns von Kant trennt"⁸⁹. Das vernichtendste Urteil findet sich wohl in der „Lebensanschauung": „Die Logik des kategorischen Imperativs, an der man nur entlangzugehen braucht, erspart dem Menschen das Schöpferische des Sittlichen, mit seinen Gefahren und Verantwortungen"⁹⁰.

Welches ist nun das Prinzip der neuen ethischen Normierung, das Simmel mit solchem Selbstbewußtsein vertritt und durch welches er Kants Sittengesetz ersetzen bzw. überbieten zu können glaubt? Daß ein Leben *ohne* Norm unmöglich ist, davon war er zutiefst überzeugt: „Das Gesetz freilich können wir nicht entbehren, d. h. wir bedürfen jener Festigkeit, Objektivität, inneren Begründung unseres Tuns, die wir als seine Gesetzlichkeit ansprechen"⁹¹. Kant hatte die Freiheit nur dem *Willen* zukommen lassen. „Es fehlt dem Weltbild Kants völlig die Mitwirkung des Gefühls"⁹² und aller anderen inneren Erscheinungen, die zum Wesensgrund unseres Seins gehören, Phantasie, seelischer Gesamtrhythmus usw.⁹³. „Nirgends fühlt man die innere Lebenseinheit des Ich"⁹⁴. Simmel fordert also die Berücksichtigung des Ganzen des persönlichen Seins. Hier nimmt er in weitem Umfang Anregungen auf, die ihm während seiner langjährigen Beschäftigung mit Goethes Weltanschauung zugeflossen sind. Schon Goethe hatte eine „Seinsethik" konzipiert, in der Sein und Sollen nicht auseinandergerissen werden, sondern der Lebensvollzug als solcher schon einen Wert darstellt. Goethes Leben war für Simmel das bedeutendste Beispiel für die Realisierung, Verkörperung, restlose Ausbildung eines „*individuellen Gesetzes*", eines Gesetzes, das auf die Normierung einzelner Strebungen (Wille usw.) verzichtet⁹⁵. Erst solches aus sich selbst heraus gestaltete Leben ermöglicht Weltoffenheit und Seinshingegebenheit. Hierher gehört die schon in § 1 erwähnte „Einheit von Wert und Wirklichkeit". In entsprechender Weise erhält auch die Freiheit einen neuen Sinn: „Die Freiheit, mit der das Leben sich gestaltet, hat eine sehr bestimmte Grenze; an ihr beginnen Notwendigkeiten, die es aus sich selbst erzeugt und denen es aus sich selbst genügt"⁹⁶.

Simmel hat die Entdeckung von Goethes Seinsethik selber als eine große Wendung in seiner eigenen Bewertung von Mensch und Welt empfunden. Jetzt erst kam ihm die befreiende Einsicht, daß die in sich ruhende Zentriertheit und die Gebundenheit des Ich an das Ganze einander nicht ausschließen. Das konnte er mit seiner früheren Erkenntnis verknüpfen, daß die Kategorien des Sollens und des Seins Formungen ein und desselben Weltstoffes seien. „Wir leben auch als Gesollte, wie wir in der Wirklichkeitsform leben"⁹⁷. „Ist das Sollen aber Leben, so hat es auch an der Ein-

---

⁸⁹ Eth 328. – ⁹⁰ Leb 236. – ⁹¹ Kt 162. – ⁹² Kt 112. – ⁹³ Vgl. Kt 215. – ⁹⁴ Kt 261. – ⁹⁵ Der Ausdruck „individuelles Gesetz" findet sich meines Wissens zum erstenmal Kt 163.
⁹⁶ Gt 31. Ähnlich im Aufsatz „Rodin": „Beides, Freiheit wie Notwendigkeit, sind Siege der Seele über das bloß Tatsächliche des Daseins" (PK 192).
⁹⁷ Eth 327.

zigkeit alles Lebens teil, es ist die Gesetzlichkeit als Leben"[98]. So übernehmen wir in der Gestaltung unseres Seins auch die Verantwortung für unser Sollen. Nicht abgelöste, punktuelle Entscheidungen, sondern das Gesamtsein der Person bestimmen den sittlichen Wert des Menschen. Schon in der „Einleitung in die Moralwissenschaft" hieß es: „Wer sich höchste Ideale steckt, wird dadurch um so verantwortlicher; er unterstellt sich damit freiwillig einer höheren und strengeren Gerichtsbarkeit"[99]. Und bereits in der „Philosophie des Geldes" hatte er formuliert: „Der Mensch ist als ganzer frei, innerhalb dessen jede einzelne Energie ausschließlich ihren eigenen Zwecken und Normen gemäß sich entwickelt und auslebt"[100]. Die in beiden Sätzen noch etwas verschieden akzentuierten Momente fließen jetzt im Prinzip des individuellen Gesetzes zusammen.

Die Begründung für die ethische Ausrichtung auf den Seinsgrund der Person findet Simmel im Unterschied zu seiner früheren Einstellung direkt im Metaphysischen, auch darin Goethes Spuren folgend. Es gibt eine Einheit aller Wirklichkeit, alles Kosmischen, die auch den Menschen mitumfaßt, denn auch er ist ein Teil des großen Weltgeschehens, ein Pulsschlag der Natur. Unbeeinflußt von einem Jenseits der Erscheinungen wächst der Lebensprozeß aus der eigenen Wurzel. Die metaphysische Bezogenheit und Eingeordnetheit des Menschen in die Welt ist sozusagen die Tragfläche, auf der seine moralische Existenz ruht. Und so besteht das „Normierende" des individuellen Gesetzes darin, daß es ausschließlich auf die Erfüllung eines existentiell gegebenen Grundverhältnisses zielt. Zwischen Erfassung des Weltgrundes und Erfassung des eigenen Wesens besteht ein unmittelbarer Zusammenhang. Imperativisch ausgedrückt: Gib dem Leben die Form, die in seinen Inhalten schon vorgebildet liegt. Wie schwer das bei dem Fragmentcharakter des Lebens durchführbar ist, das wußte Simmel nur zu genau. „Es scheint das Schicksal des Menschen zu sein, daß er nicht von selbst, in der Ruhe selbstgenugsamen Wachstums, das werde, was er seinem tiefsten, sinngemäßen Sein nach schon ist; sondern daß es, mehr als zu irgendeinem äußeren Gewinn, des Kampfes, der Not, der Gefahr bedarf, damit er sich selbst finde"[101].

So hat Simmel dem Kantischen Moralismus (Willensethik) ein „übermoralisches" Ideal der Existenz (Seinsethik) entgegengestellt. Nicht dieses oder jenes bestimmbare Tun ist die Erfüllung der ethischen Forderung, sondern die *Erhöhung des Gesamtseins* zu jenem Bilde unserer Person, das wir dauernd in uns spüren, das uns wie mit „ideellen Linien" eingezeichnet ist. Großen Wert legt Simmel dabei auf die objektive Gültigkeit des jeweilig Individuellen. „Auch die Individualität, die Unver-

---

[98] Eth 329. — [99] Mor I, 268. — [100] PdG 333 f. — [101] PdK 151 (im Aufsatz „Werde was du bist").

gleichlichkeit und Unersetzlichkeit unserer Existenz ist nicht nur gegeben, sondern aufgegeben"[102]. „Das individuelle Sollen ist an sich objektiv, ob es vom individuellen Leben immer erkannt wird oder nicht"[103]. Als historisch gebundenes und bedingtes entfließt das Sollen objektiv auch aus dem individuellen Leben. Mit der von Kant verbreiteten irrigen Identifikation von Individualität und Subjektivität einerseits und von Allgemeinheit und Gesetzlichkeit andrerseits muß endlich in der Ethik Schluß gemacht werden[104]. „Das individuelle Gesetz schließt die Willkür aus"[105]. Leben ist in jedem Augenblick eine Totalität, und jede Handlung wirkt auf den Grund zurück, aus dem das Handeln überhaupt aufsteigt[106]. Nun kommt endlich auch das *Schöpferische* zu seinem Recht. Keine seelische Einzelfunktion ist mehr auf Kosten der andern verselbständigt. Wir fühlen im individuellen Gesetz die Freiheit in keiner Weise mehr vergewaltigt, denn im Zentrum des Ethischen steht jetzt die Kategorie der harmonischen Erfüllung der eigenen Lebensmöglichkeit. „Freiheit stellt sich so dar als die Möglichkeit der Bildsamkeit unseres Lebenszentrums: das harmonischste Leben ist zugleich das freieste Leben"[107].

§ 23. Freiheit und Zweck

In der „Soziologie" spricht Simmel einmal von der Doppelstellung, die das Ich einnimmt: Einerseits stellt es sich mit seiner Freiheit und seinem Fürsichsein der eigengesetzlichen Natur gegenüber, andrerseits ist es ihr als eines ihrer Produkte völlig eingegliedert[108]. Von dieser Einsicht aus gelangt Simmel in der metaphysisch orientierten Spätphase seines Denkens zu einer Gegenüberstellung von *Freiheit und Zweck*[109]. Er geht davon aus, daß organisches Leben im biologischen Sinne eine Schicht ist, die Freiheit nicht kennt; sie ist rein auf Zweckmäßigkeit eingestellt. Je mehr wir uns vom Rein-Vitalen entfernen, desto mehr schwindet die vollkommene Zweckmäßigkeit. Der Mensch allein ist das Wesen, das die Zweckmäßigkeit seines physiologischen Automatismus jederzeit durchbrechen kann. Wären wir völlig reiner Geist, so wären wir von der Kategorie des Zweckes sogar prinzipiell unabhängig. Als endliche Kreatur kann ich mich jedoch nicht jenseits des Lebens stellen. So erweist sich das „Reich der Zwecke" für den Menschen als ein mittleres Gebiet, das sich, gemessen an seinen höchsten Möglichkeiten, oft als etwas recht Niedriges, wenn nicht gar Verächtliches enthüllt[110]. Er muß sich immer wieder erneut aufschwingen in die Sphäre des Nichtzweckmäßigen, was ihn freilich in Konflikt mit dem Trieb zur vitalen Selbsterhaltung bringen kann. Hier ist Freiheit (die zugleich auch eine Notwendigkeit genannt werden kann) ein Sieg der Seele über das bloß Tatsächliche des Daseins[111]. Denn nur in dem idealen Reiche, vor dem die Teleologie endet, ist der Mensch erst eigent-

---

[102] Kt 169. — [103] Eth 329. — [104] Leb 222. — [105] Leb 230. — [106] Leb 237 f. — [107] Eth 326. — [108] Soz 38 f. — [109] Leb 40–44. — [110] Leb 41. — [111] PK 192.

lich Mensch und wahrhaft frei. Daher haben wir den Eindruck völliger Freiheit einzig und allein in den Reichen der Philosophie, Sittlichkeit, Kunst und Religiosität, denn hier ist *reines Fürsichsein*[112]. Diese Sphären haben die Anfangsstadien der Zweckmäßigkeit längst überwunden. Dagegen bemerken wir in den übrigen Sphären Alltagsdasein, Wissenschaft, Technik, Politik und Wirtschaft immer nur eine bloße Fortsetzung der an die Physis und individuell-gesellschaftliche Selbsterhaltung gebundenen Zweckmäßigkeit in das Handeln hinein – mehr nicht. Nicht in der tiefsten Schicht menschlicher Existenz, sondern *hier* kommt der Zweck-Mittel-Kategorie die ausschlaggebende Bedeutung zu.

Damit hat Simmel zugleich von der Analyse des Freiheitsbegriffes her innerhalb der menschlichen Sinnzusammenhänge eine klare Abgrenzung zwischen den selbständigen Weltformen (Religion, Philosophie, Sittlichkeit, Kunst) und den relativen Totalitäten (Recht, Wirtschaft usw.) vollzogen.

§ 24. Freiheit, Zeit und Wirklichkeit

Bereits in der „Einleitung in die Moralwissenschaft" hatte Simmel alle Freiheitsvorstellung zurückgeführt auf die „Denkbarkeit des Möglichen neben dem Wirklichen"[113], alle Vorstellung von der Notwendigkeit auf die Forderung der „Selbstbestimmung der allbefassenden Substanz oder des ganzen Seins"[114]. Damals formulierte er: Alles Wirkliche, d. h. jedes Geschehen oder Objekt in seiner Einzelheit, ist nur „relativ notwendig", da sich die Kausalreihe nicht abschließen läßt; absolute Notwendigkeit bestände nur dann, wenn ein Geschehen oder Objekt *in sich und durch sich selbst* notwendig wäre[115].

In der „Philosophie des Geldes" wies dann Simmel weiter darauf hin, daß Freiheit und Notwendigkeit (Müssen) Aspekte seien, die gar nicht dem einfachen Sein der Dinge zukämen, sondern nur für *bewußte Seelen* einen Sinn hätten. Daß das Geschehen einem „Müssen" der Naturgesetze unterliege, sei naturwissenschaftliche Mythologie[116].

Diese Aussagen erfahren im Nachlaß-Aufsatz „Über Freiheit"[117] ihre letzte Steigerung und Zuspitzung.

Zunächst, was die *logische* Struktur der beiden Begriffe Freiheit und Notwendigkeit betrifft, so steht fest, daß beide immer nur *negativ* charakterisiert werden können: während Freiheit bedeutet, daß etwas Anderes als das Wirkliche möglich ist, bedeutet Notwendigkeit, daß ein Anderes *nicht* möglich ist[118].

---

[112] Leb 44. – [113] Vgl. Mor I, 286. – [114] Vgl. Mor II, 204. – [115] Mor II, 203. – [116] PdG 549. – [117] In: Logos 11. Bd. 1922/23, 1–30. – [118] Ebd. 29.

Metaphysisch dagegen ist dem Sein als solchem weder Freiheit noch Notwendigkeit zuzusprechen. Erst den *Gestaltungen* des Seins, dem Dasein der Dinge, kommt infolge des Verhältnisses von Sein und Gesetz Notwendigkeit zu, und erst dem Ich bzw. dem seelischen Leben, insofern es unter der Kategorie des Sollens steht, kommt Freiheit zu. Das Geschehen schlechthin befindet sich erkenntnismäßig in einem noch „undifferenzierten Zustand", es ist, „rein auf seine Zeitverhältnisse hin betrachtet", nur wirklich[119]. Es gibt weder eine „Freiheit überhaupt" noch eine „Notwendigkeit überhaupt", sondern nur ein „stetig flutendes Geschehen, das in jedem Augenblick ein Wirklichkeitsstadium hat"[120]. Erst die kategoriale Formung unseres Geistes läßt jeden Inhalt in die beiden Polaritäten Freiheit und Notwendigkeit übergehen[121].

Es ist nun das „Schicksal unseres Geistes", daß die eine Polarität ihren sprachlichen Ausdruck mit dem undifferenzierten Zustand teilen muß. Dadurch kommt es zum Gerede von einer „doppelten Freiheit", einer vorangehenden vorgegensätzlichen und einer nachträglich als Bestimmung gewonnenen, und so werden die Dimensionen miteinander vermengt. Simmel sieht einen Ausweg aus dieser Schwierigkeit in der Weise, daß er den *positiven* Sinn von Freiheit und Notwendigkeit allein ihrer Erlebnis-Seite zuweist. Dann nämlich, im individuellen Erleben, sind sie tatsächlich Gefühle, mit der wir das Wirkliche durchdringen, unüberwindbare letzte Überzeugungen; dann sind sie (im Gegensatz zur Kausalität, die Simmel als eine *zeitlose* Relation versteht) auch *zeitlich* eingegliedert, indem sie auf Vergangenheit und Zukunft hinweisen. *Außerhalb* steht die Gegenwart als die Form aller Wirklichkeit, *außerhalb* steht alles zeitlose ideelle Wirkliche[122].

Die Entscheidung für die Freiheit charakterisiert den Menschen als ein *wagendes Wesen*. Der Wille „muß" die Freiheit haben, sich für die Freiheit entscheiden zu können, wobei die erstgenannte Freiheit eben die umfassende Freiheit des Willens überhaupt darstellt, die mit der Kategorie des Sollens identisch ist, und die die Alternative zwischen Freiheit und Notwendigkeit als sekundären Gegensätzen umgreift[123]. Im übrigen ist dieser moralische Wille noch gar nicht der letzte Sitz der Freiheit. Vollkommene Freiheit kann nämlich nur dort existieren, wo keine Hemmung mehr überwunden werden muß, wo unser Sein in Reinheit und Absolutheit herrscht, d. h. wo das Leben schlechthin nur von dem Ich selber gelebt wird, also von der *Wurzel* her, von der *alle* seelischen Regungen ausgehen. Das in diesem Sinne freie Leben „wird überhaupt nicht durch den Willen hindurch kanalisiert"[124].

---

[119] Ebd. 17. Damit gewinnt Simmel eine neue Definition: „Die Wirklichkeit ist das, was *vor* aller Entscheidung zwischen Freiheit und Notwendigkeit steht" (ebd. 17). Vgl. hierzu noch PdG 73.
[120] Ebd. 24. — [121] Ebd. 13. — [122] Ebd. 29. — [123] Ebd. 16. — [124] Ebd. 26. —

Freiheit des Geistes bedeutet jetzt für Simmel: das Geschehen, den Prozeß durch Bewußtmachung der Inhalte jenseits der kausalen Energie stellen. Jedes Wesen, das dem bloßen Prozeß des Lebens untersteht, wird durch Anderswerden tatsächlich ein anderes; das ist Kennzeichen alles beseelten Lebens. Nur der Mensch bleibt bei allem Andersseinkönnen dank der Freiheit, sich so oder so zu verhalten, immer derselbe; er braucht sich nicht zu „ent-ichen"[125].

Mit diesen letzten Notizen ist Simmel wohl in die tiefsten Abgründe der Freiheitsproblematik hinabgestiegen. Leider sind seine Äußerungen fragmentarisch geblieben, sie wuchsen nicht mehr zu dem geplanten Buche über die Freiheit zusammen. So vermissen wir vor allem noch eine systematische Einarbeitung in das frühere Gedankengut. Wäre das Werk vollendet worden, so hätte es sicherlich die Krönung seiner Lebensmetaphysik bedeutet. Nur von der Freiheitslehre her können wir den lebensphilosophischen Protest gegen die kantische und neukantische Formphilosophie voll begreifen. Auf jeden Fall kann Simmels Behandlung der alten strittigen Frage durchaus gegenüber dem Freiheitsverständnis der idealistischen Philosophie bestehen. Von einem Problemschwund kann keine Rede sein.

Zischen *Leben, Freiheit, Werden* und *Wirklichkeit* gab es für Simmel eine so innige Beziehung, daß man diese geradezu als den Grundton bezeichnen kann, der in allen Untersuchungen mitschwingt. Er konnte das teleologische Prinzip, das die Freiheit letztlich zu einem der tiefsten Mysterien alles Seienden macht, nicht schöner ausdrücken als durch den Satz: „Nur im Akt der Formwerdung vermag die Freiheit des Lebens wirklich zu werden"[126].

Vielleicht läßt sich die verborgene Analogie, die zwischen *Wirklichkeit*, *Zeit* und *Freiheit* waltet, und die auf der Voraussetzung beruht, daß die Bewegtheit des Geistes in sich selbst metaphysisch ist, auf folgende zusammenfassende Formel bringen, die man zugleich als eine Art Resultat eines langen mühevollen Entwicklungsganges ansehen mag:

Wie die Einheit der Wirklichkeit (und der andern Weltformen) aus der Mannigfaltigkeit des bloßen Daseinsstoffes durch den erkennenden Geist hergestellt wird,

wie die Zeit durch die Selbst-Transzendenz des Lebens realisiert wird,

so erringt auch die Freiheit ihre eigene Existenz dadurch, daß Leben sich überwindet, indem es im Ringen mit dem hemmenden Gegenwurf (eingrenzende Kausalität, Gesetzlichkeit, Abhängigkeit) Form schafft.

---

[125] Ebd. 27. Vgl. Leb 148; Frg 222. — [126] Konfl 25.

Schema der Inhalts-Explikation bei Simmel[127]

1. Inhaltlichkeit als purer ideeller (wirklichkeitsfreier) Schatz a) von vorstellbaren Möglichkeiten der Wahrheits-Gewährung b) von vorgezeichneten Werten des Gesolltseins.

2. Noch nicht in Subjekt und Objekt differenzierter Daseinsstoff als vortheoretischer Erlebnis-Inhalt. Unmittelbarer funktioneller Konnex mit dem kontinuierlich fließenden Lebensprozeß.

3. Vom vorstellenden Subjekt aufgenommener, d. h. Objekt gewordener, sachlich-theoretischer Erkenntnis-Inhalt. Losgelöstsein von der vitalen Bedingtheit.

4. Gesamtheit eines zu einer spezifischen kategorialen Welttotalität geformten Wissensinhaltes. Substanzialisierung zu sekundären Sondergebilden mit zwei unterirdisch verbundenen Einheitlichkeiten a) funktionelle Einheitlichkeit im Sinne von Eigengesetzlichkeit b) teleologische Einheitlichkeit im Sinne von kulturtragenden Elementen.

5. Die Weltform in ihrem Endstadium der Erstarrung, d. h. als ein zum objektivierten Geist emanzipiertes, der Lebensdynamik entfremdetes, abgestorbenes historisches Kulturgebilde.

---

[127] Vgl. Leb S. 30 f.: „Die ‚Inhalte' haben eine Existenz sui generis. Sie sind weder ‚real', da sie das ja erst werden, noch eine bloße Abstraktion aus ihren mannigfachen Kategorisiertheiten, da sie nichts Unvollständiges sind wie der abstrakte Begriff gegenüber dem konkreten Ding, noch haben sie das metaphysische Sein der ‚Ideen' Platons".

Zweiter Teil
Die Problematik des religiösen Glaubens in lebensphilosophischer Sicht

Erstes Kapitel
Vorstoß zum Zentrum der Simmelschen Religionsphilosophie

§ 25. Grundsätzliches zur methodischen Durchführung

Wir sehen unsere Aufgabe darin, aus dem, was bei Simmel anklingt an Äußerungen zur Wesensfrage der Religion, was wir bei ihm an Interpretation religiöser Grundphänome vorfinden, besonders diejenigen Gesichtspunkte und Momente herauszustellen, die früheren Beobachtern verborgen geblieben sind. Bei einer in solch subtilem Sinne beabsichtigten Untersuchung müssen wir vor allem die Tatsache berücksichtigen, daß der zu bearbeitende Stoff uns einen Widerstand ohnegleichen bietet. Nichts ist hier systematisch wohlgeordnet und ausgeglättet. Auf gebietsbezogenes Zusammenfassen von in sich abgeschlossenen Themenkreisen hat zwar Simmel auch sonst keinen großen Wert gelegt, hier jedoch werden uns förmlich lauter einzelne erratische Blöcke vorgelegt. Fast alle Werke Simmels geben an irgendwelchen, oft sehr entlegenen Orten, Kunde von seiner Stellung zur Religion. Für den Interpreten erwächst damit die mühevolle Aufgabe, dieses unglaublich zerstreute Material erst einmal zu sammeln und zu gruppieren. Ohne solche nachvollziehende systematische Rekonstruktion würde die ganze Deutung hoffnungslos in sich z. T. widersprechenden Einzelheiten steckenbleiben.

Um unsere Darstellung nicht unnötig zu komplizieren, wollen wir uns an die Gliederung des ersten Teiles anlehnen, indem wir von dem leitenden Gesichtspunkt ausgehen: Wie war für Simmel von den in den Kapiteln 1–3 dargestellten Voraussetzungen aus ein Weg zur Wesenserfassung der Religion möglich? Es versteht sich daher von selbst, daß jetzt im zweiten Teil die Trias Wirklichkeit-Zeit-Freiheit gleichsam auf einer höheren Ebene, auf eine andere Dimension bezogen, wiederkehrt.

Wie ich bereits in den Vorbemerkungen angedeutet habe, ist eine Untersuchung in dem von uns beabsichtigten Sinne noch nirgends durchgeführt worden, denn alle bisherigen Abhandlungen haben sich mit der Erörterung von gewissen Teilaspekten der Simmelschen Religionsphilosophie begnügt. Daher die oft so schiefen und dem Anliegen dieses Denkers in keiner Weise gerecht werdenden Beurteilungen.

Die Dissertation von Wilhelm Knevels: „Simmels Religionstheorie" (1920) bleibt trotz einiger interessanter Seitenblicke auf zeitgenössische religiöse Strömungen (besonders innerhalb der zur Mystik neigenden modernen Lyrik) unzureichend, da sie es versäumt, auf religionsphilosophische Kernprobleme und ihre lebensphilosophischen Voraussetzungen einzugehen. Maßstab von Knevels' auf eine völlige Ablehnung der Anschauungen Simmels hinauslaufenden Kritik ist der einst in der systematischen protestantischen Theologie viel diskutierte sog. „religionspsychologische Zirkel"[1] Georg Wobbermins, eine bei aller liberalen Offenheit doch bestenfalls als Schleiermacher-Repristination zu bezeichnende Programm-Theologie, die nur höchst künstlich und gezwungen in eine sinnvolle Verbindung mit dem lebensphilosophischen Anliegen gebracht werden kann.

Die Dissertation von Gerhard Loose: „Die Religionssoziologie Georg Simmels" (1933) trägt fleißig das zum Thema gehörige Material zusammen, streift aber die eigentlichen religionsphilosophischen Fragestellungen nur ganz flüchtig. Der Verfasser ist im Grunde nur an dem Nachweis interessiert, daß Simmel zu den entscheidenden Anregern und Begründern der neuen Disziplin „Religionssoziologie" gehört. Wer aber rein soziologisch forscht, für den bleibt die Religion in ihrer eigenen Sphäre unverstanden. Auf Simmel trifft dies jedenfalls nicht zu; man könnte ihn kaum ärger mißverstehen. Für ihn war Soziologie immer nur ein Aspekt neben anderen ebenso berechtigten wissenschaftlichen Arbeitsweisen.

Endlich wäre die schon sehr frühe Dissertation von Friedrich Karl Schumann „Religion und Wirklichkeit" (1913) zu nennen, die außer Simmel noch Natorp, Troeltsch und James behandelt. Abgesehen davon, daß dieser Verfasser selbstverständlich noch nichts von der metaphysischen Spätphase Simmels wissen konnte, besteht der Hauptmangel dieser Arbeit darin, daß Simmels Denken nur als eine besonders eigenwillige und radikale Fortbildung der damals herrschenden kritizistischen Erkenntnistheorie des Neukantianismus angesehen wird. Dabei weist doch schon Simmels Kant-Deutung in eine ganz andere Richtung. Immerhin wird hier wenigstens der Versuch gemacht, sich in die philosophischen Voraussetzungen Simmels hineinzuversetzen, und eine Reihe von scharfsinnigen kritischen Argumenten regen den Leser zum Nachdenken an.

Zwischen den Jahren 1935 und 1948 wurde so gut wie überhaupt nichts in deutscher Sprache über Simmel geschrieben bzw. veröffentlicht. Nach 1948 wurde hier und da am Rande seiner gedacht. Erst durch die 1957 erschienene Aufsatzsammlung „Brücke und Tür", die zum erstenmal vier bisher schwer zugängliche Essays Simmels zum Religionsproblem enthält[2], ist der Anfang gemacht worden, diesen Philosophen durch Neudruck endlich der Vergessenheit zu entreißen.

---

[1] Knevels: Simmels Religionstheorie 1920, 3. 9. 32 A. — [2] Vgl. BT 105–140.

§ 26. Die Koordination und äquivalente Parallelität der Religion zu andern Weltformen als Grundvoraussetzung

Ein ganz grundlegendes Problem war für Simmel, welche Stellung, welcher Rang, welche Sonderfunktion der Religion innerhalb der Kulturgebiete zukomme. Wir hatten bereits in § 3 seine Theorie kennen gelernt, wonach sich gewisse „Lebensreihen" kraft kategorialer Formung zu objektiven, sich selbst genügsamen Gebilden verfestigen und mit der Fähigkeit ausgestattet sind, die ganze Fülle des reinen neutralen „Weltstoffes" in sich aufzunehmen. Simmel nannte diese Funktionsarten des Geistes „Welten", „Weltformen", „Weltganzheiten" oder „Welttotalitäten". Wir müssen nun genauer untersuchen, woher er das Recht, die Berechtigung hernimmt, auch die Religion in diese Gruppe selbständiger Welten einzureihen. Dabei muß sich herausstellen, ob seine durchgängig angewandte analogische Denkweise der härtesten Probe, die ihr zugemutet wird (Glaube, Gott, Heil der Seele) standhält, ohne an logischer Überzeugungskraft zu verlieren.

Vergegenwärtigen wir uns noch einmal Simmels Prinzipien der schöpferischen Setzung objektiver Eigenwelten. Die Inhalte sind immer Inhalte des Bewußtseins; sie sind bereits konstitutiv geformt. In neuen Formungen bauen sich nun aus, diesen übergeordnete, unter sich selbst koordinierte Schöpfungen auf. Simmel fordert mit konsequenter Strenge, daß prinzipiell alle überhaupt möglichen Inhalte in jede der kategorialen Formungen eingehen können, so daß dadurch in verschiedenen parallelen Ebenen liegende Reiche des Geisteslebens konstituiert werden. So heißt es ausdrücklich: „Jede der großen Formen unserer Existenz muß als fähig erwiesen werden, in ihrer Sprache die Ganzheit des Lebens zum Ausdruck zu bringen"[3]. Unter diesen Formen, Ordnungsprinzipien oder Kategorien (im weitesten Sinne) wird neben der Wissenschaft und der Kunst auch die Religion aufgezählt[4]. Was alle diese überindividuellen Funktionen voneinander unterscheidet, das ist die funktionell-qualitativ verschiedene Art, wie die Inhalte in ihnen gehabt, geordnet, empfunden werden. Die Inhalte selbst bleiben also überall dieselben. „Rein ideell angesehen, kann kein Inhalt sich dem entziehen, sich erkennen zu lassen, künstlerische Formung anzunehmen, religiös ausgewertet zu werden"[5].

Nur eine Einschränkung – freilich eine recht schwerwiegende – läßt Simmel zu: Innerhalb des historischen Lebens (also de facto) treten die Funktionsarten immer nur in individueller Einseitigkeit auf und sind infolgedessen nicht fähig, die Gesamtheit möglicher Inhalte zu ergreifen. Schon hier wird deutlich, daß der Hauptakzent jeweils auf die Erlebnisseite gelegt wird. Immer handelt es sich um ein besonderes Verhalten des

---
[3] Rel 8. – [4] Rel 12 ff. – [5] Leb 29.

Menschen. Es geht Simmel um den Vorgang im menschlichen Bewußtsein, um die Zustände und Ereignisse in der Seele, um die subjektive Reaktion auf irgendein Wirkendes. „Erleben" ist für ihn – das hatten wir in § 5 ausgeführt – die zusammenfassende Bezeichnung für „unsere Seite des Verhältnisses zwischen einem Objekt und der Ganzheit oder Einheit unseres Seins"[6], die „Antwort unserer Gesamtexistenz auf das Dasein der Dinge"[7], das primäre Weltverhältnis, auf dem auch unsere Erkenntnis gründet. Alles Erleben kann aber immer nur historisch bedingt und daher fragmentarisch erfolgen. Mehr als jeweils ein „Bruchstück" kann unser Leben nicht mitnehmen[8].

Jedes Unternehmen, „das Ganze der Dinge und des Lebens zu einer lückenlos religiösen Welt auszubauen", ist nach Simmel von vornherein ebenso zum Scheitern verurteilt wie ähnliche Versuche auf dem Gebiete der Kunst, der Philosophie, der Wissenschaft usw.[9]. „Immer bleibt etwas vom Weltstoff, was von den religiösen Kategorien nicht bewältigt wird"[10]. Darin sieht Simmel den letzten weltanschauungsmäßigen Sinn für den Fragmentcharakter aller Lebensphänomene überhaupt[11]. Das Aussprechen des gesamten Seins in eigener Sprache ist von den kategorialen Formungen aus zwar ideell möglich, aber nirgends praktisch realisiert. Die Ursache sieht Simmel darin, daß keine Weltform vor dem Schicksal bewahrt bleibt, in eine Verendlichung, in eine historische Modifikation und daher Vereinseitigung und Verengung zu geraten. „Erkenntnis schlechthin, Kunst schlechthin, Religion schlechthin" gibt es nicht in der Geschichte, sondern nur im „Unendlichen"[12].

Hinzu tritt noch ein weiteres, unmittelbar damit zusammenhängendes Manko, das von Simmel als die „partielle Anwendbarkeit" zwischen den kategorialen Formungen und dem Stoff der von ihnen gestalteten Bilder bezeichnet wird. Der identisch bleibende Daseins- oder Weltstoff zeigt sich innerhalb der Formungen nirgends in seiner Vollkommenheit. Menschlicher Geist ist einfach nicht daraufhin angelegt, alles zur Kongruenz zu bringen, was vielleicht „für einen höher oder anders organisierten Geist"[13] ohne weiteres möglich wäre. Gewiß möchte der menschliche Geist mit seiner „synthetischen Strömung" möglichst alle vorfindbaren Weltelemente in reine Formen oder Funktionsmonaden hineinreißen (künstlerische, praktische, religiöse usw.), die in ihrem inneren Zusammenhang „ungestört" sein sollten. Aber der einreihige Verlauf des seelischen Lebens läßt dies gar nicht zu. Die Zwecke sind viel zu wechselnd und das Gesamtgefühl ist viel zu labil, als daß harte Konflikte, Widersprüche, Dissonanzen vermieden werden könnten. Es kommt zur Diskrepanz zwischen dem inneren Leben und den Inhalten des Lebens. Hier wurzelt Simmels

---
[6] Frg 150. – [7] Frg 150. – [8] Leb 36. – [9] Leb 32 f. – [10] Leb 33. – [11] Leb 35. – [12] Leb 32. – [13] Leb 33.

Überzeugung von dem tragischen Charakter des Verhältnisses zwischen dem rastlosen subjektiven Vitalfaktor und dem unbeweglich gewordenen objektiven geistigen Erzeugnis.

Uns interessiert in diesem Zusammenhang jetzt nur die Tatsache, daß keine der großen Formen des Daseins ihren Anspruch auf die Durchdringung aller Inhalte aufgibt. In den hierdurch entstehenden Konflikten sieht Simmel nur Widersprüche einer Unvollkommenheit gegen die andere. Die Vollkommenheit selbst bleibt immer „bloße Intention", „die der Mischcharakter des empirischen Menschen nie rein ausführt"[14]. Das Gleiche trifft für die Reinheit (Freiheit von Vermischung mit andern Formen) der Funktionsarten oder Gebilde zu, die „nur selten vom Leben ganz respektiert wird"[15]. Die „allerallgemeinste Maxime", daß jede Funktionsart der andern das gleiche Recht der Weltformung einzuräumen habe[16], daß sie sich zueinander verhalten sollen wie cogitatio und extensio bei Spinoza[17], sie bleibt ein ideales, in der Historie nie realisierbares erkenntnistheoretisches Prinzip, Schema, Postulat.

Simmel setzt also eine Dualität von Idee und Geschichte voraus. Wenn nun der unendlich ausgedehnte Weltstoff in der Historie durch die seine Inhalte ergreifenden Kategorien eine so lückenhafte Aneignung erfährt, so erklärt er dies durch eine verschiedenartig abgestufte Aufnahmefähigkeit der einzelnen seelischen „Aggregatzustände": Es gibt gewisse Inhalte, die wie für sie prädisponiert erscheinen, andere, die sich nur schwer oder teilweise, noch andere, die sich ihnen überhaupt nicht fügen[18]. Die *ideelle religiöse Totalwelt* ist also in der Geschichte nicht anzutreffen; auch die umfassendsten geschichtlichen Religionen haben *nicht alle Inhalte* des Weltstoffes ergriffen[19].

Wenn aber alle Welten aus einem und demselben Material gebaut sind: wodurch unterscheiden sie sich denn eigentlich noch voneinander? Simmel würde antworten: dadurch, daß in jeder dieser Funktionsarten diesem Weltinhalt eine besondere Bedeutung, eine besondere Verknüpfungsart und ein besonderer Wahrheitswert gewährt wird. Oder anders ausgedrückt: Jede Weltformung hat ihre eigene Logik, ihre eigene Gesetzlichkeit und ihre eigene Bündigkeit (d. h. die Zusammenfassung zu einer Einheit des Allgemeinen und Notwendigen)[20]. Unsere Seele kann sich auf verschiedene „Aggregatzustände" einstellen, kann auf denselben Vorstellungsinhalt mit einem ganz verschiedenen Verhalten antworten[21].

In den „Beiträgen zur Erkenntnistheorie der Religion"[22] hat Simmel versucht, das umfassende Schema für die Bildung einer Welt samt den Kriterien der Unterscheidung der Welten voneinander speziell auf die Reli-

---
[14] Rel 14. — [15] Rel 12. — [16] Rel 8. — [17] BT 108; Rel 8. — [18] Gesch 57. —
[19] Leb 33. — [20] Vgl. hierzu SchN 134 f. u. Rel 11. — [21] BT 106.
[22] In: Zeitschrift für Philosophie und philosophische Kritik Bd. 119. 1902, 11 – 22. Wiederabgedruckt in: BT 105 – 116.

gion anzuwenden. Dabei muß jedoch ergänzend vermerkt werden, daß er das Prinzip der Neutralität der Inhalte gegenüber der Form um so mehr gelockert und erweicht hat, je tiefer er in die Eigenproblematik der Religion selbst eindrang. Letzten Endes ging es ihm gar nicht um die erkenntnistheoretische Korrelation von Inhalt und Form, die ihm immer gleichgültiger wurde, je weiter er sich von Kant entfernte, sondern um das eine typisch lebensphilosophische Gesamtorientierung herbeizwingende Kategorienpaar *Inhalt — funktionaler Prozeß*, das immer eindeutiger in das Zentrum seines Denkens rückte. Am deutlichsten tritt diese Entwicklungsphase in dem Spätwerk „Rembrandt" zutage.

Da Simmel sein Leben lang auf der Suche nach dem Absoluten war, so dürfen wir mit größter Sicherheit die Behauptung wagen, daß sich hinter der These von der Äquivalenz der Weltformen ein viel tiefer liegendes Anliegen verbirgt: nämlich die Frage nach dem gemeinsamen metaphysischen Grund der Gebilde Religion, Philosophie und Kunst. Ist diese Deutung richtig, dann können wir auch hier wieder Verbindungsfäden zur Philosophie des Idealismus und der Frühromantik konstatieren.

§ 27. Die beiden Hauptprobleme der Simmelschen Religionsphilosophie

Simmel betont mehrfach, daß seine Untersuchungen unabhängig von der Frage nach dem objektiven Wahrheitswert der religiösen Vorstellungen durchgeführt werden sollen[23]. Er will in erster Linie gewisse „Strahlen, die sich im Fokus der Religion treffen, in ihrer Richtung verfolgen"[24]. Das bedeutet erstens nicht, daß unserem Philosophen die Frage nach der Wahrheit der objektiven religiösen Aussagen gleichgültig war. Es wäre sonst schwer verständlich, daß er sich so intensiv mit den Möglichkeiten einer künftigen Entwicklung der Religion befaßt hat[25]. Und es bedeutet zweitens nicht, daß man es sich noch weiter erlauben kann, Simmel als den Vertreter einer fiktionalistischen oder illusionistischen Religionstheorie hinzustellen.

An dem Unternehmen der Aufklärungsphilosophie und des Kritizismus, der Religion von der Vernunft bzw. vom moralischen Gesetz her ihren Gültigkeitscharakter zu nehmen, war Simmel nicht beteiligt. Davor bewahrt ihn ja gerade seine Lehre von „Parallelismus der Weltformen". Für ihn stand im Zentrum alles Philosophierens das Leben. Das „Apriori des Lebens" aufzufinden, sah er als seine Aufgabe an[26]. Es ist durchaus konsequent, wenn auch seine Religionsphilosophie auf dieses gleiche Ziel ausgerichtet ist. Diese will das Zustandekommen der Religion als eines der Ereignisse im Leben der Menschen aus den inneren Bedingungen eben dieses Lebens begreifen (Ursprungsfrage)[27]. Aber indem es ihr Anliegen ist,

---
[23] Soz. d. Rel 111. 122 f. Rel 20. 101 f. — [24] Soz. d. Rel 122. — [25] Vgl. PK 217—235. — [26] Buber-Festschr. 224. — [27] Rel 102.

das Gebilde Religion als eine der möglichen ursprünglichen Färbungen des Lebens zu deuten, wird damit im breitesten Umfange zugleich die „Wesensfrage" behandelt.

Simmel gebraucht gern eine Analogie aus der künstlerisch-musikalischen Sphäre. Er sieht in der Religion eine „ursprüngliche Tonbildung aller der klingenden und verklingenden, sich spannenden und lösenden Harmonien und Disharmonien des Lebens selbst", und er sucht nun nach der Eigentümlichkeit der „Melodie" oder „Klangfarbe" *religiös,* nach ihrer Besonderheit und Selbständigkeit gegenüber anderen Tonarten des Geistes. Er fragt danach, wie dieses Gebilde als *Einheit* festgelegt und definitorisch bestimmt werden kann[28].

Des weiteren fragt Simmel als Kulturphilosoph danach, worin die Autonomie, die selbstgenugsame Reinheit der Religion als einer Erscheinungsweise des objektiven Geistes bestehe[29]. Und endlich fragt er als Soziologe, welche formbildende und formschaffende Kraft der Religion innerhalb der gesellschaftlichen Strukturen zukomme. Soziologische Analysen werden dabei auch weiterhin als Hilfsmittel zur Erklärung der Genesis religiöser Vorstellungen herangezogen, wobei sich Simmel freilich dessen bewußt ist, daß noch eine Reihe von gleichberechtigten anderen Erklärungswegen offen stehen – was von den Kritikern meistens übersehen wird[30].

So hängen Ursprungs- und Wesensfrage bei ihm ganz eng zusammen. Er hat eine ganze Reihe von Bestimmungen des Wesens der Religion bzw. des religiösen Glaubens aufgestellt. Unter Ursprung versteht er nicht so sehr die vorgeschichtliche, wissenschaftlich doch nie befriedigend zu erhellende Herkunft[31], als vielmehr das jeweils historisch und individuell bedingte Neuentstehen von Religion, denn diese ist ja „kein fertiges Ding, keine feste Substanz, sondern ein lebendiger Prozeß, den, bei aller Unerschütterlichkeit überlieferter Inhalte, doch jede Seele und jeder Augenblick hervorbringen muß", hierin hauptsächlich erblickt er „die Kraft und Tiefe der Religion"[32].

Simmel ist sich darüber im klaren, daß den Ursprung und das Wesen der Religion „eine vieldeutige Dämmerung" umgibt. Daher liegt es ihm hier besonders fern, leichtfertig ein System zu errichten, indem gewisse an sich richtige und unbestreitbare Einzelphänomene zu allgemeinen Gesetzen des religiösen Wesens ausgeweitet werden. Besonders Goethe hatte er

---

[28] BT 106. 108. – [29] PK 254 f.; Leb 83–85; BT 99 f.; 145 f.
[30] Vgl. GdS 76: „Alle rein sachlichen Bedeutsamkeiten, an denen unsere Seele irgendwie teil hat, ... das Reich der Religion und der Natur – alles dies, soweit es zu unserem Besitz wird, hat innerlich und seinem Wesen nach mit ,Gesellschaft' nicht das mindeste zu schaffen". Man kann also Simmel nicht vorwerfen, daß für ihn Religiosität ihrem unmittelbaren Sinne nach Vergesellschaftung bedeute.
[31] Vgl. Rel 100: „eine exakte genetische Einsicht" noch niemandem gelungen. – [32] Soz. d. Rel 122.

die Einsicht zu verdanken, daß jegliches Dasein nicht als System, sondern als Kontinuität zu begreifen ist[33]. Völlig in die Irre geht, wer in diesen Dingen „nur ein Problem, das eines Lösungswortes bedürfte, zu sehen glaubt"[34]. Daher fordert Simmel eine möglichst gleichmäßige Berücksichtigung aller bedeutenden Phänomene, eine Inventarisierung aller Impulse, Ideen, Verhältnisse, die überhaupt auf dem Gebiete der Religion wirksam werden können. Nirgends wird behauptet, daß dies ein einzelner Autor allein bewältigen könnte. Von dem Vorwurf, daß er nur Ausschnitte des riesigen Problemkomplexes behandelt habe, wird also Simmel selbst nicht getroffen.

Zusammenfassend lassen sich Simmels Intentionen etwa so formulieren: Die Bestimmung des *Wesens der Religion* ist für ihn wichtig, um die *Eigengesetzlichkeit* der Religion gegenüber den übrigen Funktionsarten des Geistes herausstellen zu können; die Bestimmung des *Ursprungs der Religion* dagegen soll vor allem den *Ermöglichungsgrund* der religiösen Funktion und ihre Kristallisierung zu Vorstellungsinhalten aufdecken.

§ 28. Leitende Gesichtspunkte zur Bestimmung der Eigengesetzlichkeit der Religion

a) Die Religion als Funktionskategorie

Simmels Religionstheorie ist weder eine philosophisch verbrämte Religionspsychologie, noch eine Religionsphänomenologie im Sinne van der Leeuws, noch eine metaphysisch ausgeweitete Religionssoziologie. Sucht man nach einem Terminus, so könnte man bei ihm von einem „analytisch-funktionalen" Vorgehen sprechen, für das man unter seinen Zeitgenossen schwerlich eine Parallele antreffen wird.

Grundlegend waren und blieben für Simmel die Einsichten, die er in dem schon ziemlich frühen Aufsatz „Beiträge zur Erkenntnistheorie der Religion" (1902)[35] zusammengefaßt hat. Ergänzend sind natürlich stets die Aussagen seines Buches „Die Religion" (1906, 1912²) heranzuziehen. Simmel hat seine Überzeugungen und Stellungnahmen im Laufe seiner Entwicklung immer mehr vertieft. Nirgends wird eine ältere These radikal umgestoßen. Seine Position in religiösen Fragen bleibt im Unterschied zu seinen sonst so spürbaren Wandlungen (wie z. B. in seiner Geschichtsphilosophie) eine im großen und ganzen ziemlich konstante.

In dem Aufsatz von 1902 wird die uns geläufige Zweiteilung von „funktionalem Prozeß" und „Inhalt" auf die Religion angewandt. Wie die anderen Weltformen so wird auch die Religion erkenntnistheoretisch in die Reihen grundlegender formaler Kategorien eingegliedert. Wenn die Religion als eine eigene Welt angesehen werden soll, dann muß es sich auch

---
[33] Vgl. Gt 79–81. — [34] Soz. d. Rel 111. — [35] Das Entscheidende in BT 106–110.

bei ihr um eine Form handeln, durch die wir die Gesamtheit des Gegebenen in eine Einheit fassen. Die Form bedarf stets eines Inhaltes, umgekehrt wird uns kein Inhalt ohne Form zugänglich. Zwischen Form und Inhalt besteht also auch innerhalb der Weltganzheit Religion ein strenges Korrelationsverhältnis.

Wie sieht es nun damit im üblichen Verständnis von Religion aus? Simmel stellt fest: man geht überall schon von den *Inhalten* der Religion aus und versucht von ihnen her zu bestimmen, was als Religion zu gelten habe. Es wird wie selbstverständlich von Heilstatsachen gesprochen, vom Verhältnis Gottes zur Welt, von Schöpfung, Offenbarung, Sünde, Erlösung und Heiligung, von Inspirationen der Propheten, als ob mit der Vergegenwärtigung dieser ganz bestimmten Inhalte die Religion als Welttotalität allein konstituiert sei.

Dem allen stellt Simmel entgegen: *Religion ist eine apriorische Grundform unseres inneren Wesens*[36]. Oder anders ausgedrückt: Religion „ist ein menschliches Fühlen, Handeln ... die unsern Anteil an dem Verhältnis zwischen Gott und uns ausmacht ... und die uns nur als ein Zustand oder Ereignis in unserer Seele gegeben ist"[37].

Damit stehen wir bereits vor einer der entscheidenden Aussagen der Simmelschen Religionsphilosophie. Sonst ist fast durchweg in religionsphilosophischen oder theologischen Definitionen des Wesens von Religion die Rede von „Beziehung", „Verhältnis" oder von „Erlebnis" und „Erfahrung". Manchmal wird die Beteiligung bestimmter seelischer Kräfte, manchmal die sukzessive oder graduelle Beanspruchung aller psychischen Funktionen, manchmal das existentielle Ergriffensein des Menschen als Totalperson betont[38]. Fast jede dieser Definitionen enthält irgendeinen richtigen Aspekt, den auch Simmel niemals leugnen würde. Aber hier geht es um das allein erkenntnistheoretisch verantwortbare methodische Vorgehen.

Bei Simmel heißt es: „Religion ist ... nur das subjektive Verhalten des Menschen"[39]. Dennoch hat seine Theorie mit dem Anthropologismus Feuerbachs nichts zu tun. Soweit ich feststellen konnte, haben die Kritiker Simmels nicht beachtet, daß vor der zitierten Aussage drei Sätze stehen, die ganz unmißverständlich ausdrücken, daß zwischen dem Beziehungsganzen (Gott – Mensch) und der den Menschen allein betreffenden Seite des Beziehungsganzen scharf unterschieden werden muß. Die entscheidenden Sätze lauten:

„Zugegeben, daß ein Verhältnis zwischen Gott und der einzelnen Seele besteht, so ist uns doch nur die in der letzteren gelegene Seite desselben

---
[36] BT 110. – [37] BT 105 f.
[38] Eine sehr umfassende Zusammenstellung solcher Definitionen findet man bei Richard Pauli: Das Wesen der Religion 1947, 112–138. – [39] BT 105.

gegeben. Religion ist nicht dieses Verhältnis als ein Ganzes gedacht, als die Einheit, welche seine Elemente zusammenschließt. Wenn etwa das Vertragsverhältnis des Alten Testaments oder das Kindschaftsverhältnis des Neuen oder ein mystisches Verschmelzen zwischen Gott und Mensch vorliegt, so ist dies eine einheitliche, aus zwei Beziehungsrichtungen zusammengesetzte Tatsache, ein metaphysisches Geschehen, das wohl Religion begründet oder einschließt, aber doch nicht die Religion *ist* – so wenig wie die Rechtlichkeit, als Form des individuellen Handelns, mit dem Recht ... zusammenfällt"[40].

Religion wird also als ein Verhalten eines Poles aufgefaßt und kann daher nicht mit dem identisch sein, was sie begründet oder einschließt, eben jenes Verhältnis Gott–Mensch als vorgängiges bzw. als umfassenderes Faktum. Simmels Absicht, den Bereich einer erkenntnistheoretischen Behandlung und das „metaphysische Geschehen" sauber getrennt zu halten, ist unverkennbar. Aber ebenso unbestreitbar ist in diesen Sätzen die *Möglichkeit* eingeschlossen, daß es sich um ein Antworten unserer Seele, um einen „responsorischen Akt" handeln könne, wie es ja auch im Nachsatz zur zweiten Definition vorsichtig angedeutet wird: „Religion ist ... vielleicht die subjektive Reaktion auf die Wirklichkeit des Beziehungsganzen"[41]. Ähnlich heißt es in „Rembrandt": „Religion ist der ... *Anteil*, den die Seele in das Verhältnis (zu den Jenseitigkeiten) hineingibt und in dem es für sie besteht"[42]. Später hat Simmel freilich sehr viel deutlicher ausgedrückt, worin er das eigentlich Metaphysische in der Religion erblickt. Aber schon jetzt begreifen wir, daß Simmel doch entschieden mehr als bloß psychologische Emotionen meint, wenn er die Religion als eine seelische Wirklichkeit bezeichnet, als einen „Zustand oder ein Ereignis in unserer Seele". Die Grundlage des religiösen Prozesses kann nicht selber erst innerhalb einer psychologischen Reihe entstanden sein.

Die Gültigkeit und Bedeutung der religiösen Inhalte will Simmel in diesem Aufsatz in keiner Weise antasten. Hier geht es ihm darum, die Religion als eine „einheitliche und fundamentale Verfassung der Seele" sicherzustellen[43].

b) Der religiöse Trieb als schöpferische Potenz

Simmel bezeichnet die aktive, vorwärtstreibende, umschaffende und den religiösen Prozeß in Gang haltende Kraft der Seele als „religiösen Trieb"[44]. Auf eine seiner wichtigsten Funktionen, die Erstrebung des Heiles der Seele, werden wir später im Zusammenhang mit dem Freiheitsproblem eingehen. Elementarer ist das von Simmel folgendermaßen umschriebene Bedürfnis dieses Triebes: die Sehnsucht „nach einem festen Punkt in allem Schwankenden um uns herum", die Hoffnung auf „Ergänzung des frag-

---

[40] BT 105. – [41] BT 105. – [42] Rem 145. – [43] BT 108. – [44] Rel 40. 62. Kt 199.

mentarischen Daseins", kurz die Intention auf das Absolute[45]. Die charakteristische Ablaufart eines religiös gefärbten Lebensprozesses nennt Simmel die „religiöse Stimmung"[46]. Wie sich religiöser Trieb und religiöse Stimmung zueinander verhalten, wird nicht näher ausgeführt. Ist das Leben religiös gestimmt, so beginnt jenes Aufsteigen von Sondergebilden, mit Hilfe derer sich der religiöse Prozeß einen „Körper" verschafft[47]. Ein riesiger Komplex „weltmäßiger Inhalte" liegt aufnahmebereit da. Es mutet wie ein seltsam personifizierter gnostischer Vorgang an, wenn Simmel diesen Akt schildert: „Der religiöse Trieb, ... die Wirklichkeit durchflutend, entreißt ihr, was der Wirklichkeit entreißbar ist: ihre Form, und trägt sie in das transzendente Reich, das ebenso sein Ort ist, wie der empirische Raum der Ort unserer äußeren Sinnlichkeit ist"[48]. Es ist aber hier nur die Lehre vom Parallelismus der Weltformen wieder konsequent angewendet worden. Die entscheidende erkenntnistheoretische Frage lautet: Wie kommen transzendente Vorstellungen als Gegenstände in unser Bewußtsein? Simmel antwortet: Dadurch, daß eine schaffende Funktion einer fundamentalen seelischen Kraft, eben jener religiöse Trieb, wirksam wird. Wie jede geistige Funktion sich ihre Gegenstände aus dem Weltstoff in ihre eigene Welt hineinstellt, so auch die religiöse Funktionsart. Immer handelt es sich um einen „Schöpferweg der Seele"[49].

Voraussetzung des Aufbaues einer Welt des religiösen Glaubens ist die Färbung der Inhalte durch eine besondere Erlebensart. Wir werden immer wieder sehen, daß es Simmel um eine Analyse des religiösen Erlebens geht. Dieses Erleben weist sehr starke Analogien zum Erleben des Künstlers und des Liebenden auf[50]. Das Kunstwerk ist „etwas ganz anderes wie die aus der Erfahrung in dieser Welt gezogene Form"[51], und der Geliebte als „Gegenstand der Liebe" bleibt „immer eine Schöpfung des Liebenden"[52]. Es werden also drei Verhaltensweisen, die den Menschen überhaupt erst zum Menschen machen, auf eine Ebene gerückt: religiöse Sehnsucht, Liebesfähigkeit, künstlerische Produktivität.

Wenn aber Simmel eine solche Analogie aufstellt, daß es sich mit der religiösen Formung der Inhalte gerade so verhalte wie beim Affekt der Liebe, der sich sein Objekt selbst schaffe, so kann damit in beiden Fällen kein radikales Schaffen rein aus dem Inneren heraus gemeint sein, sondern nur ein subjektiv umschaffendes Formen eines bereits Vorhandenen und Gegebenen, das nun in ein religiöses bzw. in ein Liebes-Objekt umgewandelt wird. Die Persönlichkeit des Menschen, der geliebt wird, ist ja längst da; trotzdem entsteht in der Liebe „ein neues Gebilde"[53].

Der religiöse Lebensprozeß wird auch als ein dialektischer Vorgang beschrieben. Das neue objektive religiöse Gebilde ist das Außer-sich des

---

[45] Rel 13. — [46] Rel 16. — [47] Rel 16. — [48] Rel 62. — [49] Rel 40. — [50] Vgl. Rel 39–40. — [51] Rel 39. — [52] Rel 39. Vgl. Frg 58 f. (Aufsatz „Über die Liebe") — [53] Rel 39.

qualitativen seelischen Seins, und dennoch zugleich der Prozeß selbst in der Form seiner Gegenständlichkeit[54]. Oder: die Bedeutung des Gegenstandes der Funktion . . . ist die Bedeutung der Funktion selbst[55]. Oder: Jede Seele muß in jedem Augenblick den lebendigen Prozeß der Religion selbst hervorbringen, darin liegt ihre „Anforderung"[56]. So sah Simmel im Schöpferischen selber ein metaphysisches Urphänomen, das die Mitte unseres Daseins einnimmt. Denn alles Schaffen ist die Metabasis zwischen Werden und Sein. So bedarf auch das Religiöse zu seiner eigenen Weltwerdung immer wieder neuer Spannungen, neuer Maße, neu sich gebärender Gegensätze, neuer Synthesen[57]. Jetzt erst können wir voll und ganz verstehen, welche Tiefe einem Satze wie diesem innewohnt: *„Das religiöse Leben schafft die Welt noch einmal"*[58].

c) Religiöses Apriori und Lebensprozeß

Nachdem bestimmt worden ist, daß die Kategorie Religion eine einheitliche und fundamentale Verfassung der Seele darstellt, ergibt sich als nächste Aufgabe, nach den in uns liegenden Grundforderungen zu suchen, aus denen mit innerer Notwendigkeit Religion als Weltform erwächst[59]. Simmel wendet sich gegen die im 19. Jahrhundert beliebte evolutionistische Theorie, nach der bestimmte seelische Funktionen, Ereignisse, Zustände (Furcht, Liebe, Not, Ich-Erhebung, Pietät, Abhängigkeitsgefühl usw.) durch Quantitätssteigerung in die „Qualität religiös" umgeschlagen seien. In allen diesen Herleitungen werde die Religiosität heimlich schon vorausgesetzt[60]. Die bestehenden Zusammenhänge, die natürlich nicht geleugnet werden können, bekommen erst dann einen rechten Sinn, wenn man die Irreduzibilität der Kategorie Religion von vornherein anerkennt. Simmel fordert gemäß einer „Logik der Psychologie"[61], daß die psychische Struktur solcher schon sehr inhaltsgefüllten Elemente wie Liebe, Furcht, Abhängigkeit, Hingebung usw. auf eine *begrifflich ideale Ebene* zu projizieren sei, um endlich an die „rein funktionellen Grundbewegtheiten" oder „inneren Grundrelationen" heranzukommen[62]. Denn hier, bei den ganz rein formalen Vorgängen und Verhältnissen unseres inneren Wesens muß bereits die Entscheidung fallen, ob eine Abzweigung in religiöse, sittliche, künstlerische, soziale usw. Konfigurationen erfolgt[63]. Die Grundrelationen sollen bestimmen, ob Gefühle, Schicksale, Interessen auf religiöse oder andere weltganzheitliche Art und Weise (Tonart, Rhythmik, Richtung, Synthese) *ablaufen*. Eine solche erst noch zu schaffende Logik hätte also

---

[54] Rel 97. — [55] Rel 40. — [56] Soz. d. Rel 122. — [57] Vgl. Rel 12.
[58] Rel 12. Im Aufsatz „Philosophie der Landschaft" spricht Simmel von einem selbstschöpferischen Sich-Verdichten zu reinen Gebilden (BT 145). Der Spannungscharakter wird auch in Geg. d. Leb. 312 betont: „immer neu sich gebärender Gegensatz".
[59] Vgl. Rel 11. — [60] Rel 100. — [61] Rel 20. 100. 101. — [62] Rel 100. — [63] Rel 99 f.

die Aufgabe, die *Gleichgesetzlichkeit* dieser den einzelnen Lebensreihen zuzuordnenden Abläufe aufzusuchen.

Simmel hat hier ein Programm hinterlassen, an dessen Ausführung ihn sein früher Tod gehindert hat. An allen großen Weltformen interessierte ihn in erster Linie der funktionale Prozeß, an der Philosophie z. B. in ähnlicher Weise die Einstellung, Tiefenrichtung und Rhythmik des Denkprozesses[64]. Allzu lange hatte sich eine schulmäßige Erkenntnistheorie nur um die Voraussetzungen der reflektierenden Tätigkeit unseres Bewußtseins gekümmert, während es doch gewißt noch viel nötiger ist, den der ratio so schwer zugänglichen Erlebensverlauf, das *Apriori des Lebens* festzustellen[65]. Es gehörte zu den tiefsten Überzeugungen Simmels, daß das Leben selbst bereits die Formen in sich trägt, die es dann auf die Gestaltung der Vorstellungsinhalte überträgt. Man könnte es auch so ausdrücken: es ging ihm um den vor- oder nichtpsychologischen Lebensprozeß der Seele, der den Inhalten eine Form des Lebensverlaufs oder Lebensablaufs gibt[66]. Ich glaube, daß wir damit eines der letzten, kaum noch an die Oberfläche getretenen Motive seiner religionsphilosophischen Arbeitsweise aufdecken konnten. Es wird sich einmal ein völlig neues Bild in der geistesgeschichtlichen Einreihung Simmels ergeben, wenn wir ihn als einen Denker ansehen, der sein Leben lang nach einer „Logik der Logiken" suchte, d. h. nach einer fundamentalen Logik, die die einzelnen Logiken der ausgegliederten Weltformen konstituiert. Dann wird es unmöglich sein, ihn noch weiter wie einen Autor zu interpretieren, der vor lauter Verflechtungen, Verwebungen, Relationen den Ursprung aus dem Auge verlor. Gerade aus Bemerkungen, die er scheinbar nur ganz gelegentlich äußert, läßt sich entnehmen, worauf er hinaus wollte, wenn wir sie in dem Zusammenhang seines geheimen Weltentwurfes stellen.

Und so verhält es sich auch mit seiner angeblich nur peripherischen und hoffnungslos „relativistischen" Religionsphilosophie. Bestimmte Themen, die er in Aufsatzform bearbeitete („Vom Pantheismus", „Vom Heil der Seele", „Die Gegensätze des Lebens und die Religion", „Die Persönlichkeit Gottes", „Das Problem der religiösen Lage"), sind nicht zufällig aneinander gereiht, sondern gehören zu den Angelpunkten, an denen die allseitige Anwendbarkeit seiner religionsphilosophischen Konzeption erprobt wird.

An diese vorliegenden, fertig ausgearbeiteten Einzeluntersuchungen müssen wir uns halten und herauszuarbeiten suchen, worin das besondere Anliegen und die Eigentümlichkeit der Sichtweise Simmels bestand und was ihm als letztes Ziel seiner Deutungen vorschwebte. Wir gehen also jetzt dazu über, die Beziehungen seines Religionsbegriffes zu den philosophischen Aussagen über Wirklichkeit, Zeit und Freiheit aufzudecken.

---

[64] Vgl. PK 83. — [65] Buber-Festschr. 223 f. — [66] Ebd. 225 f.

Zweites Kapitel

Religion und Wirklichkeit
(Die Verankerung der Religion in der Bewußtseinsstruktur)

§ 29. Die Vorbereitung der Religion im Leben oder das Phänomen des „Religioïden"

Das eigentliche Kernproblem im zweiten Kapitel der „Lebensanschauung" bildet Simmels Nachweis, daß die Weltformen mit dem Leben verwurzelt sind. Die Gebilde des objektiv gültigen Geistes entstammen *ohne Ausnahme* dem „gelebten Menschenleben"[1]. Vor der großen „Wendung zur Idee" existieren die einzelnen Funktionen noch in der Unmittelbarkeit des kontinuierlichen, zeitlich subjektiven, praktischen Lebens[2]. Sie befinden sich im „Embryonalstadium", sind gegenüber dem Zustand der eigenweltlichen, überpsychologischen Ideellität als „vitale Vorformen" anzusehen[3]. Aber in diesen Vorformen vollzieht sich dennoch schon etwas, was durchaus der gleichen Funktionskategorie angehört, „unter anderen begrifflichen Namen, mit zufälligen und empirischen Veranlassungen entstehend und vergehend"[4]. Während Simmels Darstellung in der Aufzeigung der Beispiele, wie es zur Bildung der Weltform Kunst kommt, einen sehr breiten Raum einnimmt[5], begnügt er sich in Bezug auf die Religion mit einigen wenigen Andeutungen[6], so daß wir auf die genaueren Ausführungen seiner Monographie „Die Religion" und anderer Aufsätze angewiesen sind.

Simmel stellt fest, daß *unzählige* Lebensverhältnisse – teils innerseelische, teils interindividuelle – ein Element des Religiösen enthalten. Eine systematische Übersicht, die auf der Zusammenstellung zahlreicher zerstreuter Äußerungen beruht, soll dies verdeutlichen[7]. Folgende beobachtbare Fakten werden von ihm aufgezählt:

1. Vertrauender Glaube a) an einen Menschen b) zu einer Gruppe c) zur Menschheit überhaupt.

Beispiele: Eltern-, Freundes-, Vaterlandsliebe; Liebe des Kosmopoliten zur ganzen Menschheit; Beziehung des Arbeiters zu seiner Klasse, des Feudalen zu seinem Stand, des Soldaten zu seiner Armee, des Untergebenen zu seinem Herrn.

---

[1] Leb 36. – [2] Leb 36 f. 49. – [3] Leb 36. 49. 60. 70. 74 u. ö. – [4] Leb 36. – [5] Leb 62–83. – [6] Leb 83–85. – [7] BT 107. 109. Soz. d. Rel 113. Mor I, 461. Leb 83. Rem 152. PK 224. Rel 15. 31. 48 f. 51.

2. Psychische Gestimmtheiten mannigfacher Art: a) isoliert heraustretende besondere Situationen b) polare Spannungen.

Beispiele: Idealer Aufschwung, Ergriffensein, Weihe, Dankbarkeit; Leidenschaft – Beruhigtheit; Begehren – Bescheidenheit; Selbstbehauptung – Hingabe; Erhebung – Demut; Spannung – Friede; Schenken – Empfangen; Spontaneität – Abhängigkeit; Furcht – Hoffnung; Entzückung – Reue; Preisgegebenheit – Gesichertheit; Sehnsucht – Zerknirschung; Liebe – Entfremdung; Verschmelzung – Abstand.

Im ersten Fall, dem interindividuellen Lebensverhältnis, liegt überall eine Einstellung des Subjekts in eine höhere Ordnung vor, die es zugleich als etwas Innerliches und Persönliches empfindet. Als Soziologe hat Simmel diesen zwischenmenschlichen Beziehungen eine ganz besondere Aufmerksamkeit gewidmet. Schon in der „Einleitung in die Moralwissenschaft" werden gewisse religiöse Phänomene aus sozialen Zuständen hergeleitet[8]. Im Aufsatz „Zur Soziologie der Religion" (1898)[9] werden mit Hilfe einer an Kant geschulten formal-erkenntnistheoretischen, aber dann freilich doch zugleich inhaltlich-lebensphilosophisch modifizierten Arbeitsweise Einsichten vermittelt, die die Religionsforschung bis dahin nicht beachtet hatte. Simmel gilt neben Max Weber mit Recht als Begründer der neuen Fachdisziplin „Religionssoziologie", die inzwischen von Wach, Hellpach und Mensching weiter ausgebaut worden ist. Auf die ins Detail gehenden Analysen Simmels brauche ich nicht näher einzugehen, da deren soziologische Sonderproblematik in der Dissertation von Gerhard Loose ausführlich behandelt worden ist[10].

Sehr viel wichtiger ist für uns der zweite Fall, die *innerseelischen Lebensverhältnisse*, die Auswirkung der im Bewußtsein verankerten *Erlebniskategorien*. Denn bei Simmel hat das *Prozeßhafte*, die *Seinsbestimmtheit* des Menschen den *Vorrang* vor der Gerichtetheit auf das Objektive. Selbstverständlich ist auch ein Verhalten wie z. B. Dankbarkeit ohne Beziehung auf einen andern Menschen nicht denkbar. Aber es ist doch ein wesentlicher Unterschied, ob ich die Dankbarkeit als eine soziologische Kategorie oder als eine Äußerungsform des Ich in einem allgemein anthropologischen Sinne betrachte. Zu dieser „Ausklammerung" des Soziologischen, das scheinbar bei Simmel eine Hauptrolle spielt, haben wir ein um so größeres Recht, als unser Philosoph z. B. in seiner Monographie über die „Soziologie" (1908) selber genötigt ist, immer wieder auf viel grundlegendere „existentielle" Fragestellungen einzugehen, denen er dann besondere Exkurse widmet (über Schamgefühl, Treue, Dankbarkeit, Schweigepflicht, Lüge, Ehre, Konflikt der Pflichten usw.)[11].

---
[8] Mor I, 446 – 448; II, 128 f. – [9] Dieser Aufsatz erschien in: Neue Deutsche Rundschau 9 Jg. 1898, 111 – 123. – [10] Gerhard Loose: Die Religionssoziologie Georg Simmels 1933. – [11] Soz 341 ff. 372 ff. 533 ff. 581 – 598 usw.

Für die Beziehungswerte, die ihrer Form nach Vorstufen oder „religiöse Halbprodukte" bilden, schlägt Simmel den Terminus „religioïd" vor, der zwar – wie er selbst eingesteht – ein Wortmonstrum darstellt, den wir aber dennoch der Kürze halber und in Ermangelung eines treffenderen Begriffes für unsere Interpretationszwecke übernehmen wollen[12]. So wird u. a. am Beispiel des Hingebens und Annehmens gezeigt, wie ein solches religioïdes Moment seiner inneren Struktur nach ideelle Verwandtschaft mit dem religiösen Moment des Opfers besitzt, indem gewisse irrationale Gefühlstöne, die im Akt des Schenkens liegen, die Aufnahme einer „religiösen Schwingung" vorbereiten[13]. Religioïd ist also eine innere Formung, die dazu geeignet ist, von der religiösen Stimmung in ihre Sphäre herübergezogen zu werden. Man kann das Religioïde auch als ein uneigentlich-religiöses, rein funktionales Aktphänomen bezeichnen, als die Voraussetzung der religiösen „Erfüllungsform"[14].

Auf der religioïden Stufe sind nach Simmel die Beziehungswerte erst ansatzweise vorhanden, bilden sie „gemischte und niedere Verwirklichungen" des religiösen Prinzips[15]. Es fehlt ihnen noch die spezifisch religiöse „Bedeutsamkeit", die Art des religiösen „Daseins und Geltens"[16]; sie sind das seelisch Tragende, wenn es zur religiösen Schöpfung, d. h. zum Emporsteigen von Glaubensgebilden kommt[17]. Auch Sünde und Erlösung sind *für sich* noch nicht religiös, sondern zunächst nur religioïde Lebensbewegtheiten[18]. Erst wenn sie in ihrer reinen Wesenheit wirken, findet die Projektion in die religiöse Ebene statt[19].

Die oben erwähnten Gemütszustände (Gefühlselemente, Triebe, Erschütterungen usw.) sind von Simmel nicht im Sinne einer der üblichen religionspsychologischen Methoden beschrieben worden. Es lag ihm nur daran, die enge, unzerreißbare Verknüpfung von Religion und Leben, das Verhaftetsein der Religion am Prozeß als eine Entstehungsmöglichkeit derselben nachzuweisen. Und daß diese Zusammenhänge einfach empirisch vorhanden sind, wird keine noch so „theozentrische" Sichtweise bestreiten können.

Selbstverständlich ist Simmels These von der Verwurzelung des Religiösen im empirischen Leben noch nicht die letzte und endgültige Antwort auf die auch ihn bewegende Frage nach der in uns selbst liegenden *Grundforderung*, aus der die Weltform Religion erwächst[20]. Denn jede Weltform muß ja auf Grund erkenntnistheoretischer Voraussetzung zugleich auch von ihrer für sich bestehenden, von allen Getrübtheiten des

---

[12] Vgl. Rel 33. – [13] Rel 34.
[14] Bauhofer übernimmt den Terminus „religioïd" in seine Religionsphilosophie, trennt aber diese Erlebensform vom Religiösen ab als „selbständige urphänomenale Aktform" (Das Metareligiöse 1930, 200).
[15] BT 110. – [16] BT 107. – [17] Rem 152. – [18] Vgl. Rel 15. – [19] Rel 49. –
[20] Vgl. Rel 11.

zufälligen Lebens gelösten Idee und Norm begriffen werden. Wir müssen also jetzt zur Problematik der *objektiven* Religion bei Simmel übergehen.

§ 30. Die Objektivierung des religiösen Lebensprozesses zu zeitlos gültigen Vorstellungsinhalten

Das Problem, wie aus dem funktionalen religiösen Prozeß ein objektives religiöses Gebilde werden kann, sucht Simmel nach Art seines auch sonst so weithin angewandten Analogieverfahrens zu lösen. Im Grunde kommt für ihn die Bildung einer religiösen Welt auf gar keine andere Weise zustande wie die anderer Welten auch, nur daß hier die Intention von vornherein auf die letzten Wesenstiefen des Lebens gerichtet ist. Die Drehung des Lebens zur Formdominanz, die „Ideozentrierung des Lebens", vollzieht sich hier „vollkommener" als anderswo; durch die erzeugten Formen wird den Inhalten „unmittelbarer Zusammenhang und Wärme, Tiefe und Wert" gegeben[21].

Aber weshalb werden die von der religiösen Strömung durchfluteten Inhalte in dieser neuen Form bis ins „Transzendente" emporgerissen?[22]. Wie kommt es, daß diese „substantialisierte" Religion nach der Idee des Absoluten greift?

Über diesen, allem empirischen Zweckdenken so zuwiderlaufenden Tatbestand hat Simmel aufschlußreiche Meditationen angestellt in dem Aufsatz „Die Gegensätze des Lebens und die Religion" (1905)[23]. Er geht von dem Tatbestand aus, daß im gewöhnlichen Leben die Regungen der Seele so sehr zu divergieren pflegen, daß sie in eine unendlich verwirrende Vielheit auseinanderzufallen scheinen. Dem gegenüber besteht die Leistung der Religion darin, daß sie „die Gegenstrebungen und Unverträglichkeiten innerhalb der Seele zu ihrem Frieden, zur Aufhebung ihrer Widersprüche" gelangen läßt[24]. Diese Einung im Subjektiven ist die Widerspiegelung dessen, was die Religion in Bezug auf die Vereinheitlichung eines *objektiven Weltbildes* überhaupt bietet. Die ausgereifte Religion gibt den am weitesten auseinandergehenden Gegensatzpaaren von Gefühlen gleichmäßig Raum.

Damit gelangt Simmel zu einer neuen wichtigen Bestimmung: „Das eben ist Religiosität, daß solche Gefühle . . . jetzt wie die Wellen *eines* Stromes zusammenfließen, daß ihre Gegensätze die geheime Einheit eines tieferen Sinnes verraten, als wären sie nur die Funktionen verschiedener Glieder, die das einheitliche Leben eines Organismus tragen"[25]. Hier wird also der Gedanke des die Welt durchwaltenden organischen Prinzips, der Goethe und den Romantikern so geläufig war, auf das Phänomen des Religiösen übertragen.

---
[21] Leb 84. — [22] Rel 16. — [23] In: Das Freie Wort 4. Jg. 1905, 305—312. — [24] Geg. d. Leb. 306. — [25] Geg. d. Leb. 306.

So wie ein körperliches Objekt um so sicherer fixiert ist, je mehr Sinne es wahrnehmen können, so ist es hier die Vielheit der seelischen Strahlen, die die *Lage* des religiösen *Gegenstandes* sichern. Damit glaubt Simmel auch die Frage nach dem Ursprung des Jenseits-Gedankens beantworten zu können. Der Kreuzungspunkt dieser aus allen Seelenschichten kommenden Ausstrahlungen *muß* in das Jenseits fallen, „da kein Punkt des empirischen Lebens diese Fülle und Divergenz der inneren Richtungslinien auf sich zu vereinigen wüßte"[26]. So tritt neben die Analogie aus der Welt des organischen Lebens noch eine solche aus der mathematischen Raumwelt.

Simmel erklärt den Verlauf des religiösen Prozesses genau umgekehrt wie die bisherigen Theorien: Nicht die religiöse Stimmung ist die Quelle der polaren Affekte (Liebe – Entfremdung, Demut – Genuß, Entzückung – Reue, Verzweiflung – Vertrauen usw.), sondern sie ist die „eigentümliche Form, in der alle Gegensätze der Seele ihre Konvergenz auf einen Punkt gewinnen"[27]. Die religiöse Stimmung oder Erregung entsteht also in dem Zusammenwirken dieser Affekte. In all diesen Fällen versöhnt die Religion innere seelische Gegensätze, die miteinander im Kampfe stehen.

Aber die Religion leistet noch viel mehr. Sie vermag sogar den Gegensatz zwischen Schichten des Menschlichen auszutragen, die von Natur aus wie fremd nebeneinander liegen. Zwischen dem Selbstisch-Sinnlichen und dem Streben nach dem Reinen und Idealen scheint sich eine „neutrale Zone" zu schieben, die unserm Kampf für das Letztere hinderlich im Wege steht. Simmel erinnert an das bekannte Pauluswort, daß der Geist willig, aber das Fleisch schwach sei. Damit glaubt er das Rohe und Materiehafte in vielen religiösen Vorstellungen erklären zu können: Religion setzt sich eben für *beide* Seiten des Menschen ein. Sie verleugnet nicht die eine auf Kosten der anderen wie die Moral. Sie will *alle* Wesensteile des Menschen miteinander versöhnen. Mit dieser Intention auf *Versöhnung* hat Simmel in der Tat ein entscheidendes Merkmal der Religion erfaßt; er weiß, daß es in den primitiven Opferkulten genau wie im Christentum um Versöhnung geht. Während die bloße Moral nur ein starres Gegenüber zwischen niederen und höheren Wesensteilen des Menschen kennt, gelingt es der Religion durch die umfassende *Erregung*, die sie der Seele mitteilt, die dumpfen, passiven Schichten zu schmelzen und bildsam für höhere geistige Kräfte zu machen[28].

Endlich macht Simmel in dem gleichen Aufsatz noch auf eine weitere *zwiefache* Ursprungsstätte der Religion aufmerksam: das „Zuwenig des Lebens" einerseits und das „Zuviel des Lebens" andrerseits. Das „Zuwenig", das ist alles, was die „Armut des Lebens" ausmacht: Leiden, Not, Entbehrung, die in uns das Gefühl des Preisgegebenseins an unwiderstehliche Mächte des Daseins verursachen und damit Raum schaffen für Be-

---

[26] Geg. d. Leb. 306. – [27] Geg. d. Leb. 307. – [28] Geg. d. Leb. 310.

strebungen, über das Persönliche hinauszustreben, die den Zugang zum „Unendlichen" eröffnen. Wenn der Mensch nicht aus individueller Not, sondern als Kreatur nach Gott schreit, dann macht er hier gleichsam die Forderung eines Rechtes auf Überweltlichkeit geltend; er untersteht nicht mehr dem Zufall, sondern „wird nur von dem Zielpunkt bestimmt, nach dem unser Wesen sich streckt"[29]. Das „Zuviel des Lebens" dagegen ist desjenige, was umgekehrt gerade den Reichtum unseres Lebens ausmacht, der Überschwang der Seele, das Glücksgefühl, die Lust am Schöpferischen. Hier will die Seele ihr Glück aus sich heraus ins Unendliche werfen, um es von da zurückzuerhalten. Die eigene Kraft und Lebensfülle wird verabsolutiert, und der Mensch ist überzeugt, seine Weiten und Tiefen und Seligkeiten einer absoluten Macht außerhalb seiner Seele zu verdanken. Im Aufsatz „Das Problem der religiösen Lage" (1911)[30], in welchem der gleiche Gedanke wiederaufgenommen wird, gebraucht Simmel folgende Analogie: Beide Ursprünge der Religion wirken in demselben Sinne in jedem religiösen Grundphänomen zusammen wie bei Platon der Eros als Sohn der Armut und des Reichtums zugleich aufgefaßt wird[31].

Wir haben bisher drei Entstehungsmöglichkeiten des Religiösen aus antithetischen Strukturen kennengelernt:

1. Das Religiöse als Versöhnung feindlich sich bekämpfender Affekte.

2. Das Religiöse als verbindende und läuternde Instanz zwischen einander nicht berührenden menschlichen Schichten.

3. Das Religiöse als Bedürfnis aus Lebensmangel oder Lebensfülle heraus.

Eine Frage ist freilich damit immer noch nicht geklärt, nämlich weshalb die Religion zu einer selbstgenugsam fertigen, absolut eigenwertigen Welt des Transzendenten gelangt, einer Welt, zu der das Individuum aufschaut, an der es teilhat, von der es Gnade empfängt. Wir hörten bisher nur von Richtungslinien, Ausstrahlungen, die aus der Empirie kommen und erst „im Unendlichen" zusammenlaufen. Aber ist zu solch einer „versöhnenden Konvergenz" unbedingt ein Jenseits erforderlich? Wird mit einer Verlängerung empirischer Linien die Empirie je verlassen? Kunst und Eros üben doch auch eine versöhnende Funktion aus, und sie verbleiben doch dabei auf dem Boden des Diesseits!

Es scheint, als ob Simmel darüber erst um 1911, als er den Aufsatz „Das Problem der religiösen Lage" schrieb, zur Klarheit durchgedrungen ist. Hier heißt es, daß das religiöse Grundsein in analoger Weise in *Bedürfnis* und *Erfüllung* auseinandergehe wie das auch beim künstlerischen Sein geschehe, wo wir von Schaffenstrieb und objektiver Werkgestaltung sprechen. Bei oder mit der Zerlegung in Bedürfnis und Erfüllung stellt sich nun der Religiosität die Objektivität des religiösen Gegenstandes gegen-

---

[29] Geg. d. Geg. 310. — [30] In: PK 217–235. — [31] PK 233.

über³². Beim Übertritt in das psychologische Stadium von Bedürfnis, Sehnsucht, Begehren fordert das religiöse Sein (das der Persönlichkeit zeitlos anhaftet) *eine Wirklichkeit als Erfüllung.* „Weil der Mensch ein bedürftiges Wesen ist, und der erste Schritt seines Seins ihn in das Habenwollen und deshalb der erste Schritt seines Subjekts ihn in die Objektivität hinausführt, darum wird der religiöse Lebensprozeß, diese tiefe Seinsbestimmtheit des einzelnen Menschen, sogleich zur Relation zwischen einem Gläubigen und einem für sich seienden Gegenstand des Glaubens, zwischen einem Begehrenden und einem Gewährenden"³³. „Mit dieser Differenzierung in Bedürfnis und Erfüllung ergreift die Realitätsform die Religiosität selbst: jetzt wird das Gebet, die Magie, der Ritus zu Mitteln von tatsächlicher Wirksamkeit"³⁴.

An diesem Punkt müssen wir innehalten und genau überprüfen, was ausgesagt wird. Es sieht so aus, als ob hier nun doch behauptet wird: Der Mensch setzt ein Objektives, dem er sich dann zuordnet; er erweitert sein Blickfeld in ein Weltmäßiges hinein, und läßt sich dann hinterher von dieser gemachten Welt ergreifen und erschüttern, als ob er etwas empfängt, was nie von ihm hätte stammen können. In diesem Sinne ist Simmels Religionsauffassung von seiner Gattin in dem unter dem Pseudonym Marie Luise Enckendorff veröffentlichten Buch „Über das Religiöse" (1919) gedeutet worden. Aber eine solche Folgerung muß keineswegs gezogen werden, sobald man Simmels metaphysische Grundvoraussetzung berücksichtigt. Wenn Enckendorff interpretiert: „Der Mensch bezieht sein Dasein, sein Handeln und sein Wesen auf ein Ausgedachtes"³⁵, so widerspricht das durchaus Simmels dialektischer Einsicht vom Wesen des Absoluten, das sich über der Differenzierung von Mehr-Leben und Mehr-als-Leben wölbt³⁶. Wir erinnern an einen Satz, der bereits in der „Philosophie des Geldes" steht, wo die Sphäre der zeitlos gültigen Inhalte zum erstenmal scharf von dem bloß Sensuellen getrennt worden war. Dort hieß es: „Unser Handeln, ja unser gesamtes Sein, schönes wie häßliches, rechtes wie irrendes, großes wie kleinliches, erscheint einem *Schatze von Möglichkeiten* entnommen, derart, daß es sich in jedem Augenblick zu einem ideell bestimmten Inhalt verhält, wie das konkrete Einzelding zu seinem Begriff"³⁷. Zumindestens wird in der hier entwickelten Theorie des objektiven Geistes der Religion nicht weniger Gültigkeit zuerkannt als der Wissenschaft und Moral. Wenn aber die Vergegenständlichung des Geistes dem Menschen bereits „eine Welt schenkt"³⁸, in welch höherem Grade muß das erst dann der Fall sein bei einer „Objektivierung", in der transzendente Dinge auf dem Spiele stehen!

An die Redewendung „Schatz von Möglichkeiten" läßt sich ergänzend eine spätere Tagebuchaufzeichnung anreihen: „Religion geht auf die *not-*

---

³² PK 221. — ³³ PK 222. — ³⁴ PK 223. — ³⁵ Marie Luise Enckendorff: Über das Religiöse 1919, 14. — ³⁶ Siehe § 2 u. § 5. — ³⁷ PdG 508. — ³⁸ PdG 510 f.

wendige Möglichkeit"³⁹. Und liegt in dem Umstand, daß die religiöse Lebensbewegtheit das Gegebene nach ihrem Gesetz über sich hinaus ins Transzendente treibt⁴⁰, nicht die in der religiösen Funktion angelegte *Notwendigkeit* schlechthin? Es ist dies das „bewußte Hinsehen auf etwas außerhalb der Seele, wovon sie als ganze abhängig" ist, von dem am Schluß des „Rembrandt" die Rede ist⁴¹. Von diesem Wesenhaften der Religion hat Simmel gewußt, und er nennt es in „Kant" die „unmittelbare Hingabe des Gemütes an eine höhere Wirklichkeit"⁴². Hierher gehört seine Auffassung, daß wir durch Versenken in uns selbst dem Weltgrund näherkommen⁴³. Und hierher endlich ein aus dem Nachlaß stammender Ausspruch: „Wir sind nun einmal Geschöpfe des Kosmos und in ihn verwebt, und daß wir seiner bedürfen, ist eine unerläßliche Form unseres Zu-ihm-Gehören"⁴⁴.

In „Rembrandt" wird von Simmel eine klare Abgrenzung vollzogen. Gegenüber der Religion als einem ausschließlichen Zustand oder Vorgang in der Innerlichkeit des individuellen Subjektes bezeichnet er die objektive Welt der Heilstatsachen als eine zweite Grundform der Religion; sie ist der Gegenpol zur Religion „als Leben selbst"⁴⁵. Auch die geistesgeschichtliche Bedeutung dieser beiden „Gegenströmungen" wird näher analysiert⁴⁶. In der „objektiven Religion" bedeutet das Religiöse ein entschiedenes Gegenüber und erst nachträgliches Sichaufnehmen zwischen Göttlichem und Seelischem, eine in sich geschlossene Welt, die sich in ihrem Sinn und Wert ganz gleichgültig gegen das Individuum verhält⁴⁷. Hierher gehören alle „Sondergebilde" wie Dogma, Kultus und Kirche. Allerdings gibt Simmel zu, daß beide Grundformen *nie rein* auftreten, sondern stets in einer gewissen Mischung mit dem Gegenpol. Auch hier wieder ist er also zu der Annahme einer Dualität von Idee und Geschichte genötigt.

Der Typus der „subjektiven Religion" stellt sich in seiner Reinheit dar „als ein seelisches Leben selbst, aus einer tiefsten individuellen Produktivität und Selbstverantwortlichkeit strömend, das ... als religiöses Sein, eine übersubjektive Weihe besitzt"⁴⁸. Die Bezeichnung „subjektive Religion" ist eigentlich nicht ganz zutreffend, denn gemeint ist doch ein religiöses Sein, das noch jenseits des Gegensatzes von Subjekt und Objekt steht. Wir wollen sie daher einfach „Grundform I" zum Unterschied der objektiven Religion = „Grundform II" nennen.

An dieser Stelle berührt Simmel auch das Wahrheitsproblem. Er betont, daß die Frage des „Wahren" oder „Falschen" erst in der objektiven Re-

---

³⁹ Frg 8. — ⁴⁰ Rel 96 — ⁴¹ Rem 193. — ⁴² Kt 200 — ⁴³ PK 9; Gt 40 f. —
⁴⁴ Logos 11. 1922, 25 (Aufsatz: Über Freiheit). — ⁴⁵ Rem 227. — ⁴⁶ Rem 141 ff. —
⁴⁷ Rem 141. — ⁴⁸ Rem 141.

ligion entstehe[49]. Wenn ich ihn recht verstehe, dann wird nichts Geringeres behauptet, als daß die Grundform I auf ein religiöses Sein intendiert, das eine Ursprungswahrheit noch vor der Spaltung in „objektiv wahr" und „objektiv falsch" repräsentiert. In „Rembrandt" heißt es einmal: „Wahrheit, der die Möglichkeit des Irrtums überhaupt fehlt, gehört nicht mehr in die menschliche Sphäre hinein"[50]. „Menschlich" ist also nur die „objektivierbare" Wahrheit. Von hier aus dürfen wir folgern, daß der nicht nennbare Gott der Ursprungswahrheit und der von Menschen mit einem Namen benannte Gott einer objektivierten Wahrheit angehört. In diesem Sinne möchte man einen Satz wie diesen verstehen: „Indem so der subjektive Mensch der objektiven Wirklichkeit des Gottes gegenübersteht, ist die ganze „Wahrheitsfrage" aufgerollt, der Kampf um Richtigkeit oder Illusion, und das religiöse Sein bricht in der Ebene, in die es sich transponiert hat, auseinander"[51]. Schauen wir uns den Satz genau an. Transponere heißt: an einen andern Platz setzen. Was „transponiert *sich*"? Das religiöse Sein selbst! Durch die Selbst-Transposition in die neue „Ebene" bricht es auseinander in eine Subjektseite und eine Objektseite. Erst jetzt konnte die – vom Aspekt der Ursprungswahrheit völlig sinnlose – Frage entstehen: Reale Existenz oder phantastische Illusion. Eine Alternative, in der sich die theistische Sichtweise für die erste und die Aufklärung für die zweite Möglichkeit entschieden hat. Simmels Standort befindet sich *vor* der anthropologischen Projektionstheorie Feuerbachs und *jenseits* von Theismus und Aufklärung[52].

Simmels Äußerungen über die geschichtlichen Religionsformen bewahren immer eine vornehme Distanz, ganz gleich, ob er über den Brahmanismus, den israelitischen Prophetismus oder das Christentum spricht. Es soll hier nur kurz zusammengefaßt werden, was wir bei ihm an grundsätzlichen Bemerkungen zur Phänomenologie der Grundform II finden. Die großartigste historische Verwirklichung der Objektivität der religiösen Welt sieht er im Katholizismus[53]. Hier hat sich die Loslösung vom religiösen Prozeß am radikalsten vollzogen. So interpretiert Simmel auch die Welt der religiös-kirchlichen Dogmen ganz konsequent als die „Enthebung der Religion aus der Sphäre des Lebens in die der Idee"[54]. Jede dogmatische Glaubensform ist also *ideozentrierte Religion*. Dogmen meinen objektive religiöse Tatsachen, die ihren Sitz nicht in der religiösen Seele haben. Hier

---

[49] PK 222 f.
[50] Rem 108. Vgl. hierzu Frg 251: „Was wir Wahrheit über einen Gegenstand nennen, ist je nach dem Wesen, für das die Wahrheit gelten soll, etwas sehr Mannigfaltiges". Wahrheit „ist der Ausdruck für das angemessene *Verhältnis* zwischen Subjekt und Gegenstand, das aber aus keinem von beiden für sich allein stammt, sondern ein Neues, Drittes ist, über beide Gegenstände sich Erhebendes" (ebd.). „Für zwei in ihren Apriritäten verschiedene Intelligenzen würden zwei verschiedene Erkenntnisbilder der Welt die ‚wahren' sein" (Frg 252).
[51] PK 223. – [52] PK 223. – [53] Rem 142. – [54] Frg 99.

kann nur eine „Normierung" die notwendig entstehende Kluft zwischen dem konkreten äußeren Leben und der substantiellen Einzelvorstellung überbrücken[55]. Weil das Christentum der Seele etwas Unmögliches zumutet, nämlich die transzendenten Werte, die sie doch allein gar nicht gewinnen kann, deshalb die Notwendigkeit, daß das „ideelle Zwischenglied" des Mittlers in diese Lücke tritt. Dabei wird das Stadium der Möglichkeit übersprungen: Trotz Nicht-können befindet sich die Seele im Stande der Erfüllung und Vollendung[56].

Gleichfalls auf die Ideozentrierung ist es zurückzuführen, wenn das Gesetzhafte der Religion, das Magistrale der Kirche so sehr betont wird[57]. Daher gehört zum größeren Teil auch der Protestantismus zur Grundform II, soweit der Individualismus noch nicht in ihn eingedrungen ist; in Luthers Lehre handelt es sich eindeutig um eine in die göttlich *verordnete* Lebensordnung hineingestellte Frömmigkeit[58]. Wie steht es mit der Verantwortung der Einzelseele bei Calvin? Auch im Calvinismus ist es so, daß „das letzte Woher und Wohin der Werte an der Objektivität der Zustände, an einem Überpersönlichen haftet, ohne sich in das Eigenleben des Individuellen hineinzusenken"[59]. Parallel mit der Heraufhebung der religiösen Inhalte in die „Region des Absoluten" geht für Simmel auch das Bestreben jeder „kosmischen Metaphysik" (Plotin, Schelling, Hegel)[60].

Bemerkenswert ist, daß Simmel auf einen Punkt aufmerksam macht, wo die dogmatische Religion gegenüber der Grundform I im Vorteil zu sein scheint. Das gänzliche Fehlen des Substantiellen weist auch unverkennbare Lücken auf; denn gewisse rein innerliche Erlebnisse sind nur dann möglich, „wenn die Seele auf objektive Gebilde hin und in der Form des Umweges über sie lebt. Nur so ist Glaube da"[61]. „Nur so können Hoffnung und Verworfensein, Erlösung und Gnade jeweils den religiösen Ausdruck beherrschen"[62]. „Darum fehlt der subjektiven Religiosität das Moment der Gefahr. All die furchtbaren Ungewißheiten, das Preisgegebensein, das Tasten ins Dunkle gibt es hier nicht, nicht die Gefährdung durch die absolute, vom Jenseits her kommende Forderung"[63]. Schon in der „Philosophie des Geldes" wird in der Erlösungsidee ein zentrales Moment der Religion gesehen: „Die Gebilde der Religion erheben sich über alle Besonderheit irdischer Gestaltung zum Absolut-Allgemeinen. Sie erlösen uns von dem bloß Individuellen in uns"[64]. In „Rembrandt" gibt Simmel zu, der subjektive religiöse Prozeß sei zwar metaphysisch und ewigkeitswertig, aber er kenne nicht die religiöse Erfahrung des Erlösungsbedürfnisses[65]. Zwar hat Simmel dem Problem des „Heiles der Seele" einen besonderen Aufsatz gewidmet, aber ganz gelöst worden ist von ihm

---

[55] Rem 151. — [56] BT 136. — [57] Rem 159. — [58] Rem 149. — [59] Rem 166. — [60] Rem 149. — [61] Rem 194. — [62] Rem 194. — [63] Rem 194. — [64] PdG 497. — [65] Rem 193. 195.

dieser Zwiespalt doch nicht. Wir werden später sehen, daß er bei ihm gegen Ende des Weltkrieges wieder aufbricht. Allerdings dürfen wir wohl annehmen, daß für sein eigenes privates religiöses Empfinden die Fremderlösung durch Gnade von außen kaum eine Rolle gespielt hat.

§ 31. Der Glaube

Ehe wir zum Gottesproblem übergehen, müssen wir uns noch Klarheit darüber verschaffen, was Simmel unter Glaube verstanden wissen wollte. Bereits in den „Beiträgen zur Erkenntnistheorie der Religion" (1902) legte er außerordentlichen Wert darauf, den Glauben *im religiösen Sinne* scharf vom bloß *theoretischen* Glauben abzugrenzen[66]. An Kants Religionsauffassung kritisiert er, daß sie den religiösen Glauben zu einer nur theoretischen Fortsetzung *sittlicher Impulse* degradiere. Zwar hat Kant durch die Loslösung des Glaubens vom Wahrheitsanspruch der Intellektualität eine Verwechslung mit der wissenschaftlichen *Hypothese* unmöglich gemacht, aber es ist ihm nicht gelungen, dem Glauben selber den theoretischen Charakter wegzunehmen, denn er beruht ja bei ihm auf dem logischen Schluß, daß erst Gott und Unsterblichkeit die Realisierung der Glückseligkeit ermöglichen. Dem Glauben im Kantischen Verständnis mangelt nach Simmel einfach die *Unmittelbarkeit*[67].

Im gleichen Aufsatz lehnt Simmel alle Theorien ab, die in den Daseinsgefühlen (Angst, Verzweiflung oder Erhebung, Expansion der Seele) den Ursprung des Glaubens erblicken möchten. Der Glaube kann dadurch mitveranlaßt werden, aber das führt uns zu keiner Wesensbestimmung desselben, „denn auch hier könnte er noch immer eine bloß theoretische Annahme sein, auch wenn diese, wie sie aus Gefühlsbedürfnissen hervorgegangen ist, in Gefühlsbefriedigungen mündete"[68]. Im Bereich des theoretischen Erkennens „tritt der Prozeß selbst und die in ihm ausgesprochene Daseinsart völlig vor seinem Inhalt zurück"[69]. Das ist aber beim religiösen Glauben keineswegs der Fall, hier findet nicht ein bloßes „indifferentes Spiegeln" des Sachgehaltes der Dinge statt, bei dem unser eigenes Sein unverändert bleibt[70].

Damit aber gelangt Simmel zu einem entscheidenden Kriterium, ein für allemal eine Verwischung der Unterschiede unmöglich zu machen: Das Wesen des *theoretischen* Glaubens besteht darin, daß bei ihm „unser seelischer Zustand nur der selbstlose und zurücktretende Träger eines Vorstellungsinhaltes ist". Das Wesen des *religiösen* Glaubens dagegen besteht darin, „daß er einen Zustand der menschlichen Seele, eine Tatsächlichkeit, bedeutet", „eine Art des inneren Daseins"[71]. Beim theoretischen Glauben bleibt die *Glaubensfunktion* ungeändert, denn die wechselnden Inhalte bewirken nicht, daß der Mensch ein anderer wird. Beim religiösen

---

[66] BT 110–116. — [67] BT 112. — [68] BT 113. — [69] BT 113. [70] BT 113. — [71] BT 113.

Glauben sind Funktion und Inhalt voneinander abhängig. Verschiedene Gottesvorstellungen bedingen ein funktionell verschiedenes *Sein* des Menschen[72].

Das meines Erachtens berechtigte Anliegen Simmels besteht darin, der traditionellen Identifikation von Glaube und Glaubensinhalt ein Ende zu bereiten, und zwar auf eine Weise, die über alle bisherigen rein formalen Unterscheidungen zwischen „fides, qua creditur" und „fides, quae creditur" weit hinausgeht. Es ist bemerkenswert, daß Simmel in keiner Weise bestreitet, daß der kirchlichen Lehre von der Anrechnung des Glaubens als *Verdienst* ein richtiger Instinkt zugrunde liege. Er sieht darin geradezu seinerseits eine indirekte Bestätigung, daß Glaube eben eine *unmittelbare* innere Beschaffenheit bedeute[73]. Auf derselben Ebene liegt es, wenn er in dem Aufsatz „Das Problem der religiösen Lage" sogar versucht, das Prinzip des „credo quia absurdum" in einem bestimmten Sinne zu rechtfertigen: „Erst wo der Verstand Nein sagt, ist der Ja-sagende Glaube überhaupt am Platz, hat er eine ihm eigene Funktion auszuüben"[74]. Bei Kant allerdings hat er dessen Formel, den Glauben beginnen zu lassen, „wo das Wissen aufhört" als Opferung der Religion an das rationalistische Denken der Aufklärung zurückgewiesen[75].

In dem Aufsatz „Die Soziologie der Religion" wird gezeigt, wie auch der praktisch-religiöse Glaube bereits seine „religioiden" Vorstufen besitzt[76]. In den mannigfachsten Verhältnissen der Menschen stellen glaubensmäßige Vorstellungen eine soziale Notwendigkeit dar; ohne den Glauben „an jemanden" ist eine Vergesellschaftung nicht möglich. Das gutwillige, unkritische Vertrauen, aber auch das Gehorsamsverhältnis sind solche auf Gefühle und Suggestionen beruhenden Verhaltensweisen, die das Auseinanderfallen der Gesellschaft verhindern. Simmel bezeichnet diese Art des Glaubens als eine „rein interindividuelle psychologische Beziehungsform", als ein „aus Wissen, Instinkt und Gefühl zusammengewachsenes Gebilde"[77]. Er erklärt sich den Übergang dieses Gebildes in den religiösen Aggregatzustand so, daß bei der religiösen Verselbständigung eine *Loslösung* von der sozialen Gebundenheit stattfinde. Der „reine Prozeß" des Glaubens produziert aus sich ein Objekt heraus, erzeugt sich seinen „absoluten Gegenstand"[78]. Der Mensch hat die Fähigkeit, sich in Subjekt und Objekt zu spalten, ja er kann sogar sich selbst wie einem Dritten gegenübertreten; hier ist der Ursprung des eigentümlichen Phänomens zu suchen, daß der Mensch an sich selbst glaubt. Allen drei Erscheinungsweisen, dem Glauben an das eigene Ich, an den andern und an Gott ist gemeinsam eine „Mischung mit praktischen Impulsen und Empfindungszuständen"[79], sowie die Unmöglichkeit verstandesmäßiger Beweise.

---

[72] BT 114. — [73] BT 115 f. — [74] PK 226. — [75] Kt 202. — [76] Soz. d. Rel. 116 – 117. — [77] Soz. d. Rel. 116. — [78] Rel 44; Soz. d. Rel. 116 f. — [79] Soz. d. Rel. 116.

Zusammenfassend kann man sagen, daß der Glaube für Simmel eine Grundhaltung, ein Verhalten ganzheitlichen Innewerdens („Art des inneren Daseins") bedeutet, das alle seelischen Funktionen durchdringt, aber nicht aus ihnen folgt. Es wird besonders dann ausschlaggebend, wenn der Mensch an seine Grenzen stößt. Auf dem Glauben als dem Verhalten zur allgegenwärtigen Grenze beruht die „*Ertragbarkeit der Welt*"[80]. Den flachen, oberflächlichen Glauben zählt Simmel zu den „fürchterlichsten Symptomen des Lebens". So kann der Glaube zum Gradmesser der Unmittelbarkeit menschlicher Existenz werden. „Nichts zeigt so sehr die Tiefe des menschlichen Niveaus, als wozu der Mensch greift, um das Leben aushalten zu können"[81]. Der Glaube ruht so sehr auf einem nur ihm eigenen Grunde, daß er auch das sich seiner Endlichkeit bewußt werdende intellektuelle Wissen und Vorausschauen zu tragen vermag. In diesem Sinne dürfen wir interpretieren, wenn es in den „Hauptproblemen der Philosophie" heißt: „Unser Wissen wie unser Vertrauen zu Menschen, unsere praktischen Zielsetzungen wie unsere Wertungen kommen einmal an einen Punkt, wo die Kette der Beweise an einem nur noch vom Glauben getragenen Ringe hängt"[82].

Auch wenn Simmel die „Gläubigkeit" als das Wesen des religiösen Menschen bezeichnet, so meint er dies in einem umfassenden Sinne, der die von der theologischen Terminologie abgesteckten Bereiche weit überschreitet. Als Bezüglichkeit auf ein Außerseelisches kann sich diese Gläubigkeit auch ganz allgemein „praktisch, philosophisch, immanent gefühlsmäßig" darleben, kann von einer Gottesvorstellung vollständig absehen[83]. Die „Bezüglichkeit" *ist* eben schon ein inneres Merkmal des seelischen Zustandes „Glaube"[84]. Der „seelische Spannungszustand" ist an dem Grundphänomen Glaube das in sich stets Identische, nur seine Äußerungen sind jeweils verschieden.

Da wir im Folgenden von der Erlebnisseite zum Außerseelischen übergehen, so erleichtert es vielleicht das Verständnis, wenn wir Simmels religionsphilosophische Erkenntnistheorie in diesen vier Punkten zusammenfassen:

1. Die durch die Religion geschaffene Welt steht wie andere durch Kategorien des Seins, Sollens, Wollens, Müssens, Möglichseins und Zweifelns entworfene Welten repräsentativ für den gesamten Schatz des Daseinsstoffes. Sie bedarf keiner Stützung oder Bestätigung durch andere Welttotalitätsbilder.

2. Die subjektive Bedeutung der religiösen Stimmung kann durch Wechsel oder Entwicklung der vergegenwärtigten Vorstellungsinhalte niemals ihre Intensität einbüßen.

---

[80] HdP 168. — [81] Frg 15. — [82] HdP 168. — [83] Rel 49. — [84] Vgl. Rel 44.

3. Ein religiöser Inhalt wird weder durch eine religiöse Stimmung logisch konstituiert noch umgekehrt eine religiöse Stimmung durch einen religiösen Inhalt.
4. Im theoretischen Glauben sind die Inhalte ausschlaggebend, der Prozeß tritt dahinter zurück, die Glaubensfunktion bleibt unverändert; im religiösen Glauben sind Funktion und Inhalt voneinander abhängig, so daß durch Glaube an andere Inhalte der Mensch verwandelt wird.

In Bezug auf die Genesis der Religion erinnern wir an drei wichtige Einsichten Simmels:
1. Der religiöse Trieb entreißt der Wirklichkeit ihre Form.
2. Erfolgt die Substantialisierung, so trägt der religiöse Prozeß die Inhalte.
3. Das religiöse Leben schafft die Welt noch einmal.

Endlich zur Dialektik der Religionsphilosophie. In der Religion besteht eine Spannungseinheit zwischen ihrer Teilhabe am Leben als eines seiner Elemente und ihrer Ganzheit als eine dem Leben gegenüberstehende Macht, zwischen der Weltformeigengesetzlichkeit als Apriori unseres inneren Wesens und der Ideozentrierungstendenz der aus dem empirischen noch unprinzipiellen Leben erwachsenden religioiden Ansätze, zwischen der Befreiungssehnsucht aus dem „Zuwenig" des Lebens und dem Entgrenzungsdrang auf Grund des „Zuviel" des Lebens. Der Gegenstand der Religion bildet sich durch Zusammentreffen der aus den verschiedensten Seelenschichten herkommenden Strahlen in einem Schnittpunkt. Weitere Möglichkeiten der Versöhnung von Gegensätzen durch die Religion werden wir noch kennenlernen.

§ 32. Vorstellungs- und Verstehensweisen des Göttlichen

a) Die Gläubigen und ihre Götter

Simmels Äußerungen zum Gottesproblem sprechen für sich, sind frei von Dunkelheiten und unmißverständlich. Wir können uns hier auf eine Zusammenstellung des weithin zerstreuten Materials beschränken. Vor jeder Hineininterpretation von einem fremden Aspekt aus haben wir uns streng zu hüten.

Zunächst müssen wir wieder einen Blick auf die Frühphase seiner Philosophie werfen. Fast alles, was Simmel in der „Einleitung in die Moralwissenschaft" zum Gottesproblem zu sagen hat, erschöpft sich in der Herleitung der Gottesidee aus sozialen Zuständen, ethischen Pflichtgeboten und kosmologischen Kausalitätserklärungen. Er behauptet: „In allen diesen Fällen ist Gott nur der Ausdruck für ein Problem, der aber hier, wie auch sonst oft genug ... schon für dessen Lösung gehalten wird"[85]. Vom Gemeinschaftsleben aus gesehen ist Gott eine Hypostasierung der sozialen

---
[85] Mor I, 445.

Kräftekonzentration[86], von der Ethik aus ist er die „substantiierte Idee eines Urquells der sittlichen Gebote"[87], vom Kosmischen her „ein analytischer Ausdruck, ein Name für die vorausgesetzte Ursache der tatsächlich vorgefundenen Welt"[88]. Bedeutsame Gemeinsamkeiten zwischen den einzelnen Gottesvorstellungen der Völker vermag Simmel nicht zu entdecken; die Vorstellungen sind zu verschieden bis auf „die allervageste eines Wesens, das mächtiger ist als der Gläubige"[89]. Mittelbar ist der Mensch aus seinen Göttern zu erschließen und unmittelbar ist er in ihnen abgebildet; allerdings steht „das Abbild zum Original in demselben unstetigen Verhältnis, in dem es in den wirklichen bildnerischen Versuchen der Völker steht"[90]. Besonders großen Wert legt Simmel auf die Feststellung, daß das Verhältnis des Individuums zu Gott vielfach nur ein Symbol seines Verhältnisses zur sozialen Allgemeinheit sei[91]. An einer Stelle erklärt er radikal: „Die Hypostasierung der sozialen Kräfte in Gott ist der Höhepunkt des soziologischen Begriffsrealismus"[92]. Das alles ist nur die speziell auf die Gottesidee angewandte damalige Grundüberzeugung Simmels: „Die religiöse Form ist unzählige Male nur das Gewand eines soziologischen Inhalts"[93]. In den rein psychologischen und soziologischen Partien seines Gesamtwerkes hat er diese Anschauung noch weit in die zweite Schaffensphase hinein, etwa bis zur Abfassung seines „Goethe" (1913) beibehalten. Daneben laufen jedoch andere Leitintentionen. Schon in dem Kapitel „Egoismus und Altruismus" seines ethischen Frühwerkes finden wir Ansätze zu einer tieferen Sichtweise. Hier wird unterschieden zwischen der Vorstellung eines willkürlich befehlenden Gottes und der reineren Vorstellung von Gott als dem liebenden Allumfasser[94]. Und es wird eine Stufenentwicklung zur höheren Gottesidee vorausgesetzt: „Mit der Idee der Liebe zu Gott ist die Vorstellung enthront, daß wir ihm um seiner Macht willen gehorchen"[95]. Gott tritt aus der früheren Wesensfremdheit uns gegenüber „in eine Art Identität mit uns"[96]. Im übrigen ist aber auch hier vorausgesetzt, daß es sich um eine Projektion der Pflichtenerfüllung der sozialen Gruppe handelt, wenn auch das Gottesbild jetzt „immerhin idealen und geistigen Charakter trägt"[97].

Wir wenden uns nun den zwischen 1898 und 1907 geschriebenen Zeitschriftenaufsätzen über die Religion zu. In „Die Soziologie der Religion" wird der Gottesgedanke mit Begriff und Idee der Einheit in engste Verbindung gebracht. „Es ist das tiefste Wesen der Gottesidee, daß in ihr die Mannigfaltigkeit und Entgegengesetztheit der Dinge Zusammenhang und Einheit findet – mag es nun die absolute Einheit des *einen* Gottes, oder mögen es die partiellen, auf einzelne Provinzen des Seins bezüglichen

---

[86] Mor I, 446. – [87] Mor I, 444; 175–177. – [88] Mor I, 444. – [89] Mor I, 451. – [90] Mor I, 451. – [91] Mor I, 445–448. – [92] Mor II, 129. – [93] Mor I, 448. – [94] Mor I, 175. – [95] Mor I, 176. – [96] Mor I, 176. – [97] Mor I, 176.

Einheiten des Polytheismus sein"[98]. Simmel sieht es als Aufgabe an, „die einzelnen Züge des Menschlichen aufzusuchen, deren Entwicklung und Steigerung über das Maß des Menschlichen hinaus die Götter schafft"[99]. Also auch hier wieder die Projektionstheorie. In „Beiträge zur Erkenntnistheorie der Religion" tritt ein bemerkenswerter neuer Gesichtspunkt hinzu: Die Erkenntnis Gottes im religiösen Sinne geht über ein bloßes Bewußtwerden seiner als eines Vorstellungsinhaltes weit hinaus. Diese Vorstellungsseite ist nur das Spiegelbild dessen, daß in Wahrheit eine *Herzensvereinigung* mit Gott geschieht, „die aus unserer Hingabe an ihn und unserer Empfängnis seiner als *realer Vorgänge* besteht"[100]. Hier macht Simmel Ernst mit der schon in „Die Soziologie der Religion" ausgesprochenen Einsicht: Religion ist Beziehung auf ein außerhalb stehendes Wesen[101]. Der Glaube an verschiedene Götter beruht nicht nur auf inhaltlicher, sondern auch auf *funktioneller* Verschiedenheit, weil das innere Dasein, der Zustand der menschlichen Seele dann ebenfalls jeweils verschieden sind[102]. Im Aufsatz „Vom Pantheismus" betont Simmel den Einfluß das *Machtgedankens* auf die Gottvorstellung. „Was die Seele zunächst, und oft auch zuletzt, an ihren Gott fesselt, ist seine Macht"[103]. „Dem Gotte kommt die wirkungsvollste Energie zu: diejenige, die den stärksten Widerstand überwindet"[104]. Im Anschluß daran wird auf die seltsame Dialektik hingewiesen, die darin besteht, daß das Suchen nach Gott auch während der Seligkeit des Gefundenhabens nicht aufhört. Die Seele wird sich der Unmöglichkeit des völligen Einsseins mit Gott bewußt; das Gegenüber kann nicht aufgehoben werden. Gott steht wie Seele der Seele gegenüber, und eine Seele können wir nicht anders denn als Persönlichkeit empfinden, auch wenn unsere theoretische Vernunft darin noch so sehr eine Mythologie erkennt[105]. Im Aufsatz „Die Gegensätze des Lebens und die Religion" wird eine Analogie zwischen dem Liebenden und dem religiösen Menschen durchgeführt. Das, worauf sich sowohl Liebe wie Frömmigkeit richten, ist sicherer Besitz, der dennoch ständig neu erworben werden muß. Wer Gott täglich tiefer und voller gewinnen will, der muß ihn schon haben[106]. In „Das Christentum und die Kunst" wird auf die Gemeinsamkeit des religiösen und des künstlerischen Verhaltens in Bezug auf den *Gegenstand* hingewiesen. Beide Male wird *Distanz* benötigt, um den Gegenstand uns selber ganz nahe zu bringen. Dabei wird sogar die unmittelbare Wirklichkeit noch überboten. Die Drängung Gottes ins Jenseits ist nur „die absolute Steigerung jener Distanz, in der der hohe und überlegene Mensch alle ihm Nicht-Gleichen hält"[107]. Der Vorgang in der Beziehung zwischen Gott und Mensch wird so beschrieben: „Der Gott, in dieser Distanz verbleibend, bleibt zugleich nicht in ihr, sondern als wäre

---
[98] Soz. d. Rel. 118. — [99] Soz. d. Rel. 118. — [100] BT 113. — [101] Soz. d. Rel. 121. — [102] BT 114. — [103] Panth 308. — [104] Panth 309. — [105] Panth 309. — [106] Geg. d. Leb. 308. — [107] BT 129 f.

jene nur ein Anlaufrückschritt, bemächtigt sich die Seele seiner als des Nächsten und Vertrautesten, bis zur mystischen Einswerdung mit ihm"[108]. Das Mehr-für-sich-sein ist zugleich ein Mehr-für-uns-sein. Die übrigen Inhalte des Lebens gehören durch ihr bloßes Dasein noch nicht zu uns. „Nur der Gott, an den wir glauben, und die Kunst, die wir genießen, sind von vornherein und bloß dadurch, daß sie da sind, für unsere Seele bestimmt"[109].

Da das Gedankengut der Einzelaufsätze zum großen Teil in die Monographie „Die Religion" eingegangen ist, bleibt nur noch weniges hieraus zu ergänzen. Folgende Gesichtspunkte treten noch hinzu, wobei wir uns ebenfalls auf eine bloße Aufzählung beschränken:

1. Ein übernatürliches Wesen hat nur eine Existenz für sich und ist noch kein Gott. Zum Gott wird es erst, indem es einen Kreis von Verehrern um sich sammelt[110].

2. Gott ist der Gegenstand des Suchens schlechthin, weil die Rastlosigkeit des inneren Lebens in ihm ihren absoluten Gegenstand hat[111].

3. Der Vorstellungsprozeß, durch den Gott zur Einheit der Dinge wird, ist der gleiche, vermöge dessen man ihn als „die Liebe" schlechthin, als „die Güte, die Gerechtigkeit selbst" bezeichnet. Er hat diese Qualitäten weniger als daß er sie *ist*[112].

4. Die partikularistischen Religionen sind tolerant in Bezug auf den Gottesbegriff, das Christentum ist tolerant in Bezug auf die *Wege* zu dem einen Gott[113].

5. Der christliche Gott ist nicht nur der Gott seiner Gläubigen, sondern des Seins überhaupt[114].

6. Das Christentum erst schuf den allumfassenden Gott, der doch zugleich Persönlichkeit ist. Die Persönlichkeitsform der Gottesvorstellung stützt das Einheitsbewußtsein der Kirche[115].

„Im Anfang war der Mythus", so beginnt ein Roman, der im Jahre 1904 einen deutschen Dichter berühmt machte[116]. Simmel interessiert sich nicht für den Anfang, sondern für die Zukunftsaussicht der Religion ähnlich Bergson. Wo transzendente Vorstellungsgebilde mit Reden und Taten, mit

---

[108] BT 130. Vgl. PdG 545 f.: „Wie Religiosität um so höher steht, eine je unermeßlichere Distanz sie – im Gegensatz zu allem Anthropomorphismus und allen sinnlichen Erweisen – zwischen Gott und der Einzelseele bestehen läßt, um gerade damit das äußerste Maß des *Glaubens* hervorzurufen, das jene Distanz überbrücke".
[109] BT 130. – [110] Rel 61.
[111] Rel 50. Vgl. Geg. d. Leb. 308: „Mit gleich starken Fäden knüpft das Gefühl des Habens wie des Nichthabens die fromme Seele an ihren Gott, ihr Gott entsteht ihr dort, wo diese einander entgegenlaufenden Fäden, ins Unendliche verlängert, sich begegnen".
[112] Rel 88. Vgl. Leb 84. – [113] Rel 92. – [114] Rel 91. – [115] Rel 55–56. –
[116] „Peter Camenzind" von Hermann Hesse.

Handlungen und Leiden verknüpft werden, finden wir fast durchweg eine negative Kritik. Das Wesen des Mythus blieb beiden Philosophen verschlossen. Simmel hat sich den Zugang zum Verständnis des Mythus durch sein nominalistisches Symbolverständnis verbaut[117]. Bergson glaubte, alle Gebilde des Mythus als Produkte der „fabulatorischen Funktion" abtun zu können[118]. Aber ohne sich dessen bewußt zu sein, haben beide die Potenz des Lebens selbst zu einem mythischen Gebilde gemacht; denn Leben im mehr-als-biologischen Sinne ist immer schon etwas Mythisches, und gegen die abwertende Haltung läßt sich geltend machen: Schon im Mythus bildet das Leben als das, was wir selbst sind, und in dem wir uns selbst und alle Wirklichkeit primär verstehen, das bleibende und unerschöpfliche Hauptthema. Der Mythus selbst ist Bezeugung des Lebendigen, das sich als ein solches erfährt. In der mythischen Weltsicht gibt es noch keine scharfe Trennung zwischen Leben und Form, sie ist „biozentrisch" und ethisch zugleich[119].

Exkurs: Die Ausfüllung der Lücke im Mythus-Verständnis Simmels durch die Theorien Lieberts, Tillichs, Ungers

An dieser Stelle sei ein Exkurs eingeschaltet über einige Versuche, in partialer Anknüpfung an Simmel das Verhältnis des Mythus zu den einzelnen Weltformen zu bestimmen.

Nach Arthur Liebert ermöglicht allein der Mythus „die Erhebung des Lebens zu einem Mehr-als-Leben"[120]. „Ohne Mythen geht das Leben in seiner Oberfläche und in seiner eigenen Form unter"[121]. Während Ernst Cassirer in der Denkform des Mythus eine überwundene Einstellung der menschlichen Frühzeit erblickt[122], sucht Liebert die Notwendigkeit mythischer Sichtweise für jedes Kulturzeitalter und gerade auch für die heutige abendländische Kultur nachzuweisen[123]. Er bestreitet, daß die Religion ein alleiniges Anrecht auf den Mythus besitze[124]. Unzureichend bleiben leider Lieberts Versuche, das Wesen des Mythus zu umschreiben. So heißt es bei ihm: „Der Mythus ist in allen Kulturen der Weg, auf dem der Menschengeist zum Absoluten emporsteigt"[125]. Ferner: „Es gilt ... ihn als dasjenige Sinngebilde zu begreifen, in dem die intelligibele Freiheit als Urtat des Menschen ihre allgemeinste Bekundung ausübt"[126]. Das sind aber keine Fixierungen der Funktionen des Mythus, sondern vage Bestimmungen, die auf Weltanschauung, philosophische Metaphysik und Religion ebenso anwendbar wären. Mit der Aufzählung von Beispielen „typischer Sondermythen"[127] und Hinweisen, wie das Mythische alle menschlichen Geistesverfassungen durch-

---

[117] Vgl. meine Ausführungen in § 6.
[118] Henri Bergson: Die beiden Quellen der Moral und der Religion. Übertragung von Eugen Lerch 1933, 192—197.
[119] Hier bedarf die Religionstheorie Simmels einer Ergänzung durch die Lebensphilosophen Ziegler, Kaßner, Klages und durch die Neukantianer Cassirer, Liebert, Hönigswald, die sämtlich tiefer in das Wesen des Mythischen eingedrungen sind.
[120] Arthur Liebert: Mythus und Kultur 1925, 10. — [121] Ebd. 10.
[122] Ernst Cassirer: Philosophie der symbolischen Formen. Bd. II: Das mythische Denken 1925.
[123] Liebert 62—84. — [124] Ebd. 23 f. — [125] Ebd. 19. — [126] Ebd. 34. —
[127] Ebd. 36—61.

zieht und beeinflußt, ist uns wenig gedient. Nur in einer ausgeführten Religions-Kunst- und Geschichtsphilosophie wäre es Liebert möglich gewesen, die von Cassirer gesuchte Logik des Mythus und der mythischen Phantasie in *seinen* viel universaler gedachten Zusammenhang einzubauen.

Lieberts Auffassung, daß mythische Voraussetzungen dem Leben die „Sicherung der *Unbedingtheit* gewähren"[128], berührt sich eng mit Gedankengängen Paul Tillichs, der die „Erfahrung des Unbedingten" in das Zentrum seiner Religionsphilosophie rückte. Tillich ist in einer Zeit, als die protestantischen Theologen die Erforschung der Phänomene des Mythus größtenteils Philosophen, Tiefenpsychologen und Sprachwissenschaftlern überließen, diesem Problem mit großem Scharfsinn in allen seinen Verwicklungen nachgegangen[129]. Sein „transzendenter Realismus" setzt freilich bereits eine intuitionistische Metalogik voraus. Dennoch können auch seine Thesen als eine Verlängerung der Ansätze Simmels angesehen werden. Tillich bezeichnet den Mythus als „ein konstitutives Element des Geistigen überhaupt"[130]. Er unterscheidet 1. den „ungebrochenen Mythus", der noch die ursprüngliche Einheit in Religion, Dichtung, Wissenschaft repräsentiert, 2. den durch die prophetische Geschichtsreligion „gebrochenen Mythus", der die Vergegenständlichung des Göttlichen in Raum, Zeit und Menschenbildlichkeit eingebüßt hat. Eine der Hauptformen des religiös gebrochenen Mythus ist das Dogma. Aber auch das dichterische Urwort und jede auf Transzendenz gerichtete Metaphysik beziehen bis heute ihre Kraft aus der unvergänglichen Substanz des Mythus; die autonome Wissenschaft ist überall dort mythenschaffend, wo sie sich wirklichkeitstranszendenter Begriffe bedient. Die Kategorie des Mythischen schließt wesenhaft die des Symbolischen ein. Bei der so häufig in der Geschichte anzutreffenden Opposition kämpft immer nur ein *bestimmter* Mythus gegen einen anderen. „Die Angriffe auf den Mythus heben den Mythus nicht auf"[131]. „Eine wirklich unmythische Geisteslage gibt es nicht. Und in immer neuen Schöpfungen religiöser und kultureller Art, auch in der Gegenwart, wird der verborgene Mythus manifest"[132]. Das Gleiche meinte auch Liebert, nur ist es hier glücklicher ausgedrückt.

Wenn es nach Tillich zur Intention des Mythus gehört, die zerrissene Einheit der Weltformen ständig von neuem zu erstreben, so rückt diese Auffassung in eine auffallende Nähe zur erkenntnistheoretischen Konzeption Erich Ungers, nur mit dem Unterschied, daß dieser eine radikale Verlegung auf die Subjektseite vornimmt. Für Unger ist „Wirklichkeit" das Endprodukt eines langen Konkretionsvorganges des Bewußtseins. Während in der erkennenden Geistesbetätigung die Imagination zurückgehalten werden muß, in der Dichtung umgekehrt das kognitive Erfassen eingeschränkt wird, der Bewußtseinsorganismus also beide Male in Sonderfunktionen zerrissen ist, bekundet sich im Mythischen ein *Erfüllungszustand,* in welchem Erfassen (Denken, Empfinden usw.) und Imaginieren (Phantasie) völlig *ungetrennt* sind[133]. Der Mythus bewegt sich von vornherein

---

[123] Liebert 22.
[129] Wichtige Belegstellen für Tillichs Auffassung des Mythus: Religionsphilosophie. In: Lehrbuch der Philosophie. Hrsg. von Max Dessoir. Bd. II. 1925, 820–823.
Das religiöse Symbol. Blätter für deutsche Philosophie. Bd. I. 1927/28, 282–286.
Art. Mythus und Mythologie I: Mythus, begrifflich und religionspsychologisch. In: Die Religion in Geschichte und Gegenwart. Hrsg. von Gunkel und Zscharnack. Bd. IV. 1930², Sp. 363–370.
Systematische Theologie. Bd. I. 1955. 97–99. 264–266.
[130] Blätter f. dt. Ph. I, 284. — [131] RGG². Bd. IV, 365. — [132] Ebd. 370. —
[133] Erich Unger: Wirklichkeit, Mythus, Erkenntnis 1930, 172–193.

im Medium der Unendlichkeit, die als *potentielle Wirklichkeit* die von der Imagination vorgestellten Inhalte mitumfaßt. Unger stellt den kühnen Satz auf: „Es gibt keine Irrealität, sondern nur ein Nicht-zur-Erfahrung-kommen"[134]. Ein umfassenderes Erfahrungssystem ist durch Alterierbarkeit des Bewußtseins grundsätzlich erreichbar. Unger spricht von einem „Zahlenreservoir" alles philosophisch Denkmöglichen[135]. Diese seit je inhaltlich aufgerollte Unendlichkeit ist nichts anderes als Simmels purer ideeller, noch „wirklichkeitsfreier" Schatz von Möglichkeiten, den das Apeiron des Weltstoffes enthält und in welchem alle denkbaren Vorstellungsinhalte schon bereit liegen. Und so kann Unger behaupten, daß „keine mögliche Konfiguration, die von der Einbildungskraft nur immer hervorgebracht wird, ins Leere trifft"[136]. „Wirklichkeitserzeugung" beruht auf der Höhe der Experimentierfähigkeit unserer psychischen Anlage. Den Glaubensreligionen, deren Glaube auf Anerkennung eines einst Geschehenen beruht, stellt Unger die mythischen „Experimentalreligionen" gegenüber, bei denen das Wunder Faktum ist[137]. In philosophischer Hinsicht ist dem Menschen das Ziel, die Wahrheitsfindung, sicher; sein Risiko besteht allein in den „Härten und Wirrnissen eines ungeheuren Weges"[138]. In einer geschichtlich nicht faßbaren Situation des Anfangs aber war die „Bewußtseins-Totalität", die zu fordernde „einheitliche Intensität des Geistes", schon einmal im Mythus erfüllt, und die uns heute so befremdlich anmutenden Berichte aus der „Urzeit" („in illo tempore") zeugen noch davon ...[139].

Der von Rudolf Bultmann unternommene Versuch einer existentiellen Reduktion des in mythischen Aussagen gemeinten Wesensgehaltes und die Kontroverse, die sich an die Aufstellung seiner Thesen knüpfte, gehört zu einer ganz neuen Phase der Mythenuntersuchung und hat mit dem Anliegen Simmels nichts mehr zu tun.

b) Die Gottheit in der Mystik und im Pantheismus

Die Mystik wird definiert als die Vertiefung des religiösen Gefühls in eine „formlose Unendlichkeit"[140], oder noch allgemeiner als das „Aufschwellen der Seele über sich selbst hinaus"[141]. Hinter der gegebenen Vielfalt der Erscheinungen möchte die Mystik die Einheit des Seins empfinden[142]. Durch Versenkung in den Grund der eigenen Seele will der Mystiker in den Grund der Welt gelangen[143]. Der Inhalt der Welt wird in dieser Verstehensweise in einem einzigen Punkt gesammelt und alle Differenzen als unwesenhaft beiseite geschoben. Es geht allein um die „Substanz des Seins und das Eingesenktsein in sie"[144]. In der Geschichte der großen Organisationsformen tritt die Mystik immer vermischt mit ihrem Gegenpol, dem Rationalismus, auf[145]. In der Gegenwart ist eine mystische Religiosität noch stark vertreten in der russischen Volksseele, der das Unendliche „gleichsam schon Besitz ist", „während es für uns mehr ein Streben ist"[146].

Dies sind einige kennzeichnende Aussagen unseres Philosophen zur Phänomenologie dieser Weltsicht. Man könnte vermuten, daß er selber der Mystik sehr nahe gestanden hat, zumal, wenn man sich gewisser Tenden-

---
[134] Ebd. 163. — [135] Ebd. 162. — [136] Ebd. 161. — [137] Ebd. 66 f. — [138] Ebd. 163. — [139] Ebd. 191–193. — [140] Konfl 24. — [141] Rem 148. — [142] Geg. d. Leb. 305. — [143] HdP 15. — [144] HdP 21. — [145] Frg 43. — [146] KgE 35.

zen der damaligen neuromantischen Zeitströmung erinnert, die das religiöse Leben nach innen konzentrieren wollte. Der Troeltsch-Biograph Walther Köhler behauptet: „Simmel tastet von der Psychologie unsicher weiter zu einer Mystik"[147]. Aber gerade das entspricht nicht dem wahren Sachverhalt. Gewiß haben sich einige Lebensphilosophen mehr oder weniger offen zur Mystik bekannt. Maeterlinck berief sich schon 1891 auf Plotin und übersetzte Stücke aus den Schriften eines Ruysbroek, Emerson, Novalis[148]. Joël wollte die Mystik „als Trieb und Quelle der Erkenntnis, aus dem sie zu lebensvoller Erneuerung immer wieder schöpfen müsse, zu Ehren bringen"[149]. Hammacher vertrat mit großem Nachdruck die These, „daß das Wesen der modernen Welt nur als Werden zur Mystik verstanden werden kann"[150]. Bergson preist in seinem religionsphilosophischen Spätwerk die – freilich aktivistisch umgedeutete – Mystik, weil sie den Menschen in den „schöpferischen Schwung" zurückversetzt[151]. Simmel verhält sich wesentlich zurückhaltender. Trotz gewisser Sympathien für den Upanishaden-Lehrer Yajnavalka[152], Plotin[153] und Meister Eckhart[154] vermag er selbst den Standpunkt der Mystik nicht zu teilen. Bei aller Kritik oder Gleichgültigkeit der Mystiker gegenüber den offiziellen Lehren der objektiven Religion bleibt ihm nicht verborgen, daß die in so leuchtenden Farben geschilderte Vereinigung des Ich mit der Gottheit mit dem völligen Verlust der Individualität bezahlt werden muß[155]. Um aus der Qual der Gottferne erlöst zu sein, wird die seelische Einzigkeit ausgelöscht. Das Ich bleibt nicht mehr Ich, sobald die deificatio eintritt.

Simmel hält die Mystik für eine eben so große Einseitigkeit wie den Kritizismus Kants: hier „formlose Substanz" – dort „inhaltlose Form"[156]. Vor allem kann die sog. „mystische Einheit mit der Seinstotalität" gar nicht mehr als *Erkennen* bezeichnet werden[157]. Als Frömmigkeitstyp behält die Mystik ihren Rang als Relation zwischen Gott und Mensch bei. Aller Wert kommt vom *Göttlichsein* des unterschiedslos Geeinten, nicht von seinem Seele-Sein[158]. Mystik ist also *nicht* gleichzusetzen mit dem Religiösen als rein funktionalem Prozeß, sondern stellt dessen „nächste, un-

---

[147] Walther Köhler: Ernst Troeltsch 1941, 140 f. Ähnlich haben – ohne nähere Begründung – Joël, Przywara und G. Salomon de la Tour Simmels Haltung der Mystik zugeordnet (BdD 169. 226. 229). Auch Margarete Susmann glaubt, einen „mystischen Zug" nachweisen zu können, geht aber von der typologisch nicht haltbaren Voraussetzung aus, daß subjektive, individuelle Religiosität von vornherein der mystischen Grundform angehöre (BdD 283 f.).

[148] Vgl. Heinrich Meyer-Benfey: Das Maeterlinck-Buch 1923, 138 ff.

[149] Die deutsche Philosophie der Gegenwart in Selbstdarstellungen. Hrsg. von Raymund Schmidt. Bd. 1. 1921, 83.

[150] Emil Hammacher: Hauptfragen der modernen Kultur 1914, 216. – [151] Bergson: Die beiden Quellen der Moral und der Religion 1933, 177. 211–214, 231–238, 253–256, 311–317.

[152] Leb 114 f. – [153] Rem 148. Frg 112. – [154] HdP 13 f. Rem 102. Frg 8. 159. – [155] SchN 205. – [156] HdP 22. – [157] Frg 112. – [158] Rem 163.

mittelbarste Objektivierung" dar, nur daß an die Stelle des objektiven Gottes das *Verhältnis* zu Gott getreten ist[159]. Es wird zwar der volle religiöse Wert der Seele gewahrt, aber ausschlaggebend bleibt, daß die Seele nach wie vor „unter dem Aspekt eines absoluten, überseelischen Göttlichen steht"[160]. So kann man abschließend über diese Art des Gottesbewußtseins sagen, „daß der Mystiker die Gottheit nicht, als ein Objekt, erlebt, sondern daß er sie unmittelbar lebt"[161].

Es braucht nicht besonders hervorgehoben zu werden, daß Simmel auch nicht auf dem Boden des Pantheismus steht. In dem diesem Thema gewidmeten Aufsatz deckt er auf, wie ein konsequent durchgeführter Pantheismus ins Absurde führen würde. Man möchte eine gleichmäßig sich auf alle Erscheinungen erstreckende Allmacht Gottes und bemerkt dabei nicht, daß eine solche ins Absolute gesteigerte Instanz dann der Welt kein eigenes Sein mehr beläßt. Die Anwendung des Machtbegriffes auf Gott würde ihren Sinn verlieren, weil eine göttliche Allmacht, die keinen Gegenstand ihrer Betätigung mehr außer sich findet, in Wahrheit *sich selbst verneint*[162]. Wäre eine solche Weltordnung je ausdenkbar, so bedeutete sie die Aufhebung sowohl des Auseinanders als auch des Fürsichseins der Dinge. Nicht wie Glieder eines Organismus wären die Erscheinungen in Wechselwirkung aufeinander bezogen, sondern jedes Stück müßte seinem Wesen nach mit jedem anderen identisch sein[163]. Simmel urteilt, daß eine Anschauung, wonach jeder Punkt und jeder Moment des Daseins in die göttliche Einheit befaßt ist, zwar ursprünglich sich aus einer Sehnsucht nach Gott herleitet, aber bei fortschreitender Radikalisierung diese Sehnsucht immer weniger befriedigen könnte, bis sie geradezu in das Gegenteil umschlägt. Bei gedanklicher Erreichung des Endpunktes bliebe nur Leere und Sinnlosigkeit übrig. *Denken* können wir höchstens das Einssein in Gott für *alle* Dinge, für die als Einzelheiten unterschiedenen Dinge ist es nicht mehr möglich[164]. In einem Exkurs des „Rembrandt" weist Simmel nach, daß die historisch bekannten Formen des Pantheismus (Stoa, Hochrenaissance, Bruno usw.), ihr eigenes Prinzip durchbrechend, Anleihen bei andern Weltanschauungen gemacht haben, indem sie mythische oder individualisierende Elemente in sich aufnahmen[165]. Nur im Gott der geschichtlichen Religionen hat der Mensch „eines Gegenüber, dessen er bedarf, um seine religiöse Stimmung auszugestalten"[166]. Wohl repräsentiert nach Simmel Gott die *Einheit der Welt*, aber in dem Sinne, daß er als *Treffpunkt* aller Strahlen des Seins aufzufassen ist, als *Träger* der Wechselbeziehungen der Dinge[167].

---

[159] Rel 23. — [160] Rem 163. — [161] Rem 148. — [162] Panth 310. — [163] Rel 86. — [164] HdP 40. — [165] Rem 87–89 („Anmerkung über die Individualität der Form und den Pantheismus"). — [166] Rel 86. — [167] Rel 87.

Damit aber erhebt sich die Frage: Ist von diesem so verstandenen Gott noch etwas aussagbar, was über die hypothetische Bestimmung eines „Durchgangspunktes aller Wechselbeziehungen" hinausgeht?

c) Das Problem der Personalität Gottes

Simmel sucht eine höhere Ebene des Verstehens, die sowohl den Standpunkt der Aufklärung als auch den des Pantheismus und der Mystik überwindet. Von der Unhaltbarkeit jeder massiven Form des Theismus war er ebenso überzeugt. Die Aufklärung sah in der Persönlichkeitsvorstellung eine Vergöttlichung des Menschlichen, Pantheismus und Mystik eine Vermenschlichung des Göttlichen. Beide Richtungen gehen von einem mehr emotional als wirklich logisch und metaphysisch fundierten Persönlichkeitsbegriff aus. Simmel zeigt nun in seinem Aufsatz „Die Persönlichkeit Gottes" (1911), wie erst durch die Fortsetzung vom Organischen zum Seelischen so etwas wie Persönlichkeit entstehen kann[168]. Erst durch eine neue Art der Kausalität, nämlich die *Erinnerung,* wird ein Wesen zu einer *sich selbst genügenden Einheit.* Es kommt jetzt zu einer aus dem bloß linearen Verlauf herausspringenden Wechselwirkung: Persönlichkeit ist also definierbar als ein Geschehen, bei dem Wechselwirkung zwischen allen seelischen Elementen stattfindet[169]. Aber das Ideal einer *vollkommenen* Persönlichkeit kann in der menschlichen Sphäre nicht restlos erfüllt werden, weil Inhalte der Vergangenheit immer nur in Bruchstücken an die Wechselwirkung des aktuellen Zustandes überliefert werden. Menschliches Dasein bedarf des zeitlichen Verlaufes. Nur ein aus der Zeitbedingtheit enthobenes Wesen ist gar nicht mehr auf das Sich-Erinnern-Müssen angewiesen. Damit sind wir bei dem Prädikat der Ewigkeit, das von jeher allein Gott zugeschrieben wurde. Aber Simmel hebt diese „Ewigkeit" nicht als eine Eigenschaft unter anderen heraus wie die Theologie, sondern er folgert umgekehrt: Eine absolute Persönlichkeit, das ist etwas Außermenschliches, Mehr-als-Menschliches, das ist Gott. *Nur* Gott ist vollkommene Persönlichkeit![170]. Bei Gott allein ist nicht partiale Verknüpftheit, sondern absolute Verbundenheit aller Daseinsmomente, Selbstgenugsamkeit des ganzen Daseinsgehaltes. Indem die geschlossene Wechselwirkung von Elementen auf ein Absolutes übertragen wird, indem Erinnerung aufgehoben wird in zeitlose Gleichzeitigkeitstiefe, wird aus dem konkret nur in Einzelheiten greifbaren Weltganzen eine „restlose Ichform", eine absolute Ich-Persönlichkeit. Was wir Gott nennen, ist also tatsächlich eine Wesenheit, die den Begriff der Persönlichkeit *erfüllt*, ist „*ein wirkliches Ganzes* und *ein zeitloses Ein-für-alle-Mal*"[171]

Das ist eine bedeutsame Errungenschaft in der Entfaltung der Religionsphilosophie Simmels. Zum erstenmal hat seine Gottesidee bzw. seine Auf-

---
[168] PK 200—204. — [169] PK 204. — [170] Vgl. PK 205 f. — [171] PK 205.

fassung vom göttlichen Prinzip, eine logische Ableitung erhalten. Zu ihrer Stützung werden zwei Analogien herangezogen:

1. Im Verhältnis zwischen Gott und Welt liegt dieselbe Dialektik vor wie in jeder seelischen Existenzform, denn auch hier besteht eine „Gleichzeitigkeit von Gegenüberstehen und Einssein"[172]. Wie die *Einwohnung* seelischer Elemente im Ich als ein *Gegenüber* erfahren wird, so wird der Besitz Gottes und die Ruhe in Gott doch als eine lebendige, dynamische Zweiheit erfahren. Das eben ist das „Erlebnis der Persönlichkeit"[173]. In dem „Getriebenwerden" zwischen Verschmolzenheit und Trennung sieht Simmel die ontologische Ursache der spannungsreichen religionsgeschichtlichen Kontroversen zwischen Pantheismus und Theismus. Mensch und Gott verhalten sich zueinander wie das Eingeschränkte, Fragmentarische zur absoluten Erfüllung. Unbeschränktheit von in sich relativ selbständigen Inhalten und zusammenfassende Einheit schließen sich nicht aus. Wenn schon das menschliche Ich jedes seiner seelischen Elemente sowohl als Pulsschlag seines eigenen Seins wie als inhaltliches Gegenüber erfährt, wieviel mehr ein absolutes göttliches Wesen, das die ganze Welt als Einheit befaßt und doch zugleich ein Gegenüber hat, an dem es seine Macht ausübt!

2. Das Sich-selbst-Trennen in Subjekt und Objekt, welches das Wesen des geistigen Selbstbewußtseins des Menschen ausmacht, ist eine Sonderform, ein endlicher fragmentarischer Zustand, der wiederum seine höchste Erfüllung erst in einem mehr-als-geistigen Selbstbewußtsein des Absoluten findet[174]. Hierauf fußen gewisse Deutungen der Trinität und die Anschauung Spinozas vom sich selbst liebenden Gott. „Gott als Geist zu bezeichnen" aber ist „nur ein auf den Kopf gestellter Materialismus"[175]. Die religiöse Lebensempfindung und Anforderung des Menschen rührt von da her, „daß der Mensch unter Gott steht"[176]. Denn das Stehen Gottes über dem Menschen ist ja selbstverständlich. Der vom religiösen Menschen geglaubte Gott ist „die Realität jenes Ideellen, mit dem der Mensch der Relativität seines Wesens Gestalt, Grad und Sinn zumißt"[177].

Damit hofft Simmel die gefährlichen Klippen des Anthropomorphismus vermieden zu haben. Es ist nicht ein an die menschliche Erfahrung gebundener Begriff auf das Transzendente übertragen worden, sondern der Begriff der Persönlichkeit steht seinem Sinn nach bereits „über der menschlichen Existenz", die durch ihre Teilhabe am Absoluten gerade erst ihre Deutung erfährt[178]. „Der Persönlichkeitsbegriff muß nur in seinem Kern und seiner Reinheit gefaßt werden, um sich jener Ordnung zugehörig zu zeigen, die ihren Sinn nicht von dem Unteren her bezieht, sondern umgekehrt, dieses zu Sinn und Form bringt"[179]. Welche unerhörte

---

[172] PK 210. – [173] PK 210. – [174] PK 211 f. – [175] PK 213. Vgl. Leb 106 Anm. – [176] PK 215. – [177] PK 215. – [178] PK 211. – [179] PK 215.

Wandlung hier innerhalb der Religionsphilosophie des 20. Jahrhunderts eingeleitet, ja vielleicht schon vollzogen wird, wird noch mehr einsichtig werden, wenn wir im fünften Kapitel Simmels Gedanken zur Weiterbildung der Religion untersuchen.

Mit der Auffassung Gottes als absolute, der Erinnerung nicht bedürftige, in der ewigen Gegenwärtigkeit existierende Persönlichkeit haben wir den Übergang gewonnen zu dem großen Problem: Religion und Zeit.

Drittes Kapitel

Religion und Zeit
(Endliches und ewiges Leben)

§ 33. Die Beziehung der Zeit zum Tode und
die Todesverflochtenheit des Lebens

Der zweite Weg, um Simmels Ringen um das Erfassen des Absoluten zu begreifen, ist der von seinem Todesverständnis her. Simmel ist derjenige moderne Lebensphilosoph, der als erster die Beziehung der Zeit zum Tode untersucht hat. Während die übrigen Denker, soweit sie der lebensphilosophischen Bewegung angehören, den Tod gewöhnlich nur als einen Gegensatz zum Leben angesehen haben und nur unbestimmte Aussagen über die Zeitlichkeit und Vergänglichkeit des Daseins machten, greift Simmel teilweise auf das Ideengut der idealistischen Frühromantik zurück[1] und verknüpft es mit seinen eigenen, durch Analyse der Erlebniszeit gewonnenen Einsichten.

Eine umfassende Stellungnahme zum Todesproblem finden wir in dem Aufsatz „Zur Metaphysik des Todes" aus dem Jahre 1910[2]; eine spätere Umarbeitung, die unter dem Titel „Tod und Unsterblichkeit" das vierte Kapitel der „Lebensanschauung" bildet, ist beinahe schon im Angesicht des eigenen Todes niedergeschrieben worden.

Verschiedene Aspekte sind in Simmels Todesverständnis miteinander verknüpft worden, die wir jetzt bei der Hervorhebung der charakteristischen Momente gesondert darzustellen haben. Das rein Biologische soll dabei nur gestreift werden.

1. Die Notwendigkeit, irgendwelche zeitlos bedeutsamen Inhalte vom zeitlich-vergänglichen Lebensprozeß zu sondern, ist immer wieder daraus erwachsen, daß sich der Mensch dem Tode gegenüber sieht. Gäbe es nicht den Tod, so würde er vermutlich gar nicht auf den Gedanken kommen, den Werten und Inhalten außerhalb der einzigen Form, in der er sie kennt und unbegrenzt oft erleben kann, einen Ort zuzuweisen. Lebensprozeß und Lebensinhalt würden im Zustand undifferenzierten Verschmolzenseins beharren. „Nun aber sterben wir und erfahren damit das Leben als etwas Zufälliges, Vergängliches, als etwas, was sozusagen auch anders sein kann"[3]. Im Hinblick auf den Tod werden die Inhalte ideell vom Lebensprozeß gesondert. Auf diese Weise „kommt das Leben über sich

---
[1] Vgl. Bollnow, Lebensphilosophie 1958, 113–116. 120.
[2] In: Logos Bd. 1. 1910, 57–70. — [3] Leb 109.

hinaus, ohne sich zu verlieren, ja sich eigentlich erst gewinnend"[4]. Durch das Faktum des Todes ist also die Spaltung von Mehr-Leben und Mehr-als-Leben gesetzt. Der Prozeß des Lebens muß durch den Tod verneint werden, damit die Inhalte des Lebens in ihrer den Prozeß überdauernden Bedeutung hervortreten können[5]. So klingt es fast hegelisch. Es wird auch einmal Hegels Name genannt, freilich in der Absicht, dessen nach Simmel zu rational-gegenständliche Auffassung des Prozesses zu kritisieren[6]. Immerhin liegt eine Übereinstimmung Simmels mit Hegel in Bezug auf den Gedanken vor, daß der Gehalt des Lebendigseins nur erfahren werden könne auf dem Weg in die verwirklichte Erscheinung, in die Geformtheit, in das Nicht-mehr-Lebendig-sein.

2. Tod und Zeit stehen zueinander noch in einer weiteren wichtigen Beziehung. Simmel wendet sich scharf gegen das alte mtyhische Bild vom Zerschneiden des Lebensfadens durch die Parze[7]. Er sieht hier ähnlich wie in der Vorstellung vom Knochenmann ein inadäquates Symbol, als ob eine fremde Macht von außen das Ende herbeiführe. Der Tod ist nicht irgendeinem draußen wartenden gewalttätigen Wesen vergleichbar, das man für das dunkle, unbegreifliche Mysterium des Sterbens verantwortlich machen kann. Solche Mythen haben das Leben selber noch nicht tief genug gefaßt[8]. Der Tod kann überhaupt nicht vom Leben getrennt werden, er ist gar nicht außer uns, sondern von vornherein dem Leben von innen her eng verbunden. Als ein „formales" Moment färbt der Tod bereits alle Inhalte des Lebens, die wir völlig anders ohne ihn bewerten würden. Ja, eine Führung und Gestaltung unseres Lebens ohne den zu erwartenden Tod ist für uns „schlechthin unvorstellbar"[9]. Das Leben fordert von sich aus als seinen Gegensatz den Tod. „Es selbst hat ihn erzeugt und schließt ihn ein"[10]. Simmel weist auf die biologische Tatsache hin, daß auch das beginnende, wachsende Leben schon auf den Tod hin angelegt ist[11]. Umgekehrt werden wir nicht erst im Augenblick unserer Geburt, sondern sozusagen fortwährend in etwas neu geboren[12]. Daraus zieht Simmel die metaphysische Folgerung: Wenn Leben seinem Wesen nach Mehr-Leben ist, und wenn dieses Mehr-Leben sich auswirkt in der fortwährenden Neuerzeugung, *dann gehört die Einwohnung des Todes zum Hinausschreiten des Lebens über sich selbst.* Denn dies hatte er im ersten Kapitel der „Lebensanschauung", das über „die Transzendenz des Lebens" handelt, vorweggenommen: Leben als Mehr-Leben streckt sich einerseits nach dem Absoluten, andererseits nach dem Nichts hin. Schon dort heißt es: „Wie es sich erhaltendes und sich steigerndes Leben in *einem* Akt ist, so ist es auch sich erhaltendes und sinkendes Leben in *einem* Akt, *als ein* Akt"[13]. Der Tod ist nur ein Definitivum bei dem unaufhörlichen Pro-

---

[4] Leb 109. — [5] Leb 112. — [6] Leb 108 f. — [7] Leb 96. 107. — [8] Leb 100. — [9] Leb 100. — [10] Leb 98. — [11] Leb 97 f. — [12] Leb 98. — [13] Leb 20.

zeß des Herabsinkens des Lebens unter sich selbst, der lange Zeit mit dem Prozeß des Steigens über sich selbst simultan verläuft. Wir sterben also gar nicht erst in unserem letzten Augenblick, sondern „in jedem einzelnen Momente des Lebens sind wir solche, die sterben werden"[14]. So erscheint unser Dasein als eine Einheit von Lebenseroberung und Todesflucht[15].

3. Damit verbindet sich ein noch bedeutsamerer Gesichtspunkt innerhalb der Beziehung der Zeit zum Tode. Es wird dargelegt, daß dem Phänomen des Sterbens eine *ontologisch notwendige Formungskraft* zukommt. Die bloße Konstatierung einer Doppelrichtung ist ja zunächst nur Charakteristikum für das Prozeßhafte, das Strömen, das Auf und Ab alles Vitalen. Aber zur Strukturgesetzlichkeit alles Lebens gehört auch die Kategorie der *Grenze*. Im Reich des Anorganischen ist die Quantität, die in der Zeit stattfindende Mehrung und der Zeitpunkt einer Auflösung belanglos, nicht notwendig, zufällig, kein Integrationsmoment[16]. Veränderungen in der Substanz geschehen durch äußere mechanische Einwirkungen, und Begrenzungen haben rein räumlichen Charakter. Ein selbstzentriertes organisches Wesen bedarf zu seiner Grenzsetzung keines zweiten Wesens. „Der organische Körper gibt sich seine Gestalt von innen her", und dadurch wird „seine Grenze nicht nur räumlich, sondern auch *zeitlich*"[17]. Dem Lebendigen kommt ein *echtes zeitliches Aufhören* zu. Auch dies war im Kapitel über „die Transzendenz des Lebens" bereits andeutend vorbereitet: Steigen und Sinken des Lebensprozesses gehören als „Aufhebung, Überspülung der Umgrenztheit des individuellen Bestandes"[18] zum Leben selbst. Das Allgemeine, das Typische neigt zum Überdauern. Daraus folgt: Die Individualisierung ist der eigentliche Träger der Vergänglichkeit[19]. „Das unindividuelle Wesen lebt ein Leben, das nicht völlig *seines* ist, das nicht recht die Form der Seinheit hat"[20]. Das Gattunghafte ist der Zeitdauer entrückt. „Nur die Individualität kann wirklich sterben"[21]. Simmel sieht hier einen Steigerungsgrad der Individualität: „Der Tod ist für ein Wesen um so gründlicher, je individueller es ist"[22]. Unter den Menschen ist der Größere, d. h. der Differenziertere

---

[14] Leb 98. Ähnlich heißt es bei Keyserling, Südamerikanische Meditationen 1933², 178: „Zutiefst ‚will' der Mensch jeden Augenblick zugleich leben und sterben, denn jeden Augenblick stirbt irgend etwas in ihm, während anderes geboren wird. Was das Leben nun eigentlich ‚will', ist weder Leben noch Tod, sondern seine bestimmte Identität; dieser Wille ‚setzt' bald mehr das, was wir Leben, bald wiederum mehr das, was wir Tod heißen". Das Sinnvolle und Sinnhafte des Todes wurzelt nach Keyserling nicht in einer geistigen Macht, sondern in einem blinden Trieb, genannt „Gana", der zugleich eine Art inneres Müssen darstellt (vgl. 192).
[15] Leb 106 f. — [16] Leb 96. 99. — [17] Leb 96. — [18] Leb 21. — [19] Vgl. Leb 128. —
[20] Leb 130. — [21] Leb 133.
[22] Leb 132. Vgl. dazu die Definition: „Individuell . . . nennen wir eine Gestaltung, wenn sie sich — metaphorisch ausgedrückt — ein einziges Stück Materie auserwählt hat, um mit ihm eine Wirklichkeit zu bilden, nach deren Zerstörung sie sich zu keiner Realisierung mehr herbeiläßt". (Leb 132).

stärker dem Tode überantwortet als der unbedeutende. Das unaustauschbar-Einzige verschwindet eben um so endgültiger, je mehr es einzig ist[23]. Simmel vergleicht das tote Genie, d. h. das absolute Individuum, mit dem etwas absolut zu Ende gegangen ist, mit einer zerschlagenen Statue, den gestorbenen Durchschnittsmenschen, d. h. einen solchen, der sein Leben in der Form und mit den Inhalten des Gattungstypus verbracht hat, mit einem zerschlagenen Blumentopf. Natürlich bezieht sich das nur auf *unser* Gefühl der Vernichtetheit, das wir gegenüber zerstörten Gegenständen empfinden. Wenn aber auch unser Autor frei ist von geschmackloser Entgleisung, so zeigt diese Stelle doch recht drastisch, durch welche Abgründe im Wertungsniveau Genie und gewöhnlicher Mensch voneinander getrennt bleiben sollten. Die Einflüsse Nietzsches sind ganz unverkennbar. Dennoch bleibt ein tiefgreifender Unterschied zwischen beiden Denkern. Im Gegensatz zu Nietzsches Lehre von der Wiederkunft betont Simmel, daß das Wesen absoluter Individualität begründet sei in dem *Niewiederkehren*, in dem unwiederbringlichen Vergehen einer zeitlichen Form[24].

Während gewöhnlich das Leben, als Ganzes, dem Tode gegenübergestellt wird (z. B. Schopenhauer), ist es bei Simmel „der" Einzelne, den der Denker mit dem Tod konfrontiert. Dies wird noch deutlicher werden, wenn wir im nächsten Abschnitt unser Augenmerk auf das *Verhalten* zum Tode richten.

Rückblickend können wir feststellen, daß in dieser Todesauffassung etwa folgende Gedankenstränge zusammengelaufen sind:

1. Idealistische Grundeinsicht: Leben kommt erst durch das Setzen seines Gegensatzes zu sich selbst.

2. Grundeinsicht der konkreten Dialektik des Lebens: Steigendes und versinkendes Leben bilden ein und denselben Akt der Selbsttranszendenz.

3. Naturphilosophische Grundeinsicht: Durch den Tod erhält das Leben seine begrenzende Form.

4. Geschichtsphilosophische Grundeinsicht: Höchstdifferenzierte Individualisierung = zerbrechlich-vernichtendste Vergänglichkeit bzw. gründlichstes Sterben.

Die beiden letzten Aspekte entfernen sich am weitesten von den Erfahrungen in mythischer und prophetischer Religion.

Exkurs: Simmel und Rilke

Die Auffassung, daß der Tod in uns west, in uns wächst, in uns reift wie eine Frucht, daß er jeden Augenblick des Lebens in uns einwohnt, daß er eine innere Immer-Wirklichkeit jeder Gegenwart ist, daß Leben und Tod einen Doppelbereich, eine untrennbare Einheit bilden – ist von keinem Geringeren als Rilke in die Höhe dichterischer Sprache gehoben worden. Auf Grund des erhal-

---

[23] Vgl. Leb 132 f. – [24] Leb 132. Vgl. Rem 97–99.

tenen Briefwechsels zwischen Simmel und Rilke wissen wir, daß unser Philosoph sich im Jahre 1908 mit dem „Stundenbuch" befaßt hat. Er begrüßt es, daß in dieser Art des Pantheismus die Sonderformen nicht verneint werden, sondern daß umgekehrt das Empirisch-Zufällige durch Gottes Ausschmelzen in das Einzelne „gleichsam eine transzendente Legitimation" gewinnt[25]. Im „Rembrandt" verwies Simmel auf die berühmten Verse im Stundenbuch, daß „jeder seinen *eigenen* Tod" sterben möge[26]. Der eigene Tod zwingt nach Rilke den Menschen, das Irdische umzuwerten und sein Leben unter dem Hinblick auf den „großen Tod, den jeder in sich hat", zu leben. Dem großen Tod reift man entgegen wie man Gott entgegenreift. Der „kleine Tod" dagegen ist der billige Massentod, der sich in nichts unterscheidet von den vielen armseligen Leben, die gelebt werden, der ihnen keine besondere Weihe verleiht. Der Tod, wie Rilke ihn sieht, gehört also zur ganzen Natur des Menschen, nicht nur zu seinem hinfälligen Leibe. Er wirkt genau wie bei Simmel *formend* auf das Leben.

Der spätere Rilke hat 1922, also vier Jahre nach Simmels Tode, in den „Duineser Elegien" und in den „Sonetten an Orpheus" das Apriori des immanenten Todes in einen nicht mehr überbrückbaren Gegensatz zur Zweiweltenlehre der Offenbarungsreligion gestellt. Jetzt ist Sterben nicht mehr Grenze, sondern nur noch Durchgang innerhalb der Einheit. Und diese Einheit kann schon immer Bestandteil der erfahrbaren Wirklichkeit unseres Daseins sein. In dem interpretierenden Brief Rilkes an Hulewicz heißt es: „Der Tod ist die uns abgekehrte, von uns unbeschienene Seite des Lebens"[27]. „Voller Tod sein" ist für Rilke identisch mit „voller Leben sein". Das jenseitige Totenreich wird gesehen als ein dem Diesseits wesensgleiches, aus Leben und Tod gemischtes Sein. Diese Verschmelzung von Lebensreich und Totenreich ist bei Rilke zugleich eine *Verschmelzung zweier Zeiten*. Es geht um die Vernichtung der Zeit als Flüchtigkeit (vgl. die vierte Duineser Elegie). Die Zeitmodi werden aufgehoben; die Gestaltverwandlung vollzieht sich in der zeitlosen Gegenwart. Wer die Welt „ganz" sieht, für den ist die Welt-Zeit eine Einheit. So wird das jenseitige Leben zum Spiegelbild des hiesigen Lebens.

Auch Rilkes Stellung zum Tode ist also festgelegt durch seine Anschauung von der Zeit. Genau wie Simmel betrachtet er den Tod nicht als Vernichtung, sondern als Selbst-Transzendenz. Denn einzig im Tode ist der Mensch wahrhaft wirklich. Die zehnte Duineser Elegie enthält eine an Dante erinnernde großartige Vision von der Wanderung der Toten durch das imaginäre Leidland des „Weltinnenraums". Hier wird verkündet, daß wir den Tod brauchen, wie er uns braucht, daß wir durch ihn eigentlich leben. Ebenso ist aber auch bei Simmel der Tod selbst zum Leben geworden. Und als letzte Parallele wäre daran zu erinnern, daß Rilke wie Simmel durch den Tod die lebendige, aufrüttelnde Macht des Schmerzes erfahren haben[28].

§ 34. Das Verhalten des Menschen zum Tode

Simmel hat im dritten Kapitel seiner „Lebensanschauung" zugleich Reflexionen darüber angestellt, was die Funktion des Todes am und im Leben für existentielle Konsequenzen nach sich zieht. Das Wissen um den Tod beeinflußt die Führung und Gestaltung unseres gesamten Lebens.

---

[25] Brief vom 9. 9. 1908. Vgl. BdD 119–125. – [26] Rem 99.
[27] Brief vom 13. 11. 1925 (Briefe aus Muzot 1921–1926. 1934).
[28] Davon zeugt eine Reihe von Gedichten und Briefen Rilkes. Bei Simmel vgl. Frg 16; Aufsatz „Michelangelo" (PK 152–178); SchN 83–88.

Aber wir wissen nur um das *Daß*, nicht um das *Wann*. Da die Stunde des Eintritts bis zuletzt ungewiß bleibt, so sind wir ständig in der Gefahr, entweder Zeit zu vergeuden, oder etwas zu beginnen, das nie mehr vollendet werden kann[29]. Freilich würde ein genaues Wissen um das Wann uns von Anfang an einem ganz unerträglichen Druck aussetzen. Wir würden umherwandeln wie solche, die längst zum Tode verurteilt sind. Die Angst vor dem eigenen Dahinschwinden wird uns eben weithin dadurch genommen, daß alles Künftige wie in einem undurchdringlichen Schleier gehüllt bleibt. Erst das Nichtwissen um den Todesaugenblick schafft Raum für die ungestörte Kraftentfaltung des Lebens, für die Lebensfreude, die zu jeder Produktivität unbedingt erforderlich ist. Hierin liegt der Sinn der in die drei Modi gegliederten Zeit, die zum Trost des Schicksals wird, indem sie die Leiden und Wunden der Vergangenheit heilt und die drohenden Schrecken der Zukunft verbirgt.

Entsprechend der Bedeutung des Todes für die Individualisierung sind individuell sehr verschiedene Verhaltensweisen gegenüber dem Tode möglich. Je nachdem, in welcher Beziehung der Mensch zu den beiden Komponenten Lebenseroberung und Todesflucht steht, wird seine Leistungstendenz und seine Anpassungsfähigkeit eine andere sein. Auf der untersten Stufe stehen für Simmel diejenigen, deren Leben ganz zufällig aufhört. Hier erscheint der Tod überhaupt nicht als eine von dem Innern des Lebensverlaufes her gesetzte Grenze. Das Leben dieser Menschen besitzt keine Form im höheren Sinne; es ist gleichgültig, ob sie kurz oder lange leben. Simmel vergleicht sie mit gewissen Nebenfiguren in Shakespeares Dramen, die irgendwie umgebracht werden, „wie es der äußere Geschehensverlauf gerade mit sich bringt"[30]. Dann folgt die große Zahl derjenigen, für die Erwerb und Genuß, Arbeit und Ruhe die legitimen Mittel sind, um dem Tode zu entfliehen. In ihrem Leben halten sich die beiden Richtungen Lebenseroberung und Todesflucht die Waage, bestimmen den jeweiligen Standort im Raum[31]. Vielleicht kann man zu ihnen einen großen Teil der Rembrandtschen Porträts rechnen, aus denen der Tod „heimlich hervordunkelt"[32]. Auf der höchsten Stufe stehen die individualistisch über jeden Typus Hinausragenden. Nur bei ihnen ist der Tod wahrhaft tragisch: „Das Reifwerden ihres Schicksals ist zugleich das Reifwerden ihres Todes"[33]. Nur hier ist der Tod im vollkommensten Sinne „character indelebilis des Lebens"[34], „ist das Leben so groß und weit, daß es, schon oder noch als Leben, den Tod in sich einschließen kann"[35]. Der Tod gehört zu den apriorischen Bestimmungen ihres Lebens und des mit diesem gesetzten Weltverhältnisses"[36].

Simmel führt die Verhaltensweisen zum Tode auch auf die jeweilige gesamtmenschliche Entwicklungsstufe zurück. Da sind zunächst die Natur-

---

[29] Leb 100 ff. — [30] Leb 100. — [31] Leb 107. — [32] Vgl. Rem 96. — [33] Rem 95. — [34] Rem 91. — [35] Rem 96. — [36] Leb 100.

völker, die die Individualität noch nicht als Wertprinzip kennen und deswegen eine große Gleichgültigkeit gegenüber dem Tode zeigen[37]. Sie haben die Vorstellung, daß für den Tod irgendein Mensch oder Geist verantwortlich sei[38]. Die Griechen suchten dem Tode und der Vergänglichkeit zu entgehen, indem sie den Menschen auf das Typische und Allgemeine reduzierten[39]. Die Repräsentation alles Indidivuellen durch ein Allgemeines ermöglicht die Erhebung in die Sphäre der Zeitlosigkeit[40]. Damit wird aber das Problem des Todes nicht gelöst, sondern durch Herausarbeitung der Formgesetzlichkeit umgangen. Der Einzelne wird zum bloßen Schauspieler einer höheren überempirischen Idee[41]. Endlich die christliche Deutung. Hier geht dem Tode seine vitale Bedeutung verloren, indem das Leben von vornherein unter den Gesichtspunkt seiner eigenen Ewigkeit gestellt wird[42]. „Das Leben ist hier ausschließlich auf seine positiven Momente gestellt; was der Tod ihm antun kann, betrifft nur seine Außenwerke, ja nur dasjenige, was schon von vornherein nicht unser eigentliches Leben ist"[43]. Nach dem Evangelium sind die Menschen Kinder Gottes, die auf der Erde nur einen flüchtigen Gastaufenthalt nehmen[44]. Vom Gesamtverhalten auf Erden wird die transzendente Zukunft abhängig gemacht; der Tod gilt als überwunden. Simmel sieht es als eine Verengung durch spätere kirchliche Vorstellungen an, wenn in der Praxis ausgerechnet auf den Moment des leiblichen Todes solch ein Wert gelegt wird, je nachdem, ob der Sterbende kurz vorher Trotz oder Reue zeigt. Im Aufsatz „Das Christentum und die Kunst" wird auf die Bedeutung des Todesleidens hingewiesen. Antiken Gestalten wie Niobe und Laokoon widerfährt als äußerliches Schicksal, was im Christentum als tiefe Notwendigkeit gilt. Der Verzicht auf das Irdische wird für den Christen zu einem Teil des Weges, den seine Seele durchläuft, zu ihrer „Frucht"[45]. Sittliche Hingabe und Selbstverleugnung führen ganz unmittelbar zu einer Erhöhung der Seele. Das Leiden überhaupt wird zum integrierenden Bestandteil des religiösen Lebens[46]. Wie tief Simmel auch die zentrale Stellung des Karfreitagsgeschehens erkannt hat, beweist folgender Satz: „Der Tod ist nicht nur eine Befreiung von der Last des Lebens, sondern das Opfer Christi zeigt den Tod *als den Gipfel des Lebens selbst*, als seine eigentliche Weihe und die gleichsam positiv ausgedehnte Stufe, die der Seele zwischen dem Diesseits und dem Jenseits bestimmt ist"[47].

Zusammenfassend kann man sagen, daß Simmel das Neuartige des auf der Stufe des Christentums errungenen Todesverständnisses darin erblickt, daß nun wirklich jeder Lebensaugenblick eine nicht mehr ausstreichbare Bedeutsamkeit erhält. Der ethische Lebensinhalt jeder einzelnen Gegen-

---

[37] Rem 97–98. — [38] Leb 99. — [39] Rem 97. — [40] Rem 92 f. 96 f. — [41] Rem 93. —
[42] Leb 104. — [43] Leb 104. — [44] Leb 105. — [45] BT 138.
[46] BT 139. Vgl. schon Mor I, 216–219. „Die Demut, das Verfolgtwerden, der Tod selbst erhielten durch das Christentum eine ungeahnte ethische Weihe" (218).
[47] BT 139.

wärtigkeit transzendiert die ihm innewohnende Begrenztheit, indem er die Zukunft der Seele, ihr ewiges Geschick bestimmt. Jetzt erst wird der geheime Zusammenhang zwischen Religiosität und Zeitlichkeit einsichtig. Alles, was auf mühsamen Wegen über die Entfaltung der Zeitanschauung bei Simmel vorbereitet wurde, diente dazu, um an das Problem der unendlichen Fortdauer heranzuführen. Wir müssen also jetzt überprüfen, wie Simmel mit diesem innerhalb der Philosophie des zwanzigsten Jahrhunderts unbeliebt gewordenen Unsterblichkeits- und Ewigkeitsproblem fertig geworden ist.

§ 35. Versuche einer Sinndeutung der Unsterblichkeitsideen

Die unendliche Fortdauer der Seele gehört — mit mannigfachen mythischen Vorstellungen durchwoben — zum Glaubensinhalt fast aller geschichtlichen Religionen; für die Philosophie (Metaphysik, Ontologie, Religionsphilosophie) bleibt sie stets ein *Problem*. Folgende Motive stehen nach Simmel hinter dem religiösen Glauben an die Unsterblichkeit in irgendeiner Form: „Die Seele will Seligkeit oder das Schauen Gottes oder vielleicht nur ein Weiterexistieren überhaupt; oder, bei stärkerer ethischer Sublimiertheit, will sie eine Qualität ihrer selbst: sie will erlöst sein, oder gerechtfertigt, oder gereinigt"[48]. In allen diesen Fällen geht es um ein Haben; der Seele wird nach dem Tode das Erleben neuer Inhalte verheißen, die außerhalb ihrer bestehen. Dem stellt Simmel eine davon abweichende Unsterblichkeitsanschauung gegenüber, die nach seiner Überzeugung heutzutage „die Sehnsucht vieler tieferer Menschen ist"[49].

Simmel geht aus von dem Gedanken, daß es eine von allen Inhalten des Bewußtseins unabhängige, durch alles Erleben hindurch sich entwickelnde und festigende *Kontinuität des Ich* geben muß. Dieses Ich sammelt sich im Verlaufe des Lebens reiner in sich selbst, arbeitet sich aus den fließenden Zufälligkeiten erlebter Inhalte immer mehr heraus und entwickelt sich seinem eigenen Telos zu. Und dies versteht er unter der „reinen Form" der Unsterblichkeit: Ein *Zustand*, (nicht ein „Haben" wie in den Religionen) der Seele, „in dem sie nichts mehr erlebt, in dem ihr Sinn sich also nicht mehr an einem Inhalt vollzieht"[50]. Die objektiven Inhalte „fallen vom Ich ab"; das Sein des Ich reduziert sich auf die rein prozeßhafte „Bestimmtheit durch sich selbst", wird ein „bloßes Sich-selbst-gehören"[51]. Noch anders formuliert: Das „jenseitige Leben" zieht sich auf seine reine Funktion zurück, wird zu einem in sich beschlossenen Leben des „bloßen Selbst"[52]. Als Stütze dieser Anschauung wird die Tatsache herangezogen, daß sich die zeitlosen geistigen Werte innerhalb des geschichtlichen Verlaufes von den Inhalten des Lebens ablösen lassen[53]. Wie Simmel nur vorsichtig andeutet, steht hinter dieser Konzeption folgendes

---

[48] Leb 113 f. — [49] Leb 113. — [50] Leb 114. — [51] Leb 114. — [52] Leb 115. — [53] Leb 115, 136–139.

Postulat: Die Lösung von der Zufälligkeit der Einzelinhalte, die im „irdischen" Leben nur *annäherungsweise* gelingt, die soll das Ich hinter der Todesgrenze nun *ganz* vollbringen[54]. Die weit verbreitete Identifikation von Unsterblichkeit und ewigem Leben wird als Anthropomorphismus zurückgewiesen, da wir ja gar nicht wissen, ob das „Leben" tatsächlich die einzige Form ist, in der die Seele existieren kann[55]. Als empirische Basis für die Unsterblichkeitserwartung zieht Simmel noch die „Zufälligkeit" zwischen dem Individuum und seiner (historischen) Umwelt heran. Wahllos wird der Mensch in ein Milieu hineingesetzt, das er sich niemals vorher aussuchen konnte, und zu dem er „höchstens eine nachträgliche und immer nur relative Anpassung gewinnen kann"[56].

Einen großen Teil seiner Untersuchungen widmet Simmel dem *Reinkarnationsgedanken*[57]. Auch hier führt er seine Dialektik von Individuum und Kontinuum konsequent durch. Die mannigfachen Anschauungen über die „Seelenwanderung" haben ihre logische Ursache darin, daß man die Paradoxie als unbefriedigend empfand, eine in einem *bestimmten* Augenblick entstandene Seele solle „ins Unendliche fortexistieren"[58]. So war in der religiös-metaphischen Reflexion, sobald sie einmal durchbrach, dieser Gedanke unvermeidlich: die *Unvernichtbarkeit* der Seele fordert als ihr Korrelat ihre *Unentstandenheit*[59]. „Nur wenn das Leben prinzipiell nicht auf der Form empirischer Begrenztheit ruht, nicht als ein Einzelnes irdisch entstanden ist, sondern ein bloßer Ausschnitt aus einer ewigen Existenz ist, ist seine Unsterblichkeit nicht mehr ein unerträglicher Sprung aus einer Ordnung der Dinge in eine völlig heterogene"[60]. Nach der Seelenwanderungslehre ist der Tod „nur das Ende einer individuellen Form des Lebens, aber nicht des Lebens, das in ihr erschienen ist"[61]. Simmel weist auf zwei Typen dieser Lehre hin. Die eine Form ist bei primitiven Völkern häufig und besteht in dem Glauben, eine Person verkörpere sich völlig in einem neugeborenen Kinde, von dem das Wiedererkennen „seines" Eigentums erwartet wird. Die andere, tiefere Deutung findet sich im späteren Buddhismus, wonach das Ich als fortwirkendes Aggregat von Gedanken und Taten erscheint; hier wird alle Persönlichkeit geleugnet. Alle übrigen Varianten liegen zwischen diesen beiden Extremen und sind abhängig vom jeweiligen Begriff der Persönlichkeit[62]. Simmel vollzieht eine Umdeutung dieser alten Lehren, indem er die für den modernen Menschen unerträgliche substantielle Vorstellungsweise durch die *gesetzlich-funktionelle* ersetzt. In der Seele, die zwischen Geburt und Tod durch inhaltlich so verschiedene und gegeneinander abgehobene Epochen und Phasen hindurchwandert, ist dennoch etwas Beharrendes: ein Grundverhältnis für all das, was dieses Leben je erlebt, ein „einheitlich wirksames *Wesensgesetz*, das als rein Funktionelles, Beziehungshaftes über allen inhaltlichen An-

---
[54] Leb 113. – [55] Leb 115. – [56] Leb 118. – [57] Leb 135–149. – [58] Leb 135. –
[59] Leb 136. 139. – [60] Leb 139. – [61] Leb 139. – [62] Leb 141.

gebbarkeiten des Wesens steht und ihrer Totalität ein unverwechselbares Cachet gibt", vergleichbar einem Stil oder dem Habitus von Pflanzen[63]. So wie der Weltprozeß seine zu ihm gehörende Individualität nur an dem *einen* Verlauf einer einreihigen Zeit verwirklicht, so bilden die „Wirklichkeitskomplexe" der zeitlosen Wesensform „nur *eine*, in der Zeit verlaufende und durch den Tod der einzelnen Realitäten in Perioden gegliederte Reihe"[64]. Also nicht die seelische Substanz, sondern nur das reine Funktionieren, das Formgesetz des Tuns und Leidens, geht jeweils auf ein – in jeder inhaltlichen Hinsicht anderes – Wesen über. Dadurch ist es möglich, daß streng individualisierte, aber doch durch die gleiche Wesensform charakterisierte Existenzen aufeinander folgen und kontinuierlich aneinander anschließen. An die Stelle der sich immer wieder reinkarnierenden Seelen treten *zeitlos wandernde Wesensgesamtheiten*, die „all ihre Elemente in *Wechselwirkungen* verweben"[65]. Wieder bedient sich Simmel einer Analogie aus der Welt des empirischen Daseins. Auch in ihr gibt es so etwas wie einen „Grundrhythmus", der alle inhaltlichen Wandlungen überdauert und noch das Allerfremdeste zwischen Geburt und Tod zu einer „zeitlichen Stetigkeit eines Lebensprozesses aneinanderreiht"[66]. „Es beharrt etwas in uns, während wir Weise und dann wieder Toren, Bestien und dann wieder Heilige, Selige und dann wieder Verzweifelte sind"[67]. Nur vom Menschen nehmen wir an, daß er anders hätte sein und handeln können, ohne seine Identität zu verlieren. Es wird hier gleichzeitig – wie Simmel ausdrücklich vermerkt – auch eine Verbindung zwischen dem Ichgedanken und dem *Freiheitsgedanken* aufgedeckt[68].

Für Simmel ist somit in dieser Modifikation der Unsterblichkeitsidee, in dieser Neufassung ihres Sinnes „das einzelne Leben eine Abbreviatur des durch unermeßliche Zeiten und Formen erstreckten Daseins der Seele"[69]. Die Seele wohnt nicht mehr wie eine Substanz im Einzelwesen, sondern das Einzelwesen mit seinem Leibe wird zu einer Materialisierung und Fixierung von Zuständen einer perennierenden Gesamtseele.

Den christlichen Vorstellungen vom Zustande der Seele nach dem Tode vermag Simmel keine Sympathien entgegenzubringen. Er bedauert es fast, daß das Christentum mit der Seelenwanderung bis auf wenige Ausnahmefälle (Origenes, Gnostiker, Albigenser) nichts anzufangen wußte[70]. Auch die später ausgebildete, verinnerlichte Lehre von der stufenweisen Reinigung der Seele im Jenseits hält er gegenüber dem ethischen Motiv der Reinkarnationsidee für unbefriedigend. Dantes Beschreibung der Bußen im Purgatorio enthält ihm zu viel Momente der „Passivität in dieser Schmerzzufügung"[71]. Unannehmbar war für ihn die „Idee des jüngsten Tages und des kommenden göttlichen Reiches". Er interpretiert diese Idee

---

[63] Leb 144. – [64] Leb 145. – [65] Leb 146. – [66] Leb 147. – [67] Leb 148. –
[68] Leb 148. Vgl. 18. – [69] Leb 149. – [70] Leb 142. – [71] Leb 143.

in den „Hauptproblemen der Philosophie" als eine Projektion der religiösen Empfindung des Sollens in das Sein"[72]. Die „innere Logik ideeller Ansprüche" habe hier einen Stützpunkt in einer festen überempirischen Realität gesucht. „Ein Zeitpunkt, der in völlig unberechenbarer Ferne, vielleicht aber auch in unmittelbarer Nähe liegt, erscheint als der geeignetste, um die Verwirklichung jener gesollten Ordnung der Dinge in ihm zu lokalisieren, die wir ebenso jenseits des Seins, wie jenseits des Nichtseins empfinden"[73].

Eine Ewigkeit im eigentlich religiösen Sinne als Überzeitlichkeit des Ganz-Anderen (aeternitas), die als transzendente Instanz senkrecht zur irdischen Zeit steht, gibt es bei Simmel ebensowenig wie bei Bergson. Wo keine aeternitas, dort keine Eschatologie, und wo keine Eschatologie, dort kein Glaube an die Offenbarung eines persönlichen Gottes in der Geschichte. Aber während Bergson die schöpferische Dauer des Lebensstromes allein als das Ewige ausgibt, kennt Simmel ein ideelles zeitlos Beharrendes (sempiternitas), in der die Modi der gezeitigten Zeit aufgehoben sind. In Bergsons Zeitanschauung ist die Zukunft absolut offen, unvorhersehbar, ein Fortschreiten ohne Ende und ohne Tod. Seine Antwort auf die Frage nach dem Sinn der Geschichte ist ein großzügiger Optimismus, den wir heute nicht mehr teilen können. Simmel war in seiner Frühzeit der geschichtlichen Sinnfrage ausgewichen. Seine spätere Denkphase aber ist erfüllt von der Einsicht in das tragische Grundgesetz: Unausgesetzt wechseln Überstieg der Formwerdung und Zerbrechen der Form durch einen neuschöpferischen Lebensprozeß. Er hatte inzwischen allzu viel Schattenseiten der menschlichen Kultur kennengelernt. Auf die bange Frage: Schreitet der Mensch noch höher hinauf? wußte er nur noch ein „Vielleicht": „Vielleicht ist der Weltprozeß des Geistes ein absolutes Fortschreiten"[74]. Immerhin kann das Reich der Ideen ständig um neue Inhalte bereichert werden[75]. Aber Bereicherung, Steigerung ist quantitative Veränderung und braucht nicht unbedingt schon ein Fortschritt zu sein. Wenn wir eine Zeitreihe von Ereignissen, die sich ablösenden Zustände innerhalb der kulturellen Gebilde als „fortschreitende Entwicklung" inter-

---

[72] HdP 120 f. In Michelangelos religiös-dogmatischer Vorstellung von der Höllenstrafe erblickt Simmel nur eine „zeitgeschichtlich bestimmte Projizierung" (PK 175). „Wenn deshalb seine späteren Gedichte von dem ewigen Verderben sprechen, das ihn erwartet, so zittert darin nicht etwa Angst vor der Leiden in der Hölle, sondern die rein innere Qual: ein solcher zu sein, der die Hölle verdient". „Die Hölle ist hier nicht ein von außen drohendes Geschick, sondern die logische, kontinuierliche Entwicklung der irdischen Beschaffenheit" (PK 174). An Rembrandts Kunst hebt Simmel hervor, daß dessen Gestalten „jenseits der Kategorien" von Hoffnung und Hoffnungslosigkeit ständen: „Die Seele hat sich aus den Überschwenglichkeiten von Himmel und Hölle auf das zurückgezogen, was im unmittelbareren Sinne als diese ihr Besitz ist" (Rem 193). Bei Michelangelo dagegen wird die aus dem Absoluten, vom Jenseits her kommende Forderung noch anerkannt (Rem 194).
[73] HdP 121. — [74] Rem 92. — [75] Leb 136.

pretieren, so sind das zunächst weiter nichts als Projektionen der nachfühlenden Seele, die der Konstruktion eines „ideellen einheitlichen Subjektes" bedarf[76]. Ob ein Fortschritt oder keiner in den Epochen der Menschheitsgeschichte zu konstatieren ist, fällt schließlich mit der Frage zusammen, ob einem optimistischen oder einem pessimistischen Lebensgrundgefühl alleinige Gültigkeit zukomme. Simmel lehnt eine eindeutige Entscheidung für eines von beiden ab, leugnet aber auch die Möglichkeit absoluter Versöhnung in einer höheren Einheit. Er sah sowohl in der „Verzweiflung" wie im „Jubel" über das Leben *Pole der eigenen Weite, Kraft und Formenfülle* unserer verstehenden Seele[77].

Für Simmel „pendelt" das Leben in unaufhebbarer Gegensätzlichkeit zwischen den Richtungsgefühlen Nietzsches (aufsteigende Werte) und Schopenhauers (Unwert des Lebens). Wieder stehen wir vor der Frage nach der „Ewigkeit". „Der Ewigkeitsgedanke ist die Wasserscheide, an der die aus dem gleichen Urquell entsprungenen Ströme des Schopenhauerschen und des Nietzscheschen Denkens die Entgegengesetztheit ihres Laufes offenbaren"[78]. Bei Nietzsche fällt „ein Glanz der Ewigkeit über das Glück"[79]. Er braucht die Ewigkeit, damit das aufsteigende Leben über die noch unvollkommene Gegenwart triumphieren kann. Umgekehrt verhält es sich in der Erlösungsmetaphysik des großen Pessimisten. Für Schopenhauer würde eine Ewigkeit alles Seins die „absolute Unerlöstheit" bedeuten und die Beendigung des unseligen Weltprozesses unmöglich machen[80].

Die Unmöglichkeit der Vereinigung verschiedener Richtungsgefühle offenbart sich für Simmel noch einmal in dem Gegensatz Kant – Goethe. Die Unsterblichkeitsanschauungen beider basieren noch auf der Voraussetzung und ungebrochenen Zuversicht, daß der Mensch Anspruch auf eine Einbettung in die „Ordnung der Dinge" habe. Die ideale Forderung, die in der Organisation unseres Wesens angelegt ist, enthält ein Pfand, das wenigstens in einem Jenseits eingelöst werden muß[81]. Simmels ablehnende Kritik vom Aspekt seiner tragischen Weltsicht aus verwundert uns nicht. Goethes Aussagen über die Unsterblichkeit werden als „spekulative Mystik" abgetan[82]. Im Grunde meine der Dichter nur, daß der ganze einheitliche Mensch „in Wirklichkeit **werden** müßte, was er der Möglichkeit nach von vornherein sei"[83]. Es handele sich um „ein bloßes Freiwerden vorhandener Energien"[84]. Was bei Goethe „ein Fortschreiten in ungehinderter Richtung" bedeutet, das wird bei Kant zum radikalsten „Übergang der Seele von dem irdischen in den transzendenten Zustand"[85]. Aber die so machtvoll postulierte Unsterblichkeitsidee Kants ist dennoch weiter nichts als das transzendente Äquivalent des in der Wirklichkeit nie zu

---

[76] Gesch 160 f. – [77] SchN 263. – [78] SchN 14. – [79] SchN 13. – [80] SchN 14. – [81] KG 108. – [82] Gt 262. – [83] KG 109. – [84] KG 110. – [85] KG 109.

erreichenden Ausgleichs zwischen Sittlichkeits- und Glückseligkeitsforderung, ein Beseitigungsversuch der Unzulänglichkeit und Unerträglichkeit der in der empirischen Entwicklung anzutreffenden Dissonanzen[86]. So ist das Verlangen nach einer Harmonie der Weltordnung bei Goethe und Kant gleich stark. Für Simmel aber gibt es keine Auflösung der Dissonanzen und *daher kein Ausweichen aus der Tragik*. Die Absolutheit der Konflikte bleibt bestehen und muß vom Menschen ausgehalten und bejaht werden. Der „absolute Frieden" bleibt ein uns unzulängliches „göttliches Geheimnis"[87]. Es ist so, als ob die religiöse Befriedigung des Heilsverlangens der Seele und das Kunsterleben und die Seligkeit der persönlichen Liebe *nur vorübergehende Atempausen* gewähren. Dennoch ist es nur die *eine* Seite von Simmels Grundhaltung, wenn er in sein Tagebuch schreibt: „Ich fühle in mir ein Leben, das zum Sterben bestimmt ist, in jedem Augenblick und jedem Inhalt, daß es sterben wird". Auch er trug in sich eine unzerstörbare Hoffnung, denn er fährt in der Notiz fort: „Und ein anderes, das *nicht* zum Sterben bestimmt ist"[88]. Dieser nicht zum Sterben bestimmte Teil des Lebens äußert sich für ihn in drei Formen: 1. im hindurchflutenden Gattungsleben; 2. in der zeitlosen Bedeutung der Gedanken und Taten; 3. in den Wirkungen unseres Seins und Tuns auf die Nachwelt. Man darf jedoch nicht übersehen, daß es abschließend heißt: „Diese drei Formen drücken jenes zweite Leben dennoch nicht aus – so wenig wie freilich die gewöhnliche Unsterblichkeit dies tut"[89]. Er hatte wohl das dunkle Gefühl, daß dieses nicht ausreicht, um einen religiösen Menschen zu befriedigen. Nur teilweise wird diese Lücke ausgefüllt durch seine Lehre von den sich in den Individuen verkörpernden „zeitlosen Wesensformen". Wir dürfen annehmen, daß es zusätzlich zu den aufgezählten „drei Formen" seine Grundüberzeugung war, daß der Moment des leiblichen Todes „*dem ewigen Schicksal der Seele* gleichsam nur eine ganz äußerliche Kerbe beibringen kann"[90].

Um den Kreis zu schließen, möchte ich die Beziehungen zwischen Zeit, Geschichte, Leben und Tod, die wir bei Simmel kennengelernt haben, auf folgende Formulierungen bringen:

1. Leben ist innere Zeit.
2. Zeit ist die tiefste Dimension des Menschen.
3. Zeit konstituiert sich in der durch Erinnerung hergestellten Gegenwärtigkeit.
4. Historische Zeit entsteht am Schnittpunkt von Inhalt in der Zeit und zeitlosem Verstehen.

---

[86] Vgl. KG 106–110; Kt 202–205. – [87] Konfl 28. – [88] Frg 7. – [89] Frg 7 f. – [90] Leb 105.

5. Geschichte ist der Zusammenschluß eines Geschehenskomplexes zu einem grenzgesicherten Bilde.
6. Das Erlebnis der Zeithaftigkeit, das zugleich Grunderlebnis der Geschichtshaftigkeit ist, konstituiert sich im Todeserlebnis.
7. Die Stationen von der ersten Geburt bis zum letzten Tod verhalten sich wie Schwingungen oder Pulsschläge innerhalb eines kosmisch-metaphysischen Gesamtschicksals der Seele.
8. Religion gibt es nur als zeitlich-empirisch verlaufendes religiöses Leben, in das ihre zeitlosen Inhalte in eigentümlicher Weise verwebt sind.

Viertes Kapitel

Religion und Freiheit
(Nähe und Ferne zum protestantischen Prinzip)

§ 36. Die Korrelation von Freiheit und Bindung in der Religion

Heinrich Scholz behauptet in seiner „Religionsphilosophie": „Der Freiheitsbegriff gehört nicht in die Religion, sondern ausschließlich in die Moral"[1]. Hinter solchem apodiktischen Satz steht 1. eine bewußte Opposition gegenüber der Freiheits-Philosophie des deutschen Idealismus; 2. ein selber moralisch verengtes Freiheitsverständnis; 3. eine Verkennung der Tatsache, daß Freiheit nur korrelativ zu einer Abhängigkeit (Schicksal, Gesetz, Bindung usw.) denkbar ist. Georg Simmel gebührt neben Eucken, Brunstäd, Troeltsch, Siebeck, Medicus, Berdjajew, Tillich, Leese, Wust, Wenzl, Spann das Verdienst, die Wichtigkeit des Freiheitsproblems als eines ganz zentralen Anliegens der Religionsphilosophie erkannt zu haben. Dabei grenzt er sich scharf ab vom Freiheitsverständnis Kants und stellt seine Lehre vom individuellen Gesetz in den Vordergrund, die mit einer eigentümlichen Auffassung vom „Heil der Seele" verknüpft wird. Zuvor aber haben wir einen Blick zu werfen auf seine Untersuchungen des Freiheitsproblems unter religions*soziologischem* Aspekt.

Schon in der „Einleitung in die Moralwissenschaft" hatte Simmel darauf hingewiesen, welche große Rolle im praktischen Leben der unerschütterliche *Glaube an die Freiheit* spielt[2]. Dieser Glaube sei an psychischer Kraft dem *religiösen* verwandt und besitze stärkere subjektive Sicherheit als alles Wissen[3]. In seiner Schrift „Die Religion" kommt Simmel auf die Bedeutung der Spannung zwischen Freiheit und Bindung zu sprechen, und zwar im engsten Zusammenhang mit der aus den gesellschaftlichen Beziehungen des Individuums erwachsenden Problematik[4]. Unsere Seele und unser Schicksal sind von ihrem letzten Wurzelpunkt her von dem Dualismus zwischen Freiheits- und Bindungsdrang bestimmt. In allen gesellschaftlichen Strukturen verschlingen sich beide Kategorien ineinander. Da im religiösen Bereich von vornherein ein „Zusammenklang von Freiheit und Bindung" zu bestehen scheint, so ist das soziale Beziehungsgeflecht geradezu prädestiniert „zur Aufnahme und Ausgestaltung der an sich formlosen, bloß daseienden religiösen Grundbeschaffenheit"[5]. Die religiös gestimmte Seele hat hier die Gelegenheit, sich in die Strömung dieser Kate-

---
[1] Heinrich Scholz: Religionsphilosophie 1922², 101. – [2] Mor II, 234–237. – [3] Mor II, 235. – [4] Rel 64–70. – [5] Rel 67.

gorien zu ergießen. Dabei schwankt sie alsbald hin und her zwischen zwei miteinander kollidierenden Sehnsüchten. Einerseits wünscht sie auch der höchsten Instanz des Daseins gegenüber auf sich selbst zu stehen, andrerseits möchte sie in den göttlichen Weltplan einbezogen sein[6]. So befindet sich die Seele in einem ständigen Schwebezustand zwischen Gespannt- und Entspanntsein, zwischen grenzenlosem Sich-Erweitern und Gepreßtheit des Lebens, zwischen Machts- und Ohnmachtsbewußtsein. Es kommt zu den nie ruhenden Fragen, wie weit der göttliche Wille auch den Menschen mitbestimme, wie weit die Selbständigkeit menschlichen Wesens gegenüber Gott reiche. Dadurch entsteht ein ebenso prinzipiell unlösbarer, von seiner Wurzel her unversöhnlicher Widerspruch wie in der Gesellschaft, in der der ewige Konflikt auftritt zwischen dem Ganzen und dem Teil, der selber ein Ganzes sein will[7]. Aber die private Sonderexistenz, die doch die Gesellschaft jedem Individuum immerhin noch zubilligt, fällt hier ganz weg, weil der religiöse Mensch in die Beziehung zu Gott mit der Totalität seines Wesens hineingestellt ist. Ein Ausgleich zwischen Gliedhaftigkeit und Ganzheit wird unmöglich. Gott gegenüber handelt es sich eben um das Prinzip der Freiheit und des Fürsichseins überhaupt und in seiner rein inneren Bedeutung, nicht um einzelne Inhalte. Zwei Möglichkeiten der Auffassung bieten sich an. Die eine betont die Kraft der Selbstverantwortlichkeit und will auch die Folgen der Sünde auf sich nehmen. Dann bedarf es der religiösen Rechtfertigung des auf das eigene Zentrum als Endzweck bezogenen menschlichen Willens. Nach der anderen Auffassung wirkt Gott durch den Menschen wie durch ein selbstloses Organ hindurch. Hier darf nur die Einordnung in den Weltplan und die Allmacht Gottes Motiv des religiösen Lebens sein. Bei Verbot jeder autonomen Organisierung wird das Ich entlastet, es ist nur noch getragen und durchströmt vom absoluten göttlichen Ganzen und seinen Kräften. Zu diesem religiösen Typ rechnet Simmel z. B. auch die Mystik mit ihrem „ekstatischen Hinschmelzen"[8].

Sehr nahe an die religiöse Einheit von Freiheit und Bindung heran führt Kants ethische Überzeugung, daß der freie Mensch nur nach einem absolut allgemeinen Gesetz handeln könne[9]. Freilich wußte Kant nichts davon, daß Freiheitsakte und Glaubensakte als Ichfunktionen einander bedingen, denn die Freiheit wird im Glaubensakt wirklich, und der Glaube findet in der Betätigung der Freiheit die Vollendung seines eigentlichen Wesens. Simmel spürte die Zusammenhänge, wenn er in der „achten Vorlesung" seines Kant-Buches sagt: „Wenn das protestantische Prinzip den Glauben und die Gesinnung gegenüber den „guten Werken" betont, so hat es hier, wo der Wert der guten Gesinnung selbst sich darauf zurückzieht, daß sie auch rein um ihrer selbst willen besteht – so hat der Protestantismus insoweit durch Kant seinen vertieftesten philosophischen Ausdruck gefun-

---

[6] Rel 66 f. – [7] Rel 70. – [8] Vgl. hierzu Rel 66; 67 f. – [9] Vgl. Kt. 24 f.

den"[10]. Sehr fein hat Simmel an anderer Stelle darauf aufmerksam gemacht, daß Kants Gleichsetzung von Freiheit und Sittlichkeit „wie aus einer mystischen Tiefe heraus" den ganzen Rationalismus seiner sonstigen begrifflichen Fassung durchbreche[11]. Er habe damit das Wort „Wer seine Seele verliert, der wird sie gewinnen", ins Philosophische transponiert[12], obwohl er der Absicht nach jedes Hineinwirken des Religiösen in das Sittengesetz verworfen habe[13]. Ganz anders urteilt Simmel über die eigentliche Religionsphilosophie Kants (in „Die Religion innerhalb der Grenzen der bloßen Vernunft"), der wir uns jetzt zuwenden müssen.

§ 37. Stellung zur Religionsphilosophie Kants

Zunächst erkennt Simmel die religionsphilosophische Leistung Kants voll an. Sie besteht nach seiner Auffassung darin, daß Kant die Religion von ihrem Ausgangspunkt in der Menschenseele her erklärt und alle vom Transzendenten abgeleiteten Inhalte ausschaltet. Sodann erhält der innere Vorgang der Religion einen „festen Aggregatzustand" und eine überindividuelle Geltung, indem er als äußerste Konsequenz der sittlichen Gebote begriffen wird[14]. Damit habe die Transzendentalphilosophie wie in der Erkenntnislehre und Ethik so auch in der Religion die „wahre Objektivität" gerettet[15]. Mit der Theorie, daß der religiöse Prozeß nicht über sich hinausgreife, sondern sein Objekt selbst bilde, ist Simmel auch einverstanden[16]. Im übrigen aber bemerken wir eine ungewöhnlich scharfe Kritik. Simmel wirft nämlich Kant vor, daß er am eigentlichen Wesen der Religion vollständig vorbeigegangen sei[17]. Schon der Titel seiner Schrift über dieses Thema sei irreführend, da Religion sich von vornherein „außerhalb der Grenzen der bloßen Vernunft" aufhalte. Gott wird zum bloßen Garanten der Einhaltung einer genauen Korrelation zwischen Tugend und Glückseligkeit, d. h. ein absolut unschöpferischer Bedienender des kosmischen moralischen Mechanismus[18]. Die Religion wird degradiert zu einer „Summe theoretischer Schlüsse aus der Moralität"[19]. Simmel meint, daß man mit Kant über religiöse Dinge gar nicht disputieren könne, weil ihm die tiefsten und reinsten prophetischen Gestalten und Mystiker innerhalb der Religionsgeschichte „offenbar psychologisch nicht zugänglich waren"[20]. Kant wußte nichts davon, daß es einfach zu den Forderungen jeder Religion gehört, „daß der Mensch für sein eigenes Heil und Seligkeit sorge"[21]. Endlich macht Simmel noch darauf aufmerksam, daß Kants Absicht, den Glauben dort beginnen zu lassen, wo das Wissen aufhört, schon in seiner raumsymbolischen Ausdrucksweise eine mechanistisch-intellektualistische Einstellung verrate. Mit der begrifflichen Scheidung nach Gegenständen sei noch lange nicht die Problematik im *Erleben* dieser Gegenstände aufgehoben. Simmel, für den ganz selbstverständlich das Erleben gegenüber

---

[10] Kt 127. — [11] Kt 217. — [12] Kt 218. — [13] Vgl. Kt 228. — [14] Kt 196. — [15] Kt 197. — [16] Kt 192. — [17] Kt 197. — [18] Kt 195. — [19] Kt 198. — [20] Kt 201. — [21] Kt 200.

dem rationalen Erkennen den Vorrang besitzt, muß den einseitigen Dualismus aber auch von seiner Auffassung der Aequivalenz der Weltganzheiten her ablehnen. Hier wird direkt etwas Unrichtiges von Kant behauptet: „Als wäre der religiöse Glaube nicht ein seelisches Verhältnis zu all den Dingen, die vielleicht auch dem Wissen zugänglich sind! Als würde nicht auch das Wissen von ihm sowohl umfaßt wie durchdrungen!"[22]

Soweit die Kritik vom Aspekt des lebensphilosophischen Anliegens aus. Es muß aber doch gefragt werden, ob Simmel Kant gegenüber in diesem Bereich ganz gerecht gewesen ist. Man kann dies bezweifeln. Eine erste Lücke besteht darin, daß Simmel an der bedeutendsten Leistung der „Religion innerhalb der Grenzen der bloßen Vernunft", der Begründung der *Lehre vom Radikal-Bösen* (Ursprung dieses Hanges im Intelligiblen), völlig vorbeigegangen ist. Aber noch eine zweite Lücke macht sich vom heutigen Standpunkt der Kant-Forschung aus bemerkbar. Wohl hatte Simmel bereits mit einem erstaunlichen Spürsinn geahnt, daß Kant seinen kategorischen Imperativ nicht aus dem Transzendentalen, sondern aus dem Transzendenten hervorgezogen hatte, aber er wußte nicht, daß Kant in dem (erst seit 1938 voll zugänglichen) „Opus postumum" (1800 ff.) weitergeschritten war und daß die Religionsschrift von 1793 nur eine Zwischenstation darstellt. Wie erstaunt wäre unser Philosoph gewesen, wenn er im I. Konvolut des handschriftlichen Nachlasses gelesen hätte: „Der gute Mensch erlebt im kategorischen Imperativ die Stimme seines Gottes und erfaßt ihn in persönlicher Glaubensgewißheit als eine transzendente Wirklichkeit"[23]. Dabei ist zu beachten, daß in dieser Endphase des Kantischen Denkens die Ideen Gott und Welt nicht mehr „regulative Prinzipien" oder heuristische Funktionen sind, sondern konstitutive Voraussetzungen der Wirklichkeit, eine Erkenntnis gründende Begriffe, und daß das Subjekt als vernünftiges Weltwesen sich selbst als Objekt konstituieren soll. Das Wesen des Protestantismus scheint jetzt in vollkommener Weise seinen Ausdruck zu finden in einem Satze wie diesem: „Das Prinzip der Befolgung aller Pflichten als göttlicher Gebote, beweist die Freiheit des menschlichen Willens. Das absolute Sollen ist zugleich in Beziehung auf praktisch reine Vernunftprinzipien ein Beweis vom Dasein Gottes als Eines Gottes"[24].

Freilich eine Differenz zwischen Transzendentalphilosophie und Protestantismus, die den Gegensatz Erasmus – Luther wiederholt, reißt dann wieder die Kluft auf:

Kant sagt: „Du kannst, denn du sollst".

Luther sagt: „Vom Sollen läßt sich nicht aufs Können schließen"[25].

---
[22] Kt 202. – [23] Kants Opus postumum. Hrsg. von Adickes 1920. 847.
[24] Kants Gesammelte Schriften. Hrsg. von der Berl. Akad. d. Wiss. Bd. 22, 111.
[25] Zitiert nach Rudolf Eucken: Die Lebensanschauungen der großen Denker 1922[18], 431 (a debere ad posse non valet consequentia).

§ 38. Individuelles Gesetz und Heil der Seele

Bei Felix Weltsch heißt es in seinem Buch „Gnade und Freiheit": Die Gnade wird empfangen; die freie Tat wird getan. Wer sich für die Gnade bereit macht, löscht sein eigenes Ich aus; wer schöpferisch handeln will, sucht sein tiefstes Ich anzuspannen, daß es sein ganzes Wesen durchdringe. Die Hingabe an die Gnade bereitet seligste Ruhe, der Durchbruch der schöpferischen Tat ist höchstes Wagnis. Hier metaphysische Geborgenheit, dort metaphysischer Mut"[26]. Weltsch kennt also nur ein Entweder-Oder: Der Mensch kann nicht Gnadengläubiger und Freiheitsgläubiger zugleich sein.

Simmel dagegen fordert die Synthese, das Zusammenfallen des Gebietes des religiösen Heiles mit dem Reich der Freiheit. Dazu ist freilich die Voraussetzung das rechte Verständnis von Freiheit einerseits und von Heil der Seele andrerseits. Die Zurückweisung von Verkehrungen des Freiheitsbegriffes hatten wir im zweiten Kapitel des ersten Teiles ausführlich behandelt. Wahre Freiheit ist nach Simmel *die Bestimmung der Peripherie des menschlichen Wesens durch das Zentrum*[27]. Das Heil der Seele definiert Simmel als „*die höchste Einheit, zu der all ihre innerlichsten Vollendungen zusammenrinnen, die sie nur mit sich und ihrem Gott abzumachen hat*"[28]. Falsche Heilsbegriffe, die die Freiheit des Menschen brechen, sind solche, die in Abhängigkeit stehen vom äußeren Tun oder vom dogmatischen Glauben, die also für die Seele selbst etwas *Zufälliges* bedeuten. Die Seele muß das Heil *auf dem Wege zu sich selbst* finden. Dieses Ideal widerspricht nach Simmel durchaus nicht dem – allerdings selten verwirklichten – Ideal des Christentums. Die Seele soll ja nicht ein farbloses, ihr innerlich fremdes Heil begehren. Was in der Seele „wie mit ideellen Linien vorgezeichnet" ist, das kann gar nicht im Widerspruch stehen zum göttlichen Willen[29]. Das Sich-Ausleben nach der Idee *ist* zugleich das Leben nach Gottes Norm. Indem der Christ im Gehorsam gegen den göttlichen Willen wirkt, erfüllt er das Gesetz des Ich, realisiert er, was er innerlich schon war[30]. Mit der „Vollendung der Seele" kommt also gar nichts Neues in sie hinein. Der Weg zum Heil *ist* schon der tiefste subjektive Zweck der Seele. Es geht Simmel um die Unantastbarkeit der absoluten Selbstverantwortlichkeit der Seele auch innerhalb des Religiösen. Überall dort, wo das Christentum diesen Heilsbegriff meint und anstrebt, „ist es zur Schule des Individualitätsbewußtseins geworden"[31]. In diesem Sinne macht es das menschliche Leben zu einem Wagnis, weil „man zum Gewinn des Heils sich selbst gegen sich selbst durch-

---

[26] Felix Weltsch: Gnade und Freiheit 1920, 109 f. – [27] BT 125. Siehe § 18. –
[28] BT 123. – [29] BT 125. – [30] BT 123 f. – [31] BT 156.

zusetzen hat"[32]. Die Lehre von der Gnadenwahl hat dann diese Tatbestände „nach außen projiziert"[33]. Es kommt jedoch nicht auf dieses Dogma an, sondern auf das Prinzip: Stehen des Einzelnen vor seinem Gott; keine Uniformität der Leistungen, sondern Wuchern mit dem eigenen Pfunde, denn jede Seele ist unendlich wertvoll. *Ein* religiöses Ziel, die Erringung der Seligkeit durch Erfüllung der göttlichen Forderungen, aber auf individuellem Wege, d. h. auf einem gefährlichen Wege, der das Ich nicht durch Einheitsideale, allgemeine Strebensinhalte und Verhaltensvorschriften entlastet. Das etwa ist das Bild des reinen Christentums, wie es Simmel vor Augen steht.

Der Aufsatz „Vom Heil der Seele" enthält eine der ganz wenigen Stellen, wo Simmel den Namen des christlichen Erlösers nennt, indem er auf den nicht zu übersehenden Tatbestand hinweist, daß das Evangelium oft genug von Jesus berichtet, „wie sehr er die Verschiedenheit der menschlichen Anlagen zu schätzen weiß, zugleich aber, wie wenig dies die Gleichheit des Endresultates des Lebens zu alterieren braucht[34]. Auf der gleichen Linie bewegt sich eine 25 Jahre später von Marie Luise Enckendorff (Simmels Gattin) in ihrem Buch „Kindschaft zur Welt" (1927) niedergeschriebene Aussage:

„Dies ist das Unerhörte an Christi Tat, daß er das ganze Menschendasein hinüberrückte, einfach an seinen Ort stellte in seine Eigenwelt, daß er den Menschen in seine Wurzeln und in seinen Boden stellte – und damit dahin stellte, wo die Seele eine Verantwortungstiefe trägt von einer Uneinengbarkeit – und eine Verantwortung darbringt, mit der die Verantwortungen von Vernunft und Sittlichkeit an Ernst und Schwere gar nicht vergleichbar sind"[35].

Simmel ist nicht davon überzeugt, daß das Christentum sich sonderlich an die Anweisungen und Leitideen seines Stifters gehalten hat. Er erhebt den Vorwurf, daß die Kirchenlehre der einzelnen Konfessionen „aus weiten Provinzen des christlichen Lebens einen bloßen Schematismus gemacht habe"[36]. Mit der Frage, weshalb Gott die Seelen erst den Umweg über die Welt machen läßt und sie nicht unmittelbar zur Seligkeit beruft, sei das Christentum nie ganz fertig geworden. Die Welt wird der Seele gegenüber zu einer dunklen und unverstandenen Notwendigkeit degradiert, depotenziert[37]. Die Stellung, die das Christentum zur *Welt* einnimmt, hat Simmel (und noch schärfer Marie Luise Enckendorff) abgelehnt. Im Goethe-Buch steht das harte Urteil: „Das Christentum hat . . . Wirklichkeit und Wert aufs weiteste auseinandergerissen"[38]; es hat der

---

[32] BT 127. – [33] BT 127. – [34] BT 127. – [35] Marie Luise Enckendorff: Kindschaft zur Welt 1927, 69. – [36] BT 127. – [37] Vgl. SchN 217. – [38] Gt 98.

Welt „jeden Eigenbestand an Wert genommen"[39]. Ähnlich meint Marie Luise Enckendorff, die Beurteilung von der christlichen Kirche sei letzten Endes immer diese gewesen: „Alles Weltleben ist nichtig. Alles Leben außerhalb des Gottesreiches ist nichtig. Die Welt ist nichtig, sie gilt nicht"[40].

Auch M. L. Enckendorff betont: „Christus hat zu den Einzelnen gesprochen". „Das christliche Prinzip ist das Prinzip des Einzelnen, das *individuelle Prinzip*"[41]. „Das Heil der Seele ist der übergeordnete Wert"[42]. Ihr wie Simmel hat also das Heil der Seele die *Verknüpfungsstelle* von Religion und individuellem Gesetz bedeutet. Damit aber ist ein bedeutsamer Beitrag zum Freiheitsproblem innerhalb der Religion geleistet worden. Zum Abschluß zitiere ich die entscheidende Stelle bei Simmel: „Erst wenn der Inhalt der religiösen Forderung an einen jeden Menschen in ihm selbst wirklich ist, und nur von dem befreit zu werden verlangt, was an uns nicht wir selbst sind — erst dann ist das Gebiet des religiösen Heiles *zugleich* das Reich der Freiheit"[43].

---

[39] Gt 98. — [40] Enckendorff: Über das Religiöse 1919, 68. — [41] Ebd. 97. — [42] Ebd. 97. — [43] BT 125.

Fünftes Kapitel

Der Mensch und das Absolute

§ 39. Das Problem der Überwindung der Endlichkeit und Gebrochenheit des Menschen

Simmel gehört zu den Denkern, deren Richtungsgefühl *offen* bleibt. In der Auseinandersetzung mit Schopenhauer betont er, daß die Kantische Vereinigung der Freiheit mit der Notwendigkeit den Menschen noch keineswegs „in die absolute Unveränderlichkeit der im zeitlosen Akte ein für allemal ergriffenen Willensrichtung" banne[1]. Für ihn kommt die Möglichkeit, daß unser „An-Sich" oder „Grund-Sein" auf einen „Wechsel der Richtungen" angelegt sei, fast einer Gewißheit gleich[2]. Die Entwicklung, das Anders-Werden innerhalb der Zeitlichkeit wäre dann sozusagen „der letzte innere Sinn dieses Wesens, die Form seiner metaphysischen Substanz"[3]. Freiheit bestände dann in den „Wandlungen", im „Auf- und Niedersteigen des innersten Lebens"[4]. Damit wird klar, daß die ethische Situation des Menschen – trotz Distanzierung von Schopenhauer – für Simmel *tragisch* sein muß. Darauf deutet ein abgründig tiefer Satz in „Lebensanschauung": „Wir wandeln in uns selbst als die einzige Wirklichkeit *in einem Schattenreich unerlöster Möglichkeiten unser selbst*, die nur nicht zu Worte gekommen, aber keineswegs nichts sind"[5]. Der Mensch ist ein defektes, in sich zerrissenes Wesen. Ein im Metaphysischen gründender Riß geht quer durch ihn hindurch, weil er das Sollen selbst und zugleich die Wirklichkeit selbst in sich verkörpert. Von hier aus muß man die klagend-resignierenden Aussprüche im nachgelassenen Tagebuch verstehen:

„Die menschliche Seele ist der größte kosmische Versuch mit untauglichen Mitteln"[6].

„Das in sich inadäquate, verirrte, rastlose Wesen ist der Mensch; als Vernunftwesen hat er zu viel Natur, als Naturwesen zu viel Vernunft – was soll da herauskommen?"[7].

„Die Sinnlosigkeit und Eingeschränktheit des Lebens packt einen oft als etwas so Radikales und Ausweglosess, daß man völlig verzweifeln muß; das einzige was einen darüber erhebt, ist: daß man dies erkennt und daß man darüber verzweifelt"[8].

---

[1] SchN 184. – [2] SchN 184 f. – [3] SchN 186. – [4] SchN 186. – [5] Leb 117. – [6] Frg 11. – [7] Frg 11. – [8] Frg 15.

„Das Entscheidende und Bezeichnende des Menschen ist, wo seine Verzweiflungen liegen"[9].

„Nichts zeigt so sehr die Tiefe des menschlichen Niveaus, als wozu der Mensch greift, um das Leben aushalten zu können"[10].

Der Mensch befindet sich ständig in einer dialektischen Situation; seine Heimat liegt zwischen dem „Unendlichen, was er kann, und dem Unendlichen, was er nicht kann"[11]. Dennoch soll er als das „wagende Wesen"[12] den Glauben an die hohen Ideale nicht verlieren. Ja, er wird um so höher stehen, je weniger er diesen Glauben von der Realität oder absehbaren Realisierung der Ideale abhängig macht[13]. Erweist sich das Ideal als das „unendlich Entfernte", dann rangieren sich die Menschen eben nach der verschiedenen Bedeutung, die der Unendlichkeitsbegriff für sie hat[14]. Die Idee läßt sich nicht „zum Menschen heruntersenken"[15]. Die Forderung der lebensphilosophischen Ethik lautet: „In der Relation des Individuellen in uns zu dem Individuellen außer uns die Fruchtbarkeit und den Prozeß ins Unendliche nicht verlieren"[16].

Aus allen diesen Äußerungen scheint mir deutlich zu werden, daß Simmel zwar stets ganz dicht an den Abgründen und irrationalen Tiefen des Lebens vorüberschritt, jedoch nicht hypnotisiert vor ihnen stehen blieb. Wie Rilke weiß er auch positive Antworten, die bis zur restlosen Bejahung des Daseins aufsteigen können. Das „bis zum Rand erfüllte Leben" Goethes war z. B. für ihn eine der großen Quellen der Kraft. Hierher gehören auch Simmels philosophische Erörterungen über das Wesen der persönlichen Liebe[17] und seine Formulierungen über das Du als Urphänomen[18]. Die Liebe als „immanente, formale Funktion seelischen Lebens" bestimmt ihren Gegenstand „in seinem ganzen und letzten Wesen, indem sie ihn als diesen, vorher nicht bestehenden *schafft*"[19]. Zwar wohnt auch ihr eine tiefe Tragik inne, aber sie kann überwunden werden, wenn Liebe nach ihrer selbstherrlichen Losreißung von der sexuell-vitalen Vorform wieder ein *Leben* wird. Der christlichen Liebe dagegen wirft Simmel vor, daß sie sich eigentlich nur um die generellen Leiden des Nächsten kümmere, durch die Not erst hervorgerufen werde und nicht aus der Fülle und dem seligen Überschwang heraus für das tiefste, ganz individuelle Leiden Verständnis zeige[20]. Hier überwiegt bei ihm aber teilweise auch wieder eine resignierende, sich durchaus Schopenhauer nähernde Haltung: Alle Ruhepausen vor dem Leid im realen Leben sind reine Zufälligkeiten und können in jedem Augenblick erneut von dem vollen Maß der Schmerzen abgelöst werden[21]. Wie in einem geschlossenen Gefäß tragen wir einen

---

[9] Frg 15. — [10] Frg 15. — [11] Frg 10. — [12] Logos 11. 1922/23, 27 (Aufsatz: Über Freiheit). — [13] Frg 12 f. — [14] Frg 13. — [15] Frg 19. — [16] Frg 18. — [17] Frg 47—123. — [18] Rem 26; Soz 29 f.; WhV 10—14; SchN 157—161. — [19] Frg 59. 61. — [20] Frg 119. — [21] SchN 86—91. 138.

unermeßlichen Vorrat von Leiden mit uns herum; „wir fühlen . . . diesen furchtbaren Schatz von Leidensmöglichkeiten, den wir mit uns herumtragen", sobald uns ein einzelner Schmerz überfällt[22]. Simmel weist darauf hin, daß Begriffe wie Sühne, Gnade, Versöhnung, Verwerfung, von der religiösen Monopolisierung befreit und für die Ethik wieder fruchtbar gemacht werden müßten[23]. Endlich, um noch einen Punkt äußerster Entfernung zu erwähnen, behauptet er an einer Stelle, daß den Gebilden der *Kunst* größere Geschlossenheit und Selbstgenügsamkeit zukomme als denen der Erkenntnis und Religion[24]. Hier verstößt er übrigens gegen sein eigenes Prinzip der Äquivalenz der Weltganzheiten.

Wenn wir nun unsern Philosophen fragen würden, welcher Platz, welche Aufgabe denn überhaupt noch der Religion zukomme, so würde seine Antwort etwa so lauten: Religion ist nicht dazu da, um das Bedürfnis nach Erlösung durch eine jenseitige Instanz zu stillen. Noch radikaler Enckendorff: „Religion ist das *Untrosthafteste*, was es geben kann"[25]. Vielmehr besteht die Aufgabe der Religion darin, *die innerhalb des Lebens auf allen seinen Stufen vorkommenden Gegensätze in einer geheimen Einheit zu versöhnen*[26]. Dadurch zeigt sie dem Menschen „das ersehnte Unendliche in einer endlichen Weite"[27]. Religion ist für Simmel nicht Flucht aus den Gegensätzen des Lebens in die unberührte Ruhe des Alls, sondern Erhaltung des Rhythmus der immer wieder auftretenden Dialektik zwischen der Grenzsituationsbedingtheit („Zuwenig") und der Formbedürftigkeit („Überfluß") des Lebens, zwischen der Einheit des Augenblicks (Apriori) und der erst werdenden Einheit (Geschichtlichkeit), zwischen Distanz und Unmittelbarkeit zum Göttlichen, zwischen dem Gott-Suchen-Müssen und dem Einssein oder dem Besitz. Nur in der Unendlichkeit dieser inneren Bewegungen wird uns also „ein Strahl eines Unendlichen" gewährt[28]. Das stimmt genau zusammen zu dem eingangs erwähnten offenen Richtungsgefühl[29]. Entsprechend ist die Frömmigkeit nicht ein gegenständliches, sondern ein *zuständliches* Bewußtsein; nicht ein Haben, sondern eine Intensität, ein Ergriffensein. Schon in der Psychologie und Erkenntnistheorie des Religioïden waren ja immer wieder die sich polar gegenüberstehenden seelischen Äußerungsformen betont worden. Es galt also nur noch, die letzten metaphysisch-religionsphilosophischen Konsequenzen zu ziehen, einen Modus zu finden, wie Religion durch Zusammenfall ihres Seins und ihres Zieles ihren Sinn in sich abschließe.

---

[22] Frg 16; SchN 92. — [23] Eth 323 f. — [24] Frg 286. — [25] Enckendorff: Über das Religiöse 1919, 153. — [26] Geg. d. Leb. 306. — [27] PK 169. — [28] Panth 312.
[29] Vgl. Bollnow, Lebensphilosophie 1958, 133 (das Leben ist „offen"), 99 (die Bewegung des Transzendierens ist selber das zu verwirklichende Ziel).

§ 40. Die von der Substantialität befreite Religion als reine Funktion des Lebens oder der intransitive Glaube

Angesichts der heutigen Situation, in der es um die freie Philosophie der Religion, eingekeilt zwischen dialektischer Theologie und Neuthomismus einerseits und dem atheistischen Flügel der Existenzphilosophie andrerseits, recht still geworden ist, müssen wir zum Abschluß erörtern, was durch Simmels Forderung einer „radikalen Wendung"[30] für uns offenbar geworden ist. Denn um ein Vermächtnis, dessen man sich noch nicht angenommen hat, handelt es sich auf jeden Fall.

Simmel fordert nichts Geringeres als eine *zweite Achsendrehung* in Bezug auf das Religiöse. Die erste Achsendrehung, vollzogen besonders durch das Christentum, bestand in der „Enthebung der Religion aus der Sphäre des Lebens in die der Idee"[31]. Alles, was hier in Kult oder Verkündung des Wortes oder Heilsaneignung durch Ausübung der Agape geschieht, kann sozusagen nur nachträglich auf das Leben zurückwirken[32], entstammt einer Sphäre eigener Geltung, aber nicht aus dem Leben selbst. Niemals läßt sich der „transvitale" Charakter dieser Substantialisierung leugnen. Jesus selber aber — so heißt es einmal im nachgelassenen Tagebuch — wußte nichts von der „Objektivität der Religion"[33]. Im Evangelium wird noch nichts konstituiert, da steht z. B. ein Spruch wie: „Wer ohne Schuld ist, werfe den ersten Stein". Erst Platonismus und römisches Recht haben der katholischen Kirche die Fundamente ihrer Objektivität verliehen. Nur in der Mischung von Rationalismus und Mystik der Glaubensinhalte haben sich die großen abendländischen religiösen Organisationsformen entfalten können[34].

In drei kleineren Arbeiten sowie im dritten Kapitel des „Rembrandt" hat Simmel sein Religionsideal und seine Auffassung über die zukünftigen Entwicklungsmöglichkeiten der abendländischen Religiosität konkret dargelegt[35]. Im Aufsatz „Das Problem der religiösen Lage" wird in der Abgrenzung zum Anthropologismus Feuerbachs eine völlig neue religionsphilosophische Position eingenommen[36]. Innerhalb ihrer Ebene müssen sich Mensch und Gott gegenüberstehen. Deshalb kommen für den modernen Menschen weder die Vermenschlichung Gottes noch die Vergottung des Menschen in Frage. Gewaltsam und nachträglich können objektivierte Verselbständigungen nicht zusammengebogen werden. Die Religion kann nur aus ihrer Substantialität befreit werden, wenn sie zurückgebil-

---
[30] PK 235. — [31] Frg 99. — [32] Frg 100. — [33] Frg 43. — [34] Frg 43.
[35] 1. Das Problem der religiösen Lage (PK 217–135). 2. Religiöse Grundgedanken und moderne Wissenschaft (Rel. u. W.). In: Nord und Süd 128. 1909, 366–369. 3. Der Konflikt der modernen Kultur 1926³, 23–26 (Konfl). Vgl. außer Rem 141–195 (3. Kap. „Religiöse Kunst") auch noch Rel 97–99 und PdK 147–149 (Aufsatz: „Werde, was du bist").
[36] PK 224.

det wird zu einer *inneren Form des Lebens selbst*[37]. Der Gegensatz von Subjekt (seelische Funktion) und Objekt (Vorstellungsinhalt) innerhalb der Religion ist aufgehoben, wenn man unter diese Dualität „heruntergreift", d. h. „indem man in oder gleichsam unter dem Glauben der Seele, mit dem zugleich sein Gegenstand entsteht, ihr religiöses Sein als das *Absolute* jenseits dieser Relation empfindet"[38].

Und nun kommt das Entscheidende: Dieses „Religiös-Sein" der menschlichen Seele enthält in sich schon einen „absoluten Wert", ist selber eine „objektive Tatsache", etwas „Metaphysisches"[39]. Es wird also eine neue Achsendrehung in umgekehrter Richtung umschrieben.

Zunächst könnte eine solche Behauptung befremdlich klingen, daß das rein Prozeßhafte, das bloß im Subjekt Vorgehende und Verbleibende genau so in die „kosmische oder metaphysische Ordnung" gehören soll „wie der Bestand des Götterhimmels"[40]. Dahinter aber steht als Denkmodell die realistisch-organizistische Weltanschauung Goethes. Ausdrücklich betont Simmel, daß bereits bei Goethe der Durchbruch jener Tendenz erfolgt sei, „das Subjekt selbst zu objektivieren", d. h. „das Vorstellen ist selbst ein Sein, das seine Objektivität in sich trägt"[41]. Ähnlich heißt es in der Monographie über den Dichter: „Auch unsere Willensvorstellungen" haben „in unserm realen Sein Substanz"[42].

Die zweite Stütze der Konzeption vom In-sich-selber-metaphysisch-Sein der religiösen Lebensbestimmtheit ist „die von Kant inaugurierte Wendung", „daß Religion ein inneres Verhalten der Seele ist"[43]. Indessen wissen wir bereits aus der Kritik, daß nur die Ausgangsbasis, aber nicht die Entfaltung der Kantischen Position übernommen wird.

Als dritte Stütze griff Simmel zurück zu Rembrandt, bei dem „zum erstenmal in der Geschichte der Kunst" ... „diese Quellströmung der Religion zu reiner Herrschaft gebracht" sei, daß sie „als Religion ein Tun oder ein Sosein der Menschenseele sei"[44]. Immer wieder deutet Simmel bei Beschreibung der Kunstwerke darauf hin, daß Rembrandts Menschen von sich aus fromm seien[45], daß im Porträt wie im religiösen Bild das seelische Geschehen als „reine Funktionalität" zum Vortrag gebracht worden sei[46]. Gegenüber der kalten repräsentativen Frömmigkeit der Romanen werde hier der Religion „die spezifische Wärme des Lebens" gegeben[47].

Man hat den Eindruck, als ob Simmel seine ganze geheime Sehnsucht nach der reinen nur-funktionalen Religion in Rembrandts Kunst verwirklicht sah und daß er geradezu ihre genaue Phänomenologie aus diesem religiös-künstlerischen Schöpfertum herauslesen wollte. Das wird besonders deutlich in dem bezeichnenden Satz: „Bei den religiösen Gestalten Rem-

---

[37] PK 230 f. − [38] PK 224 f. − [39] PK 212. 230. − [40] PK 230. − [41] PK 229. − [42] Gt 44. − [43] PK 220. − [44] Rem 145. − [45] Rem 150. − [46] Rem 154. − [47] Rem 155.

brandts wird die Frömmigkeit jedesmal von neuem aus dem letzten Grund der Seele heraus erzeugt, die Menschen sind nicht mehr in einer objektiv frommen Welt, sondern *in einer objektiv indifferenten Welt sind sie als Subjekte fromm*"[48]. Daneben finden wir ähnliche Formulierungen wie im Aufsatz „Das Problem der religiösen Lage" über die „absolute Seinssicherheit", die „objektive Tatsächlichkeit", die schon in der religiösen Beschaffenheit des Subjekts verankert sei[49].

Aber war nicht der Genius Rembrandts ein einmaliger Glücksfall, der vor Jahrhunderten wirkte? Kann eine solche Religionsform für die heutige europäische Menschheit normativ und erstrebenswert sein? Simmel glaubte, diese Frage bejahen zu können. Er hält das Vordringen und den Durchbruch einer solchen von der Substantialität befreiten Religion sogar für notwendig, damit das unerquickliche Nebeneinander und Rivalisieren zwischen dem dogmatischen Weltbild der objektiven geschichtlichen Religion und dem Weltbild der modernen Wissenschaft ein Ende finde. Besinnt sich die Religion darauf, daß sie eine Ordnung eigener Werte zu vertreten hat, die fern sind von Streben nach verstandesmäßiger Welterkenntnis und Weltbewältigung, dann könnten beide Partner einander weder berühren noch sich bekämpfen. Die Religion als bestimmtes So-Sein des Menschen hat die Priorität, erst infolge dieses So-seins mag dann nachträglich eine Charakterisierung und Rangierung der Weltinhalte unter religiösem Aspekt erfolgen[50].

Während des Weltkrieges drängte Simmel schärfer als vorher auf eine klare Scheidung zwischen dem Christentum mit seinen objektiven Inhalten einerseits und der subjektiven, geschichtslosen Religionsform andrerseits[51]. Zugleich warnte er die Voreiligen, sich keinen trügerischen Hoffnungen hinzugeben: „Der Krieg wird keine neue Religion schaffen"[52].

Drei Jahre später, 1918, hören wir seine letzten Äußerungen zum Problem der Religion in dem Vortrag „Der Konflikt der modernen Kultur". Auch hier bezeichnet er als Zukunftsziel die „Religiosität als rein funktionelle Gestimmtheit des inneren Lebensprozesses", „ein Frommsein, daß ... eine Art ist, wie das Leben selbst sich vollzieht"[53]. Aber zugleich steigen ihm leise Zweifel auf, ob nicht auch das „ein bloßes, eigentlich ideell bleibendes Zwischenspiel" sein könnte, bis der religiöse Grundwille sich wieder neue Objekte schafft, da vom tragischen Aspekt des Auf und Ab von ausströmender Dynamik, Formbildung und Formzerbrechen her gesehen, das Leben offenbar auf die Dauer ohne Formen nicht auskommt[54].

Es meldet sich noch ein anderer seltsamer und sehr störender Widerspruch, den wir bis jetzt zurückgehalten hatten. Hatte Simmel nicht in der „Philosophie des Geldes" sehr deutlich ausgesprochen, daß erst die

---

[48] Rem 146. — [49] Rem 150. 161. 167. 173. — [50] BT 119–121. — [51] PdK 148. —
[52] PdK 149. — [53] Konfl 23 f. — [54] Konfl 25 f.

Vergegenständlichung des Geistes in Worten, Werken, Organisationen und Traditionen dem Menschen eine Welt „*schenke*"?[55]. Weshalb wehrte er sich dann gerade auf religiösem Gebiet so sehr gegen Glaubensvorstellungen, Objektivierungen, Substantialisierungen? Schließlich unterschied er doch selber mehrere Stadien der Religionsgeschichte, nämlich 1. Durchwachsensein des Lebens durch das Religiöse, 2. Für-sich-Sein der Religion gegenüber den Interessen und Begehrungen des Lebens, und 3. Zurückflechtung der autonomen Religion ins Leben[56]. Es ist nicht einzusehen, weshalb dieser Phasenwechsel plötzlich abbrechen soll. Überhaupt kann man an manche Aussagen der früheren Religionsaufsätze erinnern, die durchaus für die „theistische Anschauungsweise" zu sprechen scheinen, und an denen wir festgestellt haben, daß sie zumindestens ein transzendentes Gegenüber nicht ausschließen. Besonders auffällig und herausragend ist jene Definition in „Kant", das Wesenhafte der Religion sei „die unmittelbare Hingabe des Gemüts an eine höhere Wirklichkeit, das Nehmen und Geben"[57].

So bleibt am Ende unserer Untersuchung der Religionsphilosophie Simmels doch noch einiges in der Schwebe, einiges Unaufhellbare, von dem wir nicht wissen können, welcher Tendenz er stärker zugestrebt hätte, wenn ihm ein längeres Wirken vergönnt gewesen wäre.

Was ist nach Simmel das, was von uns „Gott" genannt wird? Vielleicht dürfen wir uns an eine Stelle in „Lebensanschauung" halten: Unter Gott verstehen wir den Gegenstand unserer ins Unendliche ausstrahlenden Leidenschaften[58]. Nehmen wir als Ergänzung hinzu eine Aussage in den „Hauptproblemen der Philosophie": Gott „ist nicht erst irgendwie gegeben und wird nun gesucht, geliebt, verehrt. Sondern ein *Suchen*, eine *Liebe*, eine *Verehrung* sind als empfundene und als *zu Recht* bestehende *da* und Gott ist der Name für den Gegenstand, der da sein *muß*, damit diese Empfindung ein Recht, einen Halt, eine *logische Möglichkeit* habe"[59]. Das Dasein Gottes wird nicht geleugnet, wohl aber sein Gegebensein als Objekt. Nur, wir können der „Vergegenständlichung" vielleicht in keiner Weise entgehen, weil wir mit unserer Sprache etwas „nennen" müssen. Wenn Gott in der Schrift „Die Religion" als „das reine Produkt der Liebesenergie überhaupt"[60] umschrieben wird, so berührt sich das sehr nahe mit dem Verständnis Rilkes, in dessen „Malte Laurids Brigge" es heißt, „daß Gott nur eine Richtung der Liebe ist, kein Liebesgegenstand"[61].

Einem so verstandenen Gott könnte kein Satan als Prinzip des Bösen gegenüber gestellt werden. Für solche „falsche Hypostasierung" von Prozessen im sittlichen Leben blieb Simmel unzugänglich. Nach ihm ist eine

---
[55] PdG 511. – [56] Leb 84 f. – [57] Kt 200. – [58] Leb 84. – [59] HdP 107. – [60] Rel 50. – [61] Rainer Maria Rilke: Ausgewählte Werke. 2. Bd. Prosa und Übertragungen. 1948, 210.

scharfe Scheidung zwischen Gut und Böse nicht durchführbar, ja schon der bloßen Abwägung des Guten gegen das Böse hafte „immer etwas Kindliches" an[62]. In der „Einleitung in die Moralwissenschaft" schreibt er: „Das Gute wie das Böse hat . . . stets den Gegensatz bei sich, an dem es sich erweist"; das eigentliche sittliche Moment liegt „in den Vorgängen zwischen beiden Kräften, deren Resultat erst jene Alleinherrschaft der einen ist"[63]. In einem Aufsatz aus dem Jahre 1910 heißt es dann bestimmter: „Nur das Dunkle und Böse kann, gleichsam *in sich selbst umschlagend*, das Lichteste und Wertvollste erzeugen, das uns erreichbar ist"[64]. Simmel geht es also nicht um irgendwelche Spekulationen über ein metaphysisches böses Prinzip, sondern um den Wert, den ein sittlicher Kampf in der Versuchung für die Vertiefung und Veredlung des Lebens bedeutet. Auf das Phänomen der Versuchung kommt er oft zu sprechen[65]. Ein Hindernis in der Natur des Menschen, das die Erringung des Heiles der Seele nur durch eine Hilfe von außen möglich macht, kennt er freilich nicht. Wie beim späteren Fichte sogleich die Seligkeit eintritt, wenn der Mensch das Hinfällige und Nichtige fahren läßt, so glaubt auch Simmel, daß Sünde und Wirrnis uns nur unkenntlich gemacht und unsere Umrisse durch trübe Schatten gefälscht haben[66]. Dennoch hat er andrerseits das Problem der Schuld sehr ernst genommen, und bemerkt sogar in seinem Tagebuch, daß eigentliche Schuld nie gesühnt werden könne[67].

Nur andeutungsweise mag noch erwähnt werden, welche Momente der Denkart und Haltung Simmel in die Nähe der Religionsphilosophie des deutschen Idealismus zu rücken scheinen:

1. Der Glaube an die Ewigkeit der Welt ohne zeitlichen Anfang.
2. Die Zulassung unendlich vieler Wege.
3. Die Möglichkeit, das zeitlos Gültige an jedem Punkt zu erleben.
4. Neigung zur Verabsolutierung des Tragischen.
5. Entpersönlichung Gottes.
6. Sympathie mit Seelenwanderungsvorstellungen.

Zusammenfassend können wir sagen, daß Simmel als Religionsphilosoph wie in seiner auf alle Gebiete angewandten Dialektik von Leben und

---

[62] HdP 169. — [63] Mor I, 268. — [64] BT 250 (Aufsatz: Soziologie der Mahlzeit).
[65] Mor I, 215 – 222. 240. 245 – 250. 255 – 257. 263. 265 – 268. 280. BT 250. PdG 473. Leb 166. In Leb 161 weist Simmel darauf hin, wie bei der Vorstellung einer „Vergewaltigung durch den Teufel" dem einzelnen Menschen die volle Verantwortung für das Böse, die Spontaneität der Sünde, abgenommen wird. „Die Erfindung des Teufels ist die größte moralische Feigheit der Menschen".
[66] BT 124. Vgl. HdP 171: „Alles Dunkle, Böse, Leidvolle in der Seele sind nur die Stationen ihres inneren Kalvarienberges, dessen Richtung sie ganz von selbst zu der reinen und erlösenden Höhe führt".
[67] Frg 20 f. Vgl. Leb 209: An der Schuld ist „das eigentlich Bedrückende" . . . „ihre jetzt nicht mehr fortzuleugnende dauernde Möglichkeit".

Geist das Schwergewicht ganz eindeutig auf die Seite des *Lebens* legt. Wenn wir von den letzten zweifelnden Äußerungen kurz vor seinem Tode absehen, so hat er doch mit immer schärferer Konsequenz das Religionsideal des im intransitiven Glauben bei sich selbst verbleibenden Lebens vertreten, d. h. es wird eine Akzentverschiebung der Religion in die Tiefendimension der Seele gefordert. *Die* Religion *als Grundwille* ist ewig, sie wird alle geschichtlichen Religionen überleben[68]. Die zweite Achsendrehung, welche bewirkt, daß Religion immer vollkommener, immer reiner *nur Religion* wird[69], kann nur durch den religiösen Menschen selber vollzogen werden, nicht mehr ideell über seinen Kopf hinweg. Wahr ist an der Religion nur die Innerlichkeit, die seelische Spontaneität[70]. Wenn die Religiosität als eine Form angesehen wird, „in der die menschliche Seele *sich* und ihr *Dasein* erfaßt"[71], so spüren wir eine erstaunliche Nähe zur Haltung der heutigen Existenzphilosophen. Mit der Unmittelbarkeit des Erlebens steht und fällt also die Religion.

Das Göttliche selbst aber ist im Geheimniszustand zu belassen. Auch wenn von christlicher Seite her dieser Auffassung widersprochen wird (und im Falle vorhandener Glaubensgewißheit widersprochen werden *muß)*, den Respekt vor einem solchen „Agnostizismus der Ehrfurcht" – wie ich es nennen möchte – wird man diesem Manne nicht verweigern können. Da er ein Philosoph war, so konnte die Ewigkeit für ihn nur in den Fragen stecken. Gegenüber einem zudringlichen metaphysischen Besitzen-wollen war sein letztes Wort: „Wie könnten wir hoffen, unsere Beziehung zum Unendlichen mit einer einreihigen Formel endgültig festzulegen?"[72].

§ 41. Die Erlösung als Ausgangspunkt religionstypologischer Zuordnung

a) Die Erlösungsidee als Signatur des religiösen Lebens

Ehe Simmels Stellung zum Christentum endgültig geklärt werden kann, bedarf es noch einer Zwischenerörterung, unter welchem Gesichtspunkt eine eindeutige Bestimmung seines religiösen und religionsphilosophischen Standortes möglich sei. Unabhängig von lebensphilosophischen Voraussetzungen muß noch einmal die Frage gestellt werden, unter welcher Bedingung ein Erleben religiöse Merkmale trage, welcher Vorgang bzw. welche Intention als sein untrügliches Vorzeichen gelten könne.

Beispiele vom Urbuddhismus bis zur atheistischen Mystik der Gegenwart zeigen, daß die Gottes- und Überweltvorstellung nicht in jeder Reli-

---

[68] PK 207. – [69] Rel 97. 99. – [70] PK 226. – [71] Rel. u. W. 368.
[72] Panth 312. Vgl. HdP 150: „Der Irrtum scheint nur darin zu liegen, daß man den Endzweckcharakter des einen Ideals daran bindet, daß man ihn jedem anderen verweigert. So arm ist weder das Reich der Ideen, noch die menschliche Natur".

gionsform anzutreffen sind. Das Gleiche gilt dann für die Abhängigkeits-, Sehnsuchts- und Geborgenheitsgefühle (Wobbermin), sobald die Beziehung auf ein Objektives wegfällt und Inhalte zweitrangig werden. Der Glaube ist ebenfalls kein Spezifikum; mit Recht spricht Jaspers auch von einem „philosophischen Glauben"[73], und umgekehrt gibt es in primitiver, antiker und mystischer Religiosität überhaupt kein Glauben im kerygmatischen Sinne (Otto, Frick, Heiler, Kerényi). So bleibt als gemeinsames Merkmal für *alle* Arten menschlicher Religiosität nur der soteriologische Aspekt übrig, die „Lytrosis". Diese Auffassung vertrat vor allem Paul Hofmann. In seinem Buch „Das religiöse Erlebnis" (1925) heißt es: „Das spezifisch religiöse Erlebnis ist das Wertungserlebnis der Erlösung"[74]. Fassen wir Erlösung im weitesten Sinne des Wortes als Befreiung, Errettung, Hilfe, Heil, so lassen sich in der Tat die heterogensten Frömmigkeitsarten mühelos unterbringen, sogar die rationalen (philosophische Denkfrömmigkeit) und ästhetischen (dichterische Weltfrömmigkeit). So enthält z. B. auch der Pantheismus eine Art von Erlösung, insofern seine Antwort den Anhängern Sicherheit verleiht und alles Hemmende, Bedrohende und Gefährdende fernhält. Wo Metaphysik eine Erlösungsmöglichkeit durchdenkt oder einen Erlösungsweg eröffnen will, ist immer ein religiöser Einschlag spürbar (Pythagoras, Platon, Plotin, Nik. Cusanus, Spinoza, Schelling, Schopenhauer, E. v. Hartmann).

Jede Erlösung ist eine Weise der Befreiung aus „Disformität". Die menschliche Existenz ist darauf angelegt, ein „liberari ab omnibus malis" zu erhoffen. Das Ziel der Erlösung ist immer ein doppeltes: 1. die Aufhebung eines als negativ bewerteten Zustandes; 2. die Erlangung von Möglichkeiten und Impulsen, die als wert- und sinnvoll empfunden werden, die vor allem Sicherung und Schutz vor der Auslieferung an das malum garantieren. Es gibt keine Religion und kein Religionssurrogat, denen das Bedürfnis, das Verlangen nach Erlösung gänzlich mangelt. Gewöhnlich findet eine inhaltliche Festlegung der Mittel und Wege statt, z. B. Einweihung in Mysterien, gute Werke, Heiligung, Wiedergeburt, Gnadenstand als „vorläufige" Erlösungen. Im kirchlichen Christentum ist die Erlösung von der Schuld in das Zentrum gerückt, während Jesu Reich-Gottes-Predigt noch eine universale Erlösung kannte (totale Umgestaltung der Wirklichkeit). Luthers Bußglaube war gut paulinisch. Ganz anders aber wird die Situation in den Umformungen des Protestantismus seit dem 18. Jahrhundert und in den aus ihm entwickelten Übergangsgebilden.

---

[73] Vgl. hierzu Fritz Buri: Dogmatik als Selbstverständnis des christlichen Glaubens. 1. Teil: Vernunft und Offenbarung 1956, 134.
[74] Paul Hofmann: Das religiöse Erlebnis. Seine Struktur, seine Typen und sein Wahrheitsanspruch 1925, 19. Vgl. 12–18. Siehe auch Joachim Wach: Der Erlösungsgedanke und seine Deutung 1922 und Othmar Spann: Religionsphilosophie auf geschichtlicher Grundlage 1947, 32. 91 f. 96–103.

b) Die soteriologische Richtungsoffenheit im Neuprotestantismus

Der Neuprotestantismus ist gekennzeichnet durch das Einströmen außerchristlicher (humanistischer, idealistischer, naturalistischer) Elemente mit ganz andersartigen „autosoterischen" Tendenzen. In diesem Raum kann eine endgültige Entscheidung über die Frage der Erlösung gar nicht stattfinden. Überall, wo hier der inhaltsbezogene Glaube brüchig wird, setzt sich an dessen Stelle die Einsicht, daß der Mensch den Weg zur Erlösung durch seine Haltung selber bestimme (ethisch betonte Persönlichkeitserweiterung). Der Verlust an numinoser Substanz wird aufgewogen durch ein Wissen davon, daß Erlösungswege lebendige Prozesse sind, darum zugleich als Äußerungen des immer mehrdeutigen Lebens angesehen werden müssen. Wie weit die Gottheit gefaßt wird, hängt dann davon ab, in welchem Umfange die Gebiete und Bereiche des Lebens bejaht oder verneint werden (vgl. Goethe). Sind aber diese Voraussetzungen gegeben, dann kann derjenige, der sich auf dem Erlösungswege durch Persönlichkeitserweiterung befindet, ohne weiteres Gott als *Leben* erfahren. Es werden an Gott stets neue Züge entdeckt und Gott zeigt sich dem Menschen immer wieder in neuen Aspekten (vgl. Herder, Novalis, Schelling, Bachofen, Leopold Ziegler).

Völlig unabhängig von der Konfessionszugehörigkeit ist der neuprotestantische Mensch ein solcher, der in persönlicher Erfahrung und ohne Vermittlungen Gott *sucht* (Actus perpetuus). Er will *unmittelbar* erleben und dann nach einer *Bedeutung* für dieses Erleben suchen. Hier liegt der Wagnischarakter dieses Glaubens, hier seine allseitige Offenheit, hier seine Größe und Gefahr. Denn darin besteht nach einem schönen Wort von Hans Schär Möglichkeit und Grenze des Neuprotestantismus: „Weil es auf die Erfahrung des *einzelnen* und auf das, was er daraus zu machen vermag, ankommt, kann der einzelne Neuprotestant *religiös arm* oder *sehr reich* sein"[75].

c) Die Erlösung durch Individuation bei Simmel

Wir hatten in den Erörterungen des 4. Kapitels (Teil B) festgestellt, daß Simmel das Heil der Seele in dem Wege zur seelischen Ganzheit erblickt. Man könnte diesen Typus als die „Religion der Selbstwerdung" und die entsprechende Soteriologie als die „Erlösungsmöglichkeit durch Individuation" bezeichnen. Wir finden dieses Ideal in einem gewissen Umfange und in gewissen Ausformungen bereits in Taoismus, Yoga und Zen verwirklicht, die darin übereinstimmen, daß sie ein Entdecken der Religion im Innern fordern. Auch hier bedeutet Religion eine natürliche Funk-

---

[75] Hans Schär: Erlösungsvorstellungen und ihre psychologischen Aspekte 1950, 600.

tion des menschlichen Lebens. Es wird die Forderung erhoben, daß die Religion ganz und ungeteilt in uns wohne, ehe wir auf das bloß Gestalthafte blicken. Das „Ganz-Andere" oder eine Offenbarung des Heiligen mögen als Inhalte noch vorhanden sein, aber sie sind völlig in die Peripherie gedrängt. Bei Simmel ist das alles radikalisiert. Wir hatten gesehen, daß er auch in den „theismusfreundlichen" Stellen nie über die Behauptung eines bloß hypothetischen Charakters transzendenter Glaubensinhalte hinausgegangen ist. Somit besteht kein Zweifel, daß wir uns hier außerhalb der objektiven Religion, der „Grundform II", befinden. Indem die Seele wie selbstverständlich durchdrungen ist von dem Verhältnis zum Absoluten, ist sie schon fromm[76]; indem sie mit höchster religiöser Glut und Intensität alle Dinge durchfühlt und durchempfindet, ist sie schon erlöst. Weil Innenerfahrung (Entsubjektivierung) und persönliche (=subjektive) Erfahrung etwas verschiedenes sind, weil die Seele selbst ebenso unerfaßbar ist wie das Göttliche, darum kann Simmel das Absolute ohne weiteres in das Innere verlegen (immanente Transzendenz).

§ 42. Die Geschichtslosigkeit der Religion des Lebens und das Reich des „Unsagbaren"

Simmels Individualreligiosität ist auf dem Boden eines freien Protestantismus erwachsen, aber er selbst steht völlig außerhalb der Gemeinschaftsformen dieser Konfession und hat sich nie auch nur in ganz allgemeinem Sinne zu den Anhängern des Christentums gezählt. Kennzeichnend für seine persönlich neutrale Einstellung ist eine von Charles Hauter berichtete Äußerung, die in die Zeit der Straßburger Lehrtätigkeit während des Ersten Weltkrieges fällt: „In der Seele des europäischen Menschen hat das Christentum Kanäle gegraben, die nun einmal bestehen. Sowie es sich von diesen Stellen zurückzieht, stürzen sich andere Mächte hinein. Die alten Götter sind nicht tot. Sie sind es, die in den christlichen Kanälen zu einer für sie früher unbekannten Tätigkeit vordringen und eine Leidenschaftlichkeit erzeugen, die zu beobachten ist. Indirekt wenigstens ist das Christentum an den Ereignissen beteiligt"[77]. Wir werden noch zu untersuchen haben, was mit den „alten Göttern" gemeint ist. Eins stand für Simmel fest: Die Quelle der Religion des Lebens ist außerhalb des Christentums zu suchen. Das Christentum ist nicht die Religion des Lebens.

Erinnern wir uns, daß die lebensphilosophische Bewegung ihre Entstehung einem verkappt religiösen Erlebensakzent, nämlich dem der *Zeitlichkeit*, verdankt. Das reine Strömen des Lebens erwies sich als die zwar zu dionysischer Ekstase verlockende, aber in Wahrheit unfaßbare Potenz, die sowohl der Anschauung wie dem Denken hoffnungslos entgleitet. So mußte alles Augenmerk auf den „Schnitt" in den Zeitfluß gerichtet wer-

---

[76] Vgl. Rem 132. — [77] BdD 256.

den, auf den Jetzt-Moment des Erlebens, die Gegenwärtigkeit, die Erfassung der Präsenz. Diese Präsenz eines Vorstellungsinhaltes mußte etwas so Unangreifbares und Stabiles sein, daß sie auch der Anzweiflung ihrer „Realität" standhielt. Alles Wirkliche, dem der Gefühlswert der Gegenwärtigkeit fehlt, wurde für unwesentlich erklärt, und umgekehrt war jetzt die Möglichkeit vorhanden, auch solche Inhalte als gegenwärtig zu konstituieren, denen überhaupt kein Realitätscharakter zukommt[78]. Ja, diese empirische oder schlichte Wirklichkeit wird nun in ihrem Wesen problematischer als alle rein ideellen oder geistigen Welten. So heißt es einmal in „Schopenhauer und Nietzsche", daß die Kategorie des Seins (= Wirklichkeit) der „rätselhafteste von allen Aspekten" sei, unter denen wir den Weltstoff geformt finden[79]. Simmel ist nicht nur der Ansicht, daß die Weltformen Religion und Kunst uns im Präsenzerleben die Gegenstände näher rücken als die unmittelbare Wirklichkeit[80], sondern stellt in bezug auf das Verhältnis von Religion und Wirklichkeit sogar den paradoxen Satz auf: „Je unwahrer eine religiöse Vorstellung als *Wirklichkeits*behauptung . . ., desto reiner und entschiedener ihr Wesen"[81].

Wir hatten im ersten Kapitel (zweiter Teil) festgestellt, daß es Simmel gelungen war, den Klippen des Feuerbachschen Anthropologismus zu entgehen, indem er das Metaphysische in die Funktion zurückverlegte. Er meinte, dabei noch gut kantisch zu denken. Tatsächlich aber wird der Mensch bei ihm zum beinahe souveränen Bildner und Umbildner von Welten, und der Pol der Rezeptivität schrumpft zusammen auf ein Minimum, auf das formlose bzw. noch ungeformte Energiesubstrat des puren Weltstoffes. Er stand längst auch unter dem Einfluß Nietzsches. Ist der Mensch der Dichter seiner Welten, ist Wahrheit = Auslegen, Entwerfen, Erdichten? Wo bleibt dann noch ein Absolutes im Bodenlosen universeller Scheinbarkeiten? Der Simmel nahestehende Philosoph Karl Joël erklärte: „Das Leben bleibt nicht in seiner Gegebenheit, bei seiner Immanenz; das Leben selber ist transzendent, und Nietzsche hat nur über dem Anstieg den Berg nicht gesehen"[82]. Aber inzwischen befand sich Simmel bereits auf der Fahrt nach „Metakosmos", wie er es im Jahre 1912 (dem gleichen Jahre, in dem Joël „Seele und Welt" veröffentlicht hatte) in einem Briefe an Marianne Weber angekündigt hatte: „Ich setze nun die Segel um und suche ein unbetretenes Land"[83].

Welches ist dieses „unbetretene Land", das er offenbar innerhalb der nächsten fünf Jahre erreicht hat, als er im Herbst 1917 gegenüber Charles Hauter äußerte: „Ich scheine an meiner Grenze angekommen zu sein. Mein Denken verharrt an der Stelle, wo es sich schon eine Zeitlang befindet". Es folgt die erschütternde Bemerkung: „Ich habe das Empfinden, daß ich

---

[78] PdK 33. — [79] SchN 136. — [80] BT 130. — [81] PK 226. — [82] Karl Joël: Seele und Welt. Versuch einer organischen Auffassung 1912, 417. — [83] BdD 216. —

sterben sollte"⁸⁴. An dieser Stelle sei noch daran erinnert, wie sehr sich Simmel in seinem Todesverständnis von der Offenbarungsreligion entfernt hatte. Dennoch liegt in diesem Ausspruch keine Resignation vor, sondern vielmehr das Gefühl, ein Letztes angerührt zu haben, das keiner außer ihm bisher so gesehen hatte und das keiner Steigerung mehr fähig ist. Was war in Simmels Bewegung zum Absoluten hin vorgegangen? Die Lösung bieten uns die beiden folgenden Sätze seines nachgelassenen Tagebuches:

„Die gewöhnliche Vorstellung ist: Hier ist die natürliche Welt, dort die transzendente, einer von beiden gehören wir an. *Nein wir gehören einem dritten Unsagbaren an*, von dem sowohl die natürlichen wie die transzendenten Spiegelungen, Ausladungen, Fälschungen, Deutungen sind"⁸⁵.

„Wir empfinden das empirische historisch zufällige Ich als weniger als wir selbst; das reine absolute Ich als mehr als wir selbst. *So muß es sozusagen noch ein drittes Ich geben, das sie beide hat*. Etwa wie wir aus Körper und Seele bestehen und doch etwas sind, das den Körper *hat* und die Seele *hat*"⁸⁶.

Dazu die 6. Tagebuchnotiz, die die letzte Folgerung aus dem Vorhandensein zweier Weltprinzipien zieht: Jedes endliche Gebilde wird dadurch zu einem Symbol des Unendlichen, daß sich in ihm die Unendlichkeit der Formen und die Unendlichkeit der Inhalte treffen⁸⁷.

Hierher gehören dann noch zwei Aussagen zur Gottesfrage: „Gott" ... ist „der Gegenstand des Suchens schlechthin"⁸⁸ und „Eine spezifisch religiöse Natur ... findet in ihrer Selbstbesinnung eine so transzendente Seinstiefe, *daß sie sie gar nicht Gott zu nennen braucht*"⁸⁹.

Das ist Philosophie und Religion des Geheimnisgedankens, das Mutes zum letzten Geheimnis. Der Begriffs-Gott, die bloße Essenz einer Gottesanschauung ist unter dem Hohn der Unbegreiflichkeit des Lebens zerbrochen. Das Unendliche muß *gesucht* werden, weil Gott selber dem Menschen zur Unausschöpflichkeit des ewigen Prozesses geworden ist. Indem

---

⁸⁴ BdD 256.
⁸⁵ Frg 3. Auf dieses „Dritte Unsagbare" wird seit 1910 in Veröffentlichungen angespielt. So heißt es im Aufsatz „Michelangelo": „Vielleicht ist es der Menschheit beschieden, einmal das Reich zu finden, in dem ihre Endlichkeit und Bedürftigkeit sich zum Absoluten und Vollkommenen erlöst, ohne sich dazu in das andere Reich der jenseitigen Realitäten, der schließlich doch dogmatischen Offenbarungen versetzen zu müssen" (PK 187). Vgl. auch den im gleichen Jahr entstandenen Aufsatz „Das Abenteuer" (PK 18) und die Darstellung der „Theorie des dritten Reiches" als Lösung des Subjekt-Objekt-Problems in HdP 102–110. Was zunächst nur als Vermutung ausgesprochen sein dürfte, wurde für Simmel schließlich zur Gewißheit. Den Fehler früherer metaphysischer Versuche erblickt er darin, daß diese den Dualismus voreilig zu Synthesen zusammengezwungen haben, welche die Versöhnung durch einen „metaphysischen Generalnenner" bloß vortäuschen (vgl. HdP 102).
⁸⁶ Frg 3. — ⁸⁷ Frg 4. — ⁸⁸ Rel 50. — ⁸⁹ PK 232.

sich die Wirklichkeit als das Werden ins Unendliche enthüllt, wird Gott zum „Unendlichkeits-Ist". Marie Luise Enckendorff, Simmels Gattin, formulierte: „Gott wird niemals fertig"[90]. Jetzt wird endgültig klar, weshalb das Problem „Religion und Geschichte" für Simmel überhaupt nicht existiert. Das Höchste, was die Religion der Selbstwerdung und der Daseinstiefe gewähren kann, ist die Ahnung von einem in den Eigenschaften unerkennbaren Göttlichen, das sich hinter dem ewig tragischen Umschlagrhythmus wechselnder Transzendenz und Immanenz des Lebens verbirgt. Da die Zeit für Simmel keinen Anfang und kein Ende hat, kommt es zur definitiven Absage sowohl an den Schöpfungs- wie an den Vollendungsgedanken der Offenbarungsreligion:

1. „So mögen wir für den Eindruck, den die Welt auf uns macht, kein anderes Wort haben, als daß sie aus dem Geist und Willen eines Gottes hervorgegangen ist – aber damit können wir nicht ihre historische Genesis begründen, sondern nur das qualitative Wesen der gewordenen, wirklichen, durch eine symbolische Verlegung des Seins in das Werden geschildert haben"[91].

2. „Es bedarf für den objektiven Endzweck, dem die Weltentwicklung zustrebt, so viel oder so wenig der Annahme eines *persönlichen* Gottes, wie es für die Annahme, die alles Sein als Bewußtsein deutet, eines persönlichen Ichs bedarf"[92].

An die Stelle der Transzendenz tritt der Ermöglichungsgrund für alle Funktionalisierung und Weltenerzeugung, ein Reich jenseits von Realität und Idealität, von Individuellem und Allgemeinem, das Platon verfehlt hat, weil er sogleich den einen Pol objektivierte und hypostasierte. Dieses „dritte" Reich des „Unsagbaren" oder „Unnennbaren" birgt für Simmel „die ganze Fülle möglicher metaphysischer Absolutheiten"[93]. In ihm ist alles, „wie mit ideellen Linien vorgezeichnet", was von uns bei höchstmöglicher Bewußtseinserweiterung „entdeckt" werden kann[94]. Ein nichtmystisches Reich der Unmittelbarkeit der Seele, des Ursprunges. Die gesamte Philosophie der Gattin Simmels wirft sich auf das Problem, wie dieses Reich des Wesens und der tiefen Quellen mit Hilfe des „statischen Organs der Seele"[95] erfahren werden kann, denn alle Sicherheiten des Kosmos ruhen in der Seele, weil „wir selbst die Welt sind"[96].

„Die alten Götter sind nicht tot". Aber führte sie Simmel nicht zurück auf die „götterschaffenden seelischen Agentien"? M. L. Enckendorff ist hier konsequenter und unterscheidet *zwei Arten* von Göttern: die echten, in denen der Mensch den Weltgrund anrührt, und die unechten, die dem Menschen nur Lebensbehelf sind und die aus der Schwäche und dem Versagen des religiösen Sinnes stammen[97].

---

[90] Marie Luise Enckendorff: Kindschaft zur Welt 1926, 66. – [91] PdK 35. – [92] Mor II, 352. – [93] PK 9. – [94] HdP 110. – [95] Enckendorff: Kindschaft 81. – [96] Ebd. 84. 131. 139 u. ö. – [97] Enckendorff: Über das Religiöse 1919, 6 f.

Nehmen wir M. L. Enckendorffs Satz, daß der Mensch „das Wesen der Form im *Apeiron*"[98] sei, zusammen mit Simmels Aussage von dem „dritten Ich", das das historische und das rein absolute Ich umspanne, so haben wir vor uns die beiden wichtigsten Bestimmungsstücke (1. Unendlichkeitsstreben. 2. Identität), die das Wesen der geschichtsindifferenten Bildungsreligion der Neuzeit ausmachen. Wir können sie als die „apeirontische Identitätsreligion" bezeichnen, da die häufig anzutreffenden Phänomene Pantheismus, mystischer „Theopanismus" (Rud. Otto) und mythologischer Neupaginismus nur jeweils Teilaspekte darstellen. Kennzeichnend ist die Betonung des individuellen Glaubens, Ahnens oder Imaginierens, die Ablehnung jeder Gemeinschaftsbildung. Guyau, der Vorläufer Bergsons, schrieb: „Möchte der Glaube eine ganz *persönliche Errungenschaft*, möchte die *Heterodoxie* die wahre und universelle Religion werden"[99]. Und M. L. Enckendorff: „Die Gemeinde ist der ewig vergebliche Versuch, vor Gott nicht allein zu sein"[100]. Rilke fordert in seinen Briefen immer wieder, daß die Offenheit zum Leben vonnöten sei, daß wir uns für neue Wirkungsweisen Gottes offenzuhalten hätten. Lou Andreas-Salomé, die Freundin Nietzsches und Rilkes, veröffentlichte bereits 1885 einen in diesem Sinne geschriebenen Roman „Im Kampf um Gott". Der sich dem Pantheismus nähernde Willy Hellpach erklärt: „Die institutionelle Erstarrung ist der Kaufpreis, mit dem jede Ausweitung ideeller Werte zu Gemeingütern auf Erden entgolten werden muß"[101]. Ähnliche Auffassungen finden sich häufig. Die „apeirontische Identitätsreligion" – der übrigens auch der junge Schleiermacher angehört – bildet den mehrhundertjährigen polymorphen Gegentypus zu den geschichtlichen Offenbarungsreligionen. Ihr Grundcharakter ist nicht nur anti-eschatologisch, sondern oft zugleich auch anti-teleologisch. Es ist eine der radikalsten Steigerungen dieser letzteren Tendenz, wenn es bei M. L. Enckendorff heißt: „Religion hat keinen Zweck, Gott ist kein Zweck, die Welt ist kein Zweck. Das Wesentliche hat nicht Sinn oder Nichtsinn. Es ist da wie Gottes Gedanken da sind, die auch keinen Sinn und Zweck oder Nichtsinn und Nichtzweck haben. In all diesem ist nicht zweckvoll oder zwecklos, sondern jenseits von Zweck"[102].

---

[98] Ebd. 163. Vgl. S. 164: „Der Mensch ist die aus der Welt emporgetauchte Form, die Form, deren Kontur nicht geschlossen ist".
[99] Jean-Marie Guyau: Sittlichkeit ohne „Pflicht". Ins Deutsche übersetzt von Elisabeth Schwarz 1909, 191. – [100] Enckendorff: Kindschaft 136.
[101] Willy Hellpach: Grundriß der Religionspsychologie (Glaubensseelenkunde) 1951, 104.
[102] Enckendorff: Kindschaft 54. – Marianne Webers Urteil über M. L. Enckendorff: „Sie war radikal. Sie lebte im Angesicht des Unbedingten" (BdD 214). Ähnlich Rudolf Pannwitz: „Ihre Bücher waren in echtem Zwang geschrieben und in ihnen brach ihr Innerstes hervor. Es ging radikal um das Problem des Lebens, das heißt wie man leben soll, und die Religion als praktische Wesentlichkeit des Absoluten selbst" (BdD 235). Ob in dieser Denkweise bereits eine existenzphilosophische Haltung entgegentritt, bedarf noch der Er-

§ 43. Die Religionsphilosophie als Brücke und Tür

Die neuere Geistesgeschichte zeigt, daß trotz gewisser Traditionen, Richtungen, Schulen jeder Religionsphilosoph bis heute mehr oder weniger gezwungen war, einen eigenen Denkansatz zur Bestimmung des Wesens der Religion zu suchen. Immer wieder kam in solchem Unternehmen eine Spannung zwischen Subjekt und Objekt, zwischen „Impuls" und „Gehäuse" zum Vorschein. Die Selbständigsten unter den Religionsphilosophen kann man geradezu als geistige Abenteurer bezeichnen. Viel früher als bei sonstigen philosophischen Fragestellungen war in ihrer Anwendung auf den Bereich der Religion zu spüren, daß man um das Wagnis der persönlichen Entscheidung im Grunde niemals herumkommt. Alles noch so sorgsam bereitgestellte empirische (historisch-kritische, psychologische, soziologische und anthropologische) Material gehört zum deskriptiven und phänomenologischen Vorhof. So verwundert es nicht, daß mancher Autor, der vielleicht vorher nur Erkenntnistheorie betrieben hatte, jetzt neben einer ausgeführten Theorie der Religion noch einen persönlich gehaltenen Traktat schrieb: „Mein Weg zur Religion" oder ähnlich betitelt.

Haltung und Reflexion bilden eben eine *untrennbare Einheit*. Religionsphilosophie ist – wie jede Weise des Philosophierens – „Mehr-als-Wissenschaft"; sie stellt Fragen, die *jenseits* der Aufgabenbereiche einer Geschichte und Vergleichung der Einzelreligionen liegen.

Nach den großen spekulativen Entwürfen von Fichte bis zu Eduard von Hartmann hatte man sich im Kritizismus der beiden Schulen der Neukantianer darauf beschränkt zu fragen: Wie ist Religionsphilosophie als methodisch vorgehende Disziplin möglich? Wie grenzt sie sich ab gegenüber Logik, Ethik und Ästhetik? Wie ist in der Mannigfaltigkeit der besonderen Religionsformen Einheit des religiösen Erlebens möglich? Welcher Klasse von Werten oder Normen gehören die inhaltlichen Aussagen der Religion an?

Die höchste denkerische Leistung im Rahmen dieser Methode vollbrachte der Cohen-Schüler Albert Görland; er verdankt in seinem streng systematischen Entwurf Georg Simmel viele Anregungen[103]. Görland teilt mit unserem Philosophen die erkenntnistheoretische Voraussetzung: „Es ist

---

hellung durch genaue Analyse. M. L. Enckendorffs Stellung zu Nietzsche ist stark beeinflußt durch die Biographie S. Friedlaenders von 1911. (Vgl. Über das Religiöse 1919, 161. 163. 166. 172.). Die Nähe zu George, die Friedrich Wolters in seinen Erinnerungen an Simmel betont (BdD 196), war wohl nur vorübergehend. George selbst hat übrigens Enckendorffs Buch „Über das Religiöse" schroff abgelehnt; er fand in ihm nichts als „völlige Verzweiflung", die letzte Konsequenz „modern protestantischer verkehrter Ideen" (vgl. Ernst Robert Curtius: Stefan George im Gespräch. In: Kritische Essays zur europäischen Literatur 1954², 115).

[103] Albert Görland: Religionsphilosophie als Wissenschaft aus dem Systemgeiste des kritischen Idealismus 1922.

wahr, was Simmel sagt, daß alle fundamentalen Kräfte sich ihre Objektwelt, ihre neue Welt erzeugen"[104]. Mit seiner Dialektik von „Nähe Gottes" und „Ferne Gottes", der „Immanenz der absoluten Transzendenz"[105] ging er einen Weg, der ihn in die Nähe der Mystik führte. Es gehört zu Görlands Tragik, daß sein erkenntnistheoretisches Hauptwerk erst zu einer Zeit herauskam[106], als infolge der vordringenden Ontologie den Fragestellungen des kritischen Idealismus nur noch wenig Beachtung geschenkt wurde.

Simmels Position dagegen ist keineswegs nur auf dem Boden einer Erkenntnistheorie errichtet, die mit den Voraussetzungen eines einseitigen Neuidealismus steht und fällt. Dazu war seine spätere Denkphase viel zu sehr erfüllt vom „Realismus" Goethes und dessen Lehre vom „seinshaften Mittelzustand des Menschen"[107]. Der Mensch wird von ihm als Angehöriger einer kosmischen Totalität angesehen. Die Einflüsse Schopenhauers und Nietzsches taten ein Übriges, um Simmel aus der kantischen in eine lebensmetaphysisch-dialektische Einstellung herüberzureißen.

Wie von hier aus von Simmel das Wesen der Religion bestimmt wurde, das haben wir in langen, verschlungenen Gedankengängen verfolgt. Simmels Verzicht auf das System ist seiner Heuristik einer unbegrenzten Erweiterbarkeit durch fruchtbare Auswertung von Intuitionen zugute gekommen. So gleicht seine Konzeption der Entfaltung eines organisch gewachsenen Gebildes.

Es erhebt sich am Schluß unserer Untersuchung die Frage: Hat es für Simmel überhaupt irgendwelche Prinzipien oder Normen gegeben, nach denen sich die *Aufgabe* der Religionsphilosophie als einer Disziplin neben Ethik, Kunstphilosophie usw. fixieren läßt? An drei entlegenen Stellen seiner tiefgründigen Aufsätze glauben wir Andeutungen zu erkennen, die uns Rückschlüsse auf ein verborgenes religionsphilosophisches Strukturschema mit weitreichenden Konsequenzen erlauben.

1. In ganz anderem Sinne wie die Neukantianer hat Simmel die Frage beantwortet: Wie ist Einheit des religiösen Erlebens möglich? Er begnügt sich nicht mit der bloßen Zurückweisung von Kants Konstruktion einer Vernunft-Religion. Er wußte etwas von der seelischen Wirksamkeit, welche alles Spontane und Rezeptive umfaßt: suchen, sich sehnen, erleben, erfahren, erschüttert und beseligt werden. Im Aufsatz „Philosophie der Landschaft" betont er, daß der einheitsformende schaffende Akt ein schauender und fühlender *zugleich* sei[108]. Die Unterscheidung von Schauen und Fühlen beruhe auf nachträglicher Reflexion. Wir erleben das Religiöse wie eine Landschaft, in der „Stimmung" und „Einheit" zwei Seiten ein und desselben Urphänomens sind.

---
[104] Ebd. 152. – [105] Ebd. 103–109. – [106] Prologik. Dialektik des kritischen Idealismus 1930. – [107] Gt 133. Vgl. 131 ff. – [108] BT 152. Vgl. 149 ff.

2. Als sich Simmel um 1900 intensiv mit den Gedichten Stefan Georges beschäftigte, ging ihm an diesem monumentalen Werk zum erstenmal auf, daß es neben dem Chaos der subjektiv-zufälligen persönlichen Gefühle eine zweite Art von Gefühlsvorgängen geben muß, welche *gesetzmäßig-sachhaltig* und *zeitlos-wesentlich* sind. Wir empfinden sie als unvertauschbar; sie enthalten in sich eine subjektive Notwendigkeit. Simmel nennt George einen „zentripetal" (d. h. die äußere Welt dem Inneren zuführenden) Erlebenden, der durch einen alles Private sich unterordnenden Willen zum Objektiven die verworrene Nur-Wirklichkeit der subjektiven Willkür entkleidet und ihre überzeitliche Wesenstiefe freilegt[109]. Von dem Engel in Georges „Vorspiel" zum „Teppich des Lebens" wird gesagt, daß durch ihn das „Ungreifbare" *fühlbar* gemacht werde. Simmel interpretiert diesen Engel als eine Allegorie für die „ganz allgemeine Form unserer höchsten Wertpotenzen"[110]. Er sieht in diesem Gedichtwerk etwas dem religiösen Erschauern Verwandtes. „Eine Tiefe des Lebensinhaltes, die an sich *über* aller Form steht", leuchtet auf[111]. Ja, wir dürfen noch weitergehen und analogiemäßig die Folgerung ziehen, daß hier von Simmel (schon 1901!) etwas gestalthaft wahrgenommen wurde, was er insgeheim von einer *idealen Religion* forderte: nämlich, daß Religion dasselbe zu vollziehen hat, was Georges Engel im „Vorspiel" leistet, die ständige Vereinigung des Sinnes, „den das Leben *in* sich" und „die Form, die es *über* sich hat"[112].

3. Aus den im Aufsatz „Brücke und Tür" durchgeführten Analogien können wir gleichsam die *Doppelfunktion* ablesen, die einer recht verstandenen Religionsphilosophie innewohnt[113].

a) Zunächst bedeutet Religions-Philosophie, daß sie eine Brücke zu bilden hat zwischen der Weltform Philosophie und der Weltform Religion. Man könnte zunächst darauf hinweisen, daß der Zweck einer Brücke darin bestehe, ungehindert von einem Seinsbereich in einen andern zu gelangen, wobei aber der *Abstand* zwischen beiden Bereichen in keiner Weise verringert werde. Aber Simmel analysiert viel genauer: Zunächst ist ein Trennendes gesetzt. Dieses störende Hindernis wird nun durch ein Bauwerk überwunden, das einer Ausbreitung unserer Willenssphäre über den Raum seine Entstehung verdankt. Die „Leistung" dieses Gebildes aber besteht darin, daß sie über das Getrennte vereinigend hinübergreift, daß sie also Gegensätzliches „versöhnt". Der Sinn der Religionsphilosophie als Brücke besteht analog darin, daß sie zwischen zwei gleichrangigen Festländern mit parallel gegenüberstehenden Ufern eine sichere Verbindung schafft (stabiles Gleichgewicht zwischen den Pfeilern) und zugleich ein Herüber und Hinüber in *wechselseitiger* Richtung garantiert.

---

[109] PdK 78. 38–45. — [110] PdK 37. — [111] PdK 39. — [112] PdK 38. — [113] BT 1–7.

b) Daneben aber ist Religions-Philosophie etwas noch Bedeutsameres: Sie bildet zugleich eine „Tür". Dieses neue Bild darf natürlich nicht mit dem ersten vermengt werden. Als Wesenseigenschaft einer Tür stellt Simmel fest, daß sie den Grenzpunkt eines dauernden Wechseltausches zwischen dem Begrenzten und dem Grenzenlosen symbolisiert. Indem der Mensch Religionsphilosophie betreibt, steht er selbst an der „Grenze" zwischen der Endlichkeit und dem Unendlichen des metaphysischen Seins. Von der geöffneten Tür aus kann sich das Leben aus der Beschränktheit abgesonderten Fürsichseins ergießen in die Unbegrenztheit aller Wegerichtungen überhaupt. Die Tür bildet also den Zugang zum Offenen schlechthin. Im Unterschied zur Brücke kann die Richtung beim Tür-Öffnen niemals vertauscht werden. Die Richtung von der Unendlichkeit zum Inneren zeigt eine ganz andere Intention an als die umgekehrte.

Als Brücke ist Religionsphilosophie der Garant für die Wahrung der Äquivalenz zwischen den Weltformen, als Tür ist sie das über sich hinausweisende Hinweisen auf Transzendenz. Beraubt man Brücke und Tür ihrer Funktionen im Raume, so verlieren sie ihren Sinn. Ähnlich die Religionsphilosophie, die mit ihrer medialen Funktion steht und fällt; sie hat ihr Dasein von den Weltformen Religion und Philosophie zu Lehen und kann sich niemals zu ontologischer Selbständigkeit und Selbstgenugsamkeit erheben.

Résumé

A. Gesamtergebnis

Simmels denkerische Basis bildet eine extrem idealistische Erkenntnistheorie, der eine funktionalistisch-relationalistisch-nominalistische Metaphysik entspricht. Im Ringen um ein neues Verständnis von objektivem Geist, Zeitlichkeit und Freiheit weitet sich dieser Dynamismus aus zu einer analytischen Philosophie der Dialektik von Leben und Form mit zunehmend kosmozentrischen Tendenzen. In der auf diesen allgemein-philosophischen Voraussetzungen fußenden Religionsphilosophie fordert Simmel eine Logik der Psychologie der religiösen Erlebensweisen. Das von ihm auch persönlich vertretene Ideal einer Religion des Lebens, des intransitiven Glaubens, der Selbstwerdung und der Daseinstiefe, das mit seiner Ethik des individuellen Gesetzes konform geht, kann als eine Sonderform der neuzeitlichen, nur noch einen „incredibilis deus absconditus" kennenden „apeirontischen Identitätsreligion" angesehen werden. Allerdings ist der Weg des Heiles der Seele „entsubjektivierende" Individuation, also nur zum Schein autosoterisch. „Es" glaubt in uns, weil die fides, qua creditur bereits in sich selber metaphysisch ist. Die Bewegung von Kant zu Fichte, vom Transzendentalen zum Immanent-Absoluten, wird noch einmal durchlaufen, aber in modern-lebensphilosophischer Variation.

B. Ergebnisse vom Zweiten Teil

Die religionsphilosophischen Gedankengänge Simmels zu den Problemen „Welt-Charakter der Religion", „Entfaltungsweg der Religion", „religiöse Bedeutung von Tod und Unsterblichkeit", „Einheit von Seelenheil und individueller Freiheit" und „Religion der Selbstwerdung als Funktion des Lebens" werden entsprechend den Ausführungen in den Kapiteln 1 – 5 vom Zweiten Teil nachfolgend zusammengefaßt.

I. Welt-Charakter der Religion

1. Unter der Voraussetzung der kategorialen Erfaßbarkeit durch den Menschen ist die Religion eine ebenso auf Totalität gerichtete Weltform wie Ethik, Kunst, philosophische Erkenntnis und hat wie diese die Potenz, das Gesamt des Kosmos der ideellen Inhalte oder Daseinsstoff-Reservoirs in sich aufzunehmen. Diese Möglichkeit realisiert sich nur deswegen nie

im geschichtlichen Leben, weil das menschliche Dasein notwendig in fragmentarischer Einschränkung verharrt.

2. Das Hauptanliegen der Religionsphilosophie Simmels besteht darin, Ursprung und Wesen der Religion aus den inneren Bedingungen des Lebens selber zu erklären.

3. Religion ist eine apriorische Grundform, die dem inneren Wesen des Menschen angehört. Sie ist ein menschliches Verhalten, nicht identisch mit einem metaphysischen Geschehen, nicht Zusammenschluß der beiden Beziehungsrichtungen Gott-Mensch und Mensch-Gott.

4. Wie alle geistigen Funktionsarten stellt auch die Religion durch einen schöpferischen Prozeß den Daseinsstoff beim Affiziertwerden in eine neue eigene Welt.

5. Die innere Notwendigkeit der Religion erwächst aus inneren Grundrelationen der Seele, die einer besonderen Logik folgen und sich nach eigenen Gesetzen aus dem Erlebensverlauf zu einem Gebilde weltganzheitlicher Art formen.

II. Entfaltungsweg der Religion

1. Nach Simmel gibt es mannigfache vitale Vorformen, die bereits religiöse Elemente enthalten („religioïdes" Stadium). Sie können in echt religiöse Aktphänomene übergehen, wenn sich die religiöse „Stimmung" ihrer bemächtigt und sie in die eigenweltliche Erfüllungsform überführt.

2. Das Emporsteigen zu transzendenten Glaubensgebilden (Ideozentrierung, Substantialisierung) hat ein Auseinanderreißen der Religion in eine Subjektseite und eine Objektseite zur Folge. Damit wird die Wahrheitsfrage aufgerollt, die in der „reinen" Religion (d. h. Religion als ein seelisches Leben selbst) noch gar nicht bestand: das Problem der Allgemeingültigkeit geglaubter außerempirischer Inhalte. In der Geschichte treten beide Grundformen der Religion immer in einer gewissen Mischung auf.

3. Der religiöse Glaube ist frei von logischen Schlüssen hypothetischer Art, steht hierin im Gegensatz zum theoretischen Glauben. Er wurzelt unmittelbar im Lebensprozeß, in der Art des inneren Daseins und hat verwandelnde Kraft. Die Objekte, die der Glaubensprozeß produziert, sind sekundär gegenüber dem sich im Gesamtverhalten äußernden Spannungszustand der Seele.

4. Polytheismus, Mystik und Monotheismus stellen zwar unter sich qualitativ verschiedene Weisen der Gottesvorstellung dar, sind aber von der Religion als einem rein funktionalen Prozeß gleich weit entfernt. Auch wenn man die Frage nach der Realexistenz Gottes auf sich beruhen läßt, so ist doch die Vorstellung Gottes als einer absoluten Ich-Persönlichkeit logisch zureichend begründbar.

III. Religiöse Bedeutung von Tod und Unsterblichkeit

1. Der Tod ist nach Simmel dem Leben immanent; er gehört zu den apriorischen Bestimmungen des Lebens. Der religiöse Mythus von todbringenden Mächten weist dem Menschen eine nur passive Rolle zu. In der Art und Weise des Sterbens bzw. der Vorbereitung auf den Tod zeigt sich die Vollendungsstufe, die der Reifungsprozeß der Persönlichkeit erreicht hat. Indem das Christentum das künftige Schicksal der Seele von der Handlungsweise jedes Lebensaugenblickes abhängig macht, anerkennt es ebenfalls die Individualität als Wertprinzip.

2. Der Sinn der Unsterblichkeit besteht nicht darin, daß der Seele nach dem Tode ein neuer Zustand, ein Schatz ersehnter Güter verliehen wird, sondern daß das Ich nunmehr unbeeinträchtigt von Weltinhalten endlich ganz sich selber angehört. Die Lösung von der Zufälligkeit ist die Vorbedingung für das Eingehen in das Zeitlose, worunter jedoch nicht eine Ewigkeit im Sinne der Offenbarungsreligion zu verstehen ist. Innerhalb eines einreihig verlaufenden Weltprozesses perennieren rein funktionale Wesensformen, die mit der Potenz begabt sind, in unzähligen Individuationsweisen die Inhalte immer wieder anders zu verknüpfen.

IV. Einheit von Seelenheil und individuellem Gesetz

1. Das individuelle Gesetz hat innerhalb der Religion nicht nur seine Berechtigung, sondern tritt als das Prinzip der Freiheit und des Fürsichseins auch bei der Beanspruchung des Menschen durch objektive ideale Forderungen als ein Spannungsmoment im Glaubensakt auf und steht in Korrelation zum Prinzip der Bindung bzw. Abhängigkeit.

2. Nach Simmels Auffassung hat Kant durch seinen Moralismus die Religion verengt zu einer Anerkennung der ethischen Pflichten als Gebote Gottes. Er hat übersehen a) daß sich die Religion außerhalb der Grenzen der bloßen Vernunft aufhält und b) daß es in der Religion primär um das Heil der Seele geht. Dagegen kommt er in der Betonung der guten Gesinnung dem Protestantismus sehr nahe.

3. Das Heil der Seele kann der Mensch nur auf dem Wege zu sich selbst erreichen; die Erlösung geschieht also durch Individuation. Das Heil stellt den tiefsten subjektiven Zweck der Seele dar, darum ist ihr das innerlich Fremde fernzuhalten. Auch das ursprüngliche Christentum meinte nicht Heteronomie, sondern allerschwerste persönliche Verantwortungstiefe, Stehen des Einzelnen vor seinem Gott. Das Gebiet des religiösen Heiles bildet die Verknüpfungsstelle von Religion und individuellem Gesetz; es fällt letztlich mit dem „Reich der Freiheit" zusammen.

V. Religion der Selbstwerdung als Funktion des Lebens

1. Simmels Gedankengänge kreisen in höchster Intensität um die tragische Situation des Menschen; sie steigern sich zu fast verzweifelten Folgerungen, wo es um die Aufweisung der menschlichen Unzulänglichkeit, um das Problem der Sinndeutung von Leiden, Kampf und Schuld geht. Indessen wird dieser Pessimismus abgefangen durch das Einströmen der lebensbejahenden Weltsichten Goethes und Nietzsches.

2. Der Religion kommt die Aufgabe zu, die das Leben zerreißenden Gegensätze in einer geheimen Einheit zu versöhnen, freilich so, daß dabei die Unendlichkeit der inneren Bewegungen nicht durch das Ideal einer seligen Ruhe des Alls aufgehoben werden kann. Das Unendliche selbst kann nur ersehnt werden, es entzieht sich jeglicher Besitznahme.

3. Religion schließt durch Zusammenfall von Sein und Ziel ihren Sinn in sich ab, indem sie ganz und gar eine religiöse Gestaltung des Lebens wird. Sie muß durch eine neue „Achsendrehung" wieder auf eine reine Funktion des Lebens reduziert werden, weil sie allein im Leben ihren legitimen Ursprung hat. Durch Heruntergreifen unter den Gegensatz von Subjektseite und Objektseite muß die Vergegenständlichung der Vorstellungsinhalte, die in den geschichtlichen Religionen eine scharfe Dualität herbeigeführt hatte, aufgehoben werden. Erst dadurch wird überhaupt das Absolute freigelegt, das nach Simmel von vornherein diesseits der Relation, nämlich im inneren Verhalten der Seele selber zu suchen ist. Durchbrüche dieser Tendenz des „In-sich-selbst-metaphysisch-Seins" der religiösen Grundstimmung sind bereits anzutreffen bei Rembrandt, Kant und Goethe.

4. Als Zukunftsideal ist zu fordern, daß der religiöse Mensch als Einzelner stets von neuem die Frömmigkeit aus den letzten Gründen seiner Seele heraus erzeugt ohne Rücksicht auf noch anerkannte dogmatische Inhalte. Eine solche Religion des intransitiven Glaubens kann dann auch nicht mehr mit dem auf Perfektion drängenden Weltbild der modernen Wissenschaft in Konflikt geraten, da beide geistigen Funktionsarten das ganze Dasein je in einer besonderen Sprache ausdrücken. In die eigenreligiöse Wertordnung kann auch die kritischste ratio niemals einbrechen. Zerstört werden durch sie nur diejenigen Glaubensvorstellungen, die an unwiederbringlich überholten Weltorientierungen des antiken und des mittelalterlichen Menschen haften.

An den letzten Punkt knüpft eine Aussage Simmels an, mit der das Fragment seiner Selbstdarstellung aus dem Nachlaß abbricht. Dieses Zitat soll an den Schluß unserer Untersuchung gestellt werden, weil es noch einmal wie in einem Brennpunkt alle Motive, alle Richtungsstrahlen seiner religionsphilosophischen Bemühungen zusammenlaufen läßt:

„Ich glaube, daß die Kritik keinen einzigen Inhalt der historischen Religionen bestehen läßt, aber die Religion selbst nicht trifft; denn diese ist ein *Sein* der religiösen Seele, das, als a priori formende Funktion, deren Leben überhaupt erst zu einem religiösen macht, und deshalb so wenig zu widerlegen ist, wie ein Sein überhaupt zu widerlegen ist. Dieses Sein oder diese Funktion, aber nicht der von diesen erst vorstellungsmäßig gebildete Glaubens*inhalt,* ist der Träger des religiös-metaphysischen Wertes"[1].

---

[1] BdD 10.

Literaturverzeichnis

I. Schriften Simmels

a) Bücher

Über soziale Differenzierung. Soziologische und psychologische Untersuchungen. 1890.
Die Probleme der Geschichtsphilosophie. Eine erkenntnistheoretische Studie. (1892) 3., erw. Aufl. 1907.
Einleitung in die Moralwissenschaft. Eine Kritik der ethischen Grundbegriffe. Bd. 1. 1892. Bd. 2. 1893.
Philosophie des Geldes. 1900.
Kant. 16 Vorlesungen, gehalten an der Berliner Universität. (1904) 6. Aufl. 1924.
Kant und Goethe. Zur Geschichte der modernen Weltanschauung. (1906) 4. (erw.) Aufl. 1918.
Die Religion. (1906) 2., veränd. u. verm. Aufl. 1912.
Schopenhauer und Nietzsche. Ein Vortragszyklus. 1907.
Soziologie. Untersuchungen über die Formen der Vergesellschaftung. 1908.
Hauptprobleme der Philosophie. (1910) 6. (unveränd.) Aufl. 1927. (Sammlung Göschen 500).
Philosophische Kultur. Gesammelte Essais. (1911) 3. (um einige Zusätze verm.) Aufl. 1923.
Ethik und Probleme der modernen Kultur. Vorlesung 1913. Nachschrift von Kurt Gassen. In: Philosophische Studien 1. 1949, 310–344.
Goethe. (1913) 5. Aufl. 1923.
Rembrandt. Ein kunstphilosophischer Versuch (1916) 2. Aufl. 1919.
Grundfragen der Soziologie (Individuum und Gesellschaft) (1917) 2. (unveränd.) Aufl. 1920. (Sammlung Göschen 101).
Der Krieg und die geistigen Entscheidungen. Reden und Aufsätze (1917) 2. Aufl. 1920.
Der Konflikt der modernen Kultur. Ein Vortrag. (1918) 3. Aufl. 1926 (Wiss. Abh. u. Reden z. Phil., Pol. u. Geistesgesch. 4).
Lebensanschauung. Vier metaphysische Kapitel. (1918) 2. Aufl. 1922.
Vom Wesen des historischen Verstehens. 1918. (Geschichtl. Abende im Zentralinst. f. Erz. u. Unt. 5).
Zur Philosophie der Kunst. Philosophische und kunstphilosophische Aufsätze. Hrsg. von Gertrud Simmel. 1922.
Schulpädagogik. Vorlesungen. Hrsg. von Karl Hauter. 1922.
Fragmente und Aufsätze aus dem Nachlaß und Veröffentlichungen der letzten Jahre. Hrsg. u. mit e. Vorwort von Gertrud Kantorowicz. 1923.
Brücke und Tür. Essays des Philosophen zur Geschichte, Religion, Kunst und Gesellschaft. Im Verein mit Margarete Susmann hrsg. von Michael Landmann. 1957.

b) Aufsätze

Dantes Psychologie. – Zeitschrift für Völkerpsychologie und Sprachwissenschaft 15. 1884. 18–69. 239–276.

Friedrich Nietzsche. Eine moralphilosophische Silhouette. – Zeitschrift für Philosophie und philosophische Kritik. N. F. 107. 1896, 202–215.

Über den Unterschied der Wahrnehmungs- und der Erfahrungsurteile. Ein Deutungsversuch (Kants). – Kantstudien 1. 1897, 416–425.

Stefan George. Eine kunstphilosophische Betrachtung. – Die Zukunft. Bd. 22. 1898. 386–396.

Die Soziologie der Religion. – Neue Deutsche Rundschau 9. 1898, 111–123.

Die beiden Formen des Individualismus. – Das freie Wort. 1. 1901/2, 397–403.

Beiträge zur Erkenntnistheorie der Religion. – Zeitschrift für Philosophie und philosophische Kritik 119. 1902, 11–22. (= „Brücke und Tür" 1957, 122–128).

Vom Heil der Seele. – Das freie Wort 2. 1902/03, 533–538. (= „Brücke und Tür" 122–128).

Vom Pantheismus. – Das freie Wort 2. 1902/03, 306–312.

Zum Verständnis Nietzsches. – Das freie Wort 2. 1902/03, 6–11.

Die Lehre Kants von Pflicht und Glück. – Das freie Wort 3. 1903/04, 548–553.

Die Gegensätze des Lebens und der Religion. – Das freie Wort 4. 1904/05, 305–312.

Das Christentum und die Kunst. – Morgen. Wochenschrift für deutsche Kultur 1. 1907, 234–243 (= „Brücke und Tür" 129–140).

Beitrag Simmels zu „Religiöse Grundgedanken und moderne Wissenschaft. Eine Umfrage". – Nord und Süd Bd. 128 Jg. 33. 1909 I, 366–369. (= „Brücke und Tür" 117–121).

Zur Metaphysik des Todes. – Logos 1. 1910/11, 57–70 (auszugsweise in: „Brücke und Tür" /29–36).

Diskussionsrede zum Vortrag von Ernst Troeltsch „Das stoisch-christliche Naturrecht und das moderne profane Naturrecht" 1911. – Verhandlungen des I. Deutschen Soziologentages 1910. 1911, 204–206.

Goethes Individualismus. – Logos 3. 1912, 251–274.

Das individuelle Gesetz. Ein Versuch über das Problem der Ethik. – Logos 4. 1913, 117–160 (Umgearbeitete Fassung in: „Lebensanschauung" 1918, 154–245).

Das Problem des Schicksals. – Die Geisteswissenschaften 1. 1913/14, 112–115. (= „Brücke und Tür" 8–16).

Rembrandtstudie. – Logos 5. 1914/15, 1–32 (Neudruck 1953).

Studien zur Philosophie der Kunst, besonders der Rembrandtschen. – Logos 5. 1914/15, 221–238 (Neudruck ebd.).

Der Fragmentcharakter des Lebens. Aus den Vorstudien zu einer Metaphysik. – Logos 6. 1916/17, 29–40.

Vorformen der Idee. Aus den Studien zu einer Metaphysik. – Logos 6. 1916/17, S. 103–141 (Umgearbeitete Fassung in: „Lebensanschauung" 28–98).

Über Freiheit. Bruchstücke aus dem Nachlaß von Georg Simmel. Logos 11. 1922/23, 1–30.

Aus Georg Simmels nachgelassener Mappe „Metaphysik". Hrsg. von Gertrud Simmel. — In: „Aus unbekannten Schriften. Festgabe für Martin Buber zum 50. Geburtstag". 1928, 221—226.

II. Schriften über Simmel

a) Aufsätze

Gallinger, August: Simmel über die Möglichkeit einer allgemeingültigen sittlichen Norm. — Kantstudien 6. 1901, 406—421.

Joel, Karl: Eine Zeitphilosophie. — Neue Deutsche Rundschau 12. 1901, 812—826.

Hoeber, Fritz: Georg Simmel, der Kulturphilosoph unserer Zeit. Neue Jahrbücher für das klassische Altertum, Geschichte und deutsche Literatur und für Pädagogik 41 = Neue Jahrbücher für das klassische Altertum 21. 1918, 465—477.

Frischeisen-Köhler, Max: Georg Simmel. — Kantstudien 24. 1919, 1—51 (auch als Buch).

Schmalenbach, Hermann: Simmel — Sozialistische Monatshefte 52. (Jg. 25) 1919, 283—288.

Wagner, Walther: Georg Simmels Geschichtsphilosophie. — Philosophische Mitteilungen. Monatsschrift zur Förderung philosophischer Bildung und Kultur 2, 1919/20, 39—40.

Kracauer, Siedfried: Georg Simmel. — Logos 9. 1920/21, 307—338.

Lewkowitz, Albert: Zur Religionsphilosophie der Gegenwart. II. Philosophie des Lebens: Darwin, Bergson, Simmel. 3. Simmel. — Monatsschrift für Geschichte und Wissenschaft des Judentums 66. (N. F. 30) 1922, 260—265.

Susmann, Margarete: Pole jüdischen Wesens — Hermann Cohen und Georg Simmel. — Die Tat 15. 1923/24, 385—389.

Grosche, Robert: Georg Simmel. — Die Schildgenossen 5. 1924/25, 191—198.

Cron, Helmut: Georg Simmel als Philosoph der modernen Kultur. — Preußische Jahrbücher 207. 1927, 292—316.

Landmann, Michael: Georg Simmel. Vorbereitung eines Archivs und einer Ausgabe. — Philosophische Vorträge und Diskussionen. Bericht über den Mainzer Philosophen-Kongreß 1948 = Zeitschrift für philosophische Forschung. Sonderheft 1. 1949, 204—205.

Landmann, Michael: Konflikt und Tragödie. Zur Philosophie Georg Simmels. — Zeitschrift für Philosophische Forschung 6. 1951/52, 115—133.

Landmann, Michael u. *Susmann,* Margarete: Einleitung zu: Georg Simmel, Brücke und Tür. Essays des Philosophen zur Geschichte, Religion, Kunst und Gesellschaft. 1957. S. V—XXIII.

Landmann, Michael: Bausteine zur Biographie. — Buch des Dankes an Georg Simmel. Briefe, Erinnerungen, Bibliographie. Zu seinem 100. Geburtstag hrsg. von Kurt Gassen und Michael Landmann 1958, 11—33.

Lieber, Hans-Joachim u. *Furth,* Peter: Zur Dialektik der Simmelschen Konzeption einer formalen Soziologie. Ebd. 39—59.

Weingartner, Rudolph H.: Form and Content in Simmel's Philosophy of Life. — Georg Simmel, 1858—1918. A Collection of Essays, with Translations and a Bibliography. Ed. by Kurt H. Wolff 1959, 33—60.

Lipman, Matthew: Some Aspects of Simmel's Conception of the Individual. Ebd. 119—138.

b) Philosophische und theologische Dissertationen

Schumann, Friedrich Karl: Religion und Wirklichkeit. Greifswald 1913 (Kap. IV: Die Wirklichkeitsfrage in der Religion bei Nivellierung des Immanenz-Transzendenz-Gegensatzes (Simmel). (Auch als Buch).

Knevels, Wilhelm: Das religiöse Problem in besonderer Beziehung auf Simmels Religionstheorie. Heidelberg 1919 (als Buch u. d. T.: Simmels Religionstheorie. Ein Beitrag zum religiösen Problem der Gegenwart 1920).

Klemmt, Alfred: Georg Simmel. Eine kritische Charakterstudie und Erläuterung der Grundprobleme der gegenwärtigen Philosophie. Berlin 1922 (masch.).

Richter, Friedrich: Der Begriff des Lebens in der Philosophie Georg Simmels. Gießen 1924 (masch.).

Grünewald, Max: Die Philosophie Simmels mit bes. Berücksichtigung ihrer Beziehung zum Pragmatismus. Breslau 1925. (masch.).

Fabian, Wilhelm: Kritik der Lebensphilosophie Georg Simmels. Breslau 1926 (auch als Buch).

Nobs, Max: Der Einheitsgedanke in der Philosophie Georg Simmels. Bern 1926.

Tromnau, Erich: Georg Simmels Schopenhauerauffassung. Darstellung und Nachprüfung ihrer Eigenheiten. Königsberg 1927.

Marcard: Karl-Alfred v.: Der Begriff des Kunstwerks bei Georg Simmel. Leipzig 1929.

Bohner, Hellmuth: Untersuchungen zur Entwicklung der Philosophie Georg Simmels. Freiburg i. B. 1930.

Gerson, Hermann: Die Entwicklung der ethischen Anschauungen bei Georg Simmel. Berlin 1932.

Loose, Gerhard: Die Religionssoziologie Georg Simmels. Leipzig 1933 (auch als Buch).

Müller, Herwig: Georg Simmel als Deuter und Fortbildner Kants. Leipzig 1935.

Rupp, Karl: Geisteskampf um Goethe. Die geistesgeschichtlichen Grundlagen des lebensphilosophischen Goethe-Bildes Georg Simmels und Friedrich Gundolfs. Innsbruck 1950 (masch.).

Ekhart, Leonhard: Georg Simmels philosophische Begründung seiner Soziologie. Graz 1956 (masch.).

c) Bezugnahmen auf Simmel in Monographien

Spann, Othmar: Kurzgefaßtes System der Gesellschaftslehre II, 1. Kurzer Überblick über den gegenwärtigen Stand der Schulen und Methoden in der Gesellschaftslehre 1914, 9 – 19 u. ö.

Liebert, Arthur: Wie ist kritische Philosophie überhaupt möglich? Ein Beitrag zur systematischen Phänomenologie der Philosophie 1919, 77 f. (Wissen und Forschen 4).

Rickert, Heinrich: Die Philosophie des Lebens. Darstellung und Kritik der philosophischen Modeströmungen unserer Zeit 1920, 64 – 72 u. ö.

Wust, Peter: Die Auferstehung der Metaphysik 1920, 204 – 256.

Utitz, Emil: Die Kultur der Gegenwart 1921, 266 – 269 u. ö.

Moog, Willy: Die deutsche Philosophie des 20. Jahrhunderts in ihren Hauptrichtungen und ihren Grundproblemen 1922, 77 – 88.

Bohlin, Torsten: Das Grundproblem der Ethik. Über Ethik und Glauben 1923, 342 – 386.

Oesterreich, Traugott Konstantin: Die deutsche Philosophie des 19. Jahrhunderts und der Gegenwart (Überwegs Grundr. d. Geschd. d. Phil. IV. 12. Aufl.) 1923, 467–471.

Scheler, Max: Wesen und Formen der Sympathie 1923², 133–140.

Müller-Freienfels, Richard: Die Philosophie des 20. Jahrhunderts in ihren Hauptströmungen 1923, 80 f. 100 f.

Cysarz, Herbert: Literaturgeschichte als Geisteswissenschaft. Kritik und System 1926, 13. 146 u.ö.

Lagerborg, Rolf: Die Platonische Liebe. Mit einer Einführung von Richard Müller-Freienfels 1926, 112. 162. 170. 179 f. u. ö.

Levy, Heinrich: Die Hegel-Renaissance in der deutschen Philosophie 1927, 25–30 (Phil. Vortr. d. Kantges. 30).

Litt, Theodor: Ethik der Neuzeit (Handbuch der Philosophie. Hrsg. von A. Baeumler u. M. Schröter. Abt. III, D) 1927, 174–177. 182.

Wust, Peter: Die Dialektik des Geistes 1928, 544 f.

Leisegang, Hans: Deutsche Philosophie im 20. Jahrhundert 1928, 85. 101 (Jedermanns Bücherei. Abt. Philosophie).

Heinemann, Fritz: Neue Wege der Philosophie 1929, 230–250.

Spann, Othmar: Gesellschaftslehre. 3. Aufl. II, 2. 1930. 37–42.

Menzer, Paul: Deutsche Metaphysik der Gegenwart 1931, 61–63.

Marck, Siegfried: Die Dialektik in der Philosophie der Gegenwart. 2. Halbbd. 1931, 117–121.

Böhm, Franz: Ontologie der Geschichte 1931, 61 (Heidelberger Abhandlungen zur Philosophie und ihrer Geschichte 25).

Wach, Joachim: Das Problem des Todes in der Philosophie unserer Zeit 1934, 29–39 (Philosophie und Geschichte 49).

Meyer, Hans: Die Weltanschauung der Gegenwart (Abendländische Weltanschauung V) 1949, 300–306.

Landmann, Michael: Problematik. Nichtwissen und Wissensverlangen im philosophischen Bewußtsein 1949, 374–380.

Ziegenfuß, Werner u. *Jung*, Gertrud: Philosophen-Lexikon. Handwörterbuch der Philosophie nach Personen. Bd. II. 1950, 539–546.

Gabriel, Leo: Existenzphilosophie von Kierkegaard bis Sartre 1951, 261, 314. 327 f.

Knittermeyer, Hinrich: Die Philosophie der Existenz von der Renaissance bis zur Gegenwart 1952, 196. 204 (Sammlung Die Universität Bd. 29).

Fischl, Johann: Geschichte der Philosophie Bd. V 1954, 29–31.

Collingwood, Robin George: Philosophie der Geschichte. Übers. von Gertrud Herding 1955, 181 f.

III. Von Simmel z. T. beeinflußte philosophische Veröffentlichungen

1. *Berdjajew*, Nikolai: Das Ich und die Welt der Objekte. Versuch einer Philosophie der Einsamkeit und Gemeinschaft. Übers. v. Maximilian Braun (russ. 1933) o. J. S. 62 f. 77 f., 101. 118.

2. *Cohn*, Jonas: Der Sinn der gegenwärtigen Kultur 1914, 91. Vgl. auch 45–51. 117. 139 f. 159 f.

   Cohn, Jonas, Theorie der Dialektik. Formenlehre der Philosophie 1923, 51 f.

Cohn, Jonas: Wertwissenschaft 1932, IX. 47 A. 1. 76 A. 2. 110. 111 A. 1. 146–150. 245. 284 A. 2. 288 A. 1. 298 A. 1. 629.
Cohn, Jonas: Wirklichkeit als Aufgabe. Aus dem Nachlaß hrsg. von Jürgen v. Kempski 1955, 200 A. 1. 303 A. 2. 355.

3. *Freyer*, Hans: Antäus. Grundlage einer Ethik des bewußten Lebens 1918, 13–25. 61.
Freyer, Hans: Prometheus. Ideen zur Philosophie der Kultur. 1923, 66. 86. 89.
Freyer, Hans: Theorie des objektiven Geistes. Eine Einleitung in die Kulturphilosophie 1923, 28 f. 71.

4. *Guardini*, Romano: Der Gegensatz. Versuche zu einer Philosophie des Lebendig-Konkreten 1925, 34. 82.

5. *Gundolf*, Friedrich: Goethe 1916.

6. *Höffding*, Harald: Der menschliche Gedanke, seine Formen und seine Aufgaben 1911, 346.
Höffding, Harald: Der Totalitätsbegriff. Eine erkenntnistheoretische Untersuchung 1917, 106.
Höffding, Harald: Der Begriff der Analogie 1924.
Höffding, Harald: Erkenntnistheorie und Lebensauffassung 1926, 40. 76–79. 87–89.

7. *Hofmann*, Paul: Sinn und Geschichte. Historisch-systematische Einleitung in die sinn-erforschende Philosophie 1937, 159 f. 542–544.

8. *Jaspers*, Karl: Psychologie der Weltanschauungen (1919) 1925^3, 304–307. 346–354.

9. *Liebert*, Arthur: Mythus und Kultur 1925, 10. 24. 40 f.
Liebert, Arthur: Geist und Welt der Dialektik 1929, 411–415.

10. *Litt*, Theodor: Individuum und Gemeinschaft. Grundfragen der sozialen Theorie und Ethik 1919.
Litt, Theodor: Erkenntnis und Leben. Untersuchungen über Gliederung, Methoden und Beruf der Wissenschaft 1923, 24 u. ö.
Litt, Theodor: Geschichte und Leben 1930^3.

11. *Ortega y Gasset*, José: Die Aufgabe unserer Zeit (span. 1923). Mit einer Einführung von E. R. Curtius. Übers. von Helene Weyl 1930, 54 f. = Gesammelte Werke. Bd. 2. 1955, 102.
Ortega y Gasset, José: Zur Psychologie des interessanten Mannes (span. 1925). Übers. von Ulrich Weber. In: Ges. Werke. Bd. 2. 1955, 224.
Ortega y Gasset, José: Ideen und Glaubensgewißheiten (span. 1934). Abschnitt: Die Unterscheidung und Gliederung der inneren Welten. In: Signale unserer Zeit. Essays o. J. 338–343. = Ges. Werke. Bd. 4. 1956, 124–129.

12. *Walzel*, Oskar: Vom Geistesleben alter und neuer Zeit. Aufsätze 1922. 87–90. 129 f. 539–541 u. ö.

IV. Literatur im Umkreis der Lebensphilosophie

Bergson, Henri: Zeit und Freiheit (Essay sur les données immédiates de la conscience 1889, übers. v. G. Kantorowicz) 1911.
– Materie und Gedächtnis (Matiére et mémoire 1896, übers. v. I. Frankenberger) 1919.
– Schöpferische Entwicklung (Evolution créatrice 1907, übers. v. G. Kantorowicz) 1912.

- Einführung in die Metaphysik (Introduction à la Métaphysique 1903, autorisierte Übertragung) 1916.
- Die seelische Energie. Aufsätze und Vorträge (L'énergie spirituelle 1919, übers. v. E. Lerch) 1928.
- Die beiden Quellen der Moral und der Religion (Les deux sources de la morale et de la religion 1932, übers. v. E. Lerch) 1933.

Bollnow, Otto Friedrich: Das Wesen der Stimmungen. 1956³.
- Die Lebensphilosophie 1958 (Verständliche Wissenschaft 70). 7. 20 f. 29. 31–33. 63 f. 74 f. 80–82. 99 f. 115. 118–120.

Dilthey, Wilhelm: Die geistige Welt. Einleitung in die Philosophie des Lebens (Ges. Schriften Bd. V u. VI) 1924.
- Goethe und die dichterische Phantasie (1877). In: Das Erlebnis und die Dichtung 1922⁸, 175–267.

Enckendorff, Marie Luise (Gertrud Simmel): Vom Sein und vom Haben der Seele (1906) 2. Aufl. 1922.
- Über das Religiöse 1919.
- Kindschaft zur Welt 1927 .

Eucken, Rudolf: Der Kampf um einen geistigen Lebensinhalt (1896) 1925⁵.
- Einführung in eine Philosophie des Geisteslebens 1908.
- Grundlinien einer neuen Lebensanschauung (1907) 1913².
- Erkennen und Leben (1912) 1923².
- Mensch und Welt. Eine Philosophie des Lebens (1918) 1920².
- Geistige Strömungen der Gegenwart 1928⁶.
- Die Lebensanschauungen der großen Denker (1890) 1922¹⁸.
- Philosophie der Geschichte. In: Kultur der Gegenwart I, 6. Systematische Philosophie. 1908², 248–282.

Ewald, Oskar: Gründe und Abgründe. Präludien zu einer Philosophie des Lebens. 2 Bde. 1909.
- System-Philosophie oder Lebensphilosophie? In: Logos 18, 1929, 419–435.
- Die Religion des Lebens 1925.

Frischeisen-Köhler, Max: Wissenschaft und Wirklichkeit 1912 (Wiss. u. Hypothese 15).
- Die Philosophie der Gegenwart. In: Die Geschichte der Philosophie. Hrsg. v. Dessoir 1925, 549–630 (über Simmel 606 f.).

Guyau, Jean Marie: Sittlichkeit ohne Pflicht (Esquisse d'une morale sans obligation ni sanction 1885, übers. v. Elisabeth Schwarz) 1912.
- Die Irreligion der Zukunft. Soziologische Studie (L'irréligion de l'avenir 1887, übers. v. M. Kette) 1912.

Hammacher, Emil: Hauptfragen der modernen Kultur 1914.

Joël, Karl: Nietzsche und die Romantik 1905.
- Der Ursprung der Naturphilosophie aus dem Geiste der Mystik. Mit Anhang: Archaische Romantik (1906) 1926².
- Der freie Wille 1908.
- Seele und Welt. Versuch einer organischen Auffassung 1912.
- Karl Joël. In: Die Philosophie der Gegenwart in Selbstdarstellungen I. 1921 71–90 (auch als Sonderdruck).

Keyserling, Graf Hermann: Prolegomena zur Naturphilosophie 1910.

- Zur Psychologie der Systeme. In: Logos I. 1910, 405–414.
- Das Wesen der Intuition und ihre Rolle in der Philosophie. In: Logos III. 1912, 59–79.
- Südamerikanische Meditationen 1933², 178. 192.
- Keyserling. In: Die Philosophie der Gegenwart in Selbstdarstellungen IV. 1923, 99–125 (über Simmel 109. 111 f.).

Knuth, Werner: Die Philosophie des Lebens und ihre Probleme 1948, 73–85 (Wissen fürs Leben 6).

Lersch, Philipp: Lebensphilosophie der Gegenwart 1932, 47–60 (Philosophische Forschungsberichte 14).
- Grundsätzliches zur Lebensphilosophie (Blätter für deutsche Philosophie 10. 1937, 22–55).

Lessing, Theodor: Philosophie als Tat 1914, 303–342.
- Geschichte als Sinngebung des Sinnlosen 1927⁴.

Scheler, Max: Versuche einer Philosophie des Lebens. In: Abhandlungen und Aufsätze II. 1915, 169–228.
- Die Stellung des Menschen im Kosmos 1928.

Spranger, Eduard: Lebensformen. Geisteswissenschaft, Psychologie und Ethik der Persönlichkeit 1914.

Ziegler, Leopold: Zur Metaphysik des Tragischen. Eine philosophische Studie 1902.
- Der abendländische Rationalismus und der Eros 1905.
- Florentinische Introduktion zu einer Philosophie der Architektur und der bildenden Künste 1912.
- Gestaltwandel der Götter 1920.
- Vom Tod. Essay. 1937.
- Überlieferung. Ritus – Mythos – Doxa 1948.
- Ziegler. In: Die Philosophie der Gegenwart in Selbstdarstellungen IV. 1923, 163–217 (über Simmel 172. 189. 197. 200).

V. Literatur zur Religionsphilosophie und -psychologie

(Seitenangaben, die sich nicht auf Simmel beziehen, sind in Klammern gesetzt)

Balthasar, Hans Urs: Apokalypse der deutschen Seele. Studien zu einer Lehre von letzten Haltungen. Bd. 3: Die Vergöttlichung des Todes 1939, 231–234 u. ö.

Bammel, F.: Art. Erlösung. Religionsgeschichtlich. In: Die Religion in Geschichte und Gegenwart. 3. Aufl. 2. Bd. 1958, (584–586).

Bauhofer, Oskar: Das Metareligiöse. Eine kritische Religionsphilosophie 1930, 60. 198–200.

Bremi, Willy: Der Weg des protestantischen Menschen 1953.

Brunner, Emil: Das Symbolische in der religiösen Erkenntnis 1914.

Brunstäd, Friedrich: Die Idee der Religion. Prinzipien der Religionsphilosophie 1922.

Buber, Martin: Ich und Du 1923.

Buess, Eduard: Die Geschichte des mythischen Erkennens. Wider sein Mißverständnis in der „Entmythologisierung" 1953 (Forschungen zur Geschichte und Lehre des Protestantismus 10. Reihe, Bd. 4).

Buri, Fritz: Kreuz und Ring. Die Kreuzestheologie des jungen Luther und die Lehre von der ewigen Wiederkunft in Nietzsches „Zarathustra" 1947.

Eliade, Mircea: Die Religionen und das Heilige (Traité d'histoire des religions 1949, übers. v. M. Rassem u. J. Köck) 1954.
- Der Mythos der ewigen Wiederkehr (Le mythe de l'éternel retour 1952, übers. v. Günther Spaltmann) 1953.
- Ewige Bilder und Sinnbilder. Vom unvergänglichen menschlichen Seelenraum (Images et symboles 1952, übers. v. Theodor Sapper) 1958.
- Das Heilige und das Profane. Vom Wesen des Religiösen (übers. aus d. Franz.) 1957 (Rowohlts Deutsche Enzyklopädie 31).

Eucken, Rudolf: Der Wahrheitsgehalt der Religion (1901) 1927^5.
- Das Wesen der Religion. Vorträge 1901.
- Hauptprobleme der Religionsphilosophie der Gegenwart (1907) 1912^5.

Görland, Albert: Religionsphilosophie. Als Wissenschaft aus dem Systemgeiste des kritischen Idealismus 1922, 26. 45. 57. 64. 126 f. 152.

Groos, Helmut: Der deutsche Idealismus und das Christentum. Versuch einer vergleichenden Phänomenologie 1927.

Hamburger, Leo: Die Religion in ihrer dogmatischen und ihrer reinen Form. Versuch einer Grundlegung der Religionsphilosophie 1930.

Hellpach, Willy: Grundriß der Religionspsychologie (Glaubensseelenkunde) 1951.

Hessen, Johannes: Die Religionsphilosophie des Neukantianismus. 1924^2, 183 – 184 u. ö.
- Religionsphilosophie. 2. Bd. System der Religionsphilosophie. (1948) 1955^2, 243 – 246. 273. 289 – 290.

Höffding, Harald: Religionsphilosophie. Übers. v. Bendixen 1901.
- Erlebnis und Deutung. Eine vergleichende Studie zur Religionspsychologie. Übers. von E. Magnus 1923.

Hofmann, Paul: Das religiöse Erlebnis. Seine Struktur, seine Typen und sein Wahrheitsanspruch 1925 (Phil. Vortr. d. Kant-Gesellschaft 28).

Jelke, Robert: Religionsphilosophie 1927, 127.

Köhler, Walther: Ernst Troeltsch 1941, 358 – 360.

Leese, Kurt: Krisis und Wende des christlichen Geistes. Studien zum anthropologischen und theologischen Problem der Lebensphilosophie 1932, 280 – 292.
- Die Religion des protestantischen Menschen 1938.
- Das Problem des Schicksals. In: Geistesmächte und Seinsgewalten 1946, (75 – 128).

Leisegang, Hans: Religionsphilosophie der Gegenwart 1930, 71 f. (Philosophische Forschungsberichte 3).

Lipsius, F. A.: Art. Philosophie und Religion in der Gegenwart. In: Die Religion in Geschichte und Gegenwart. 2. Aufl. Hrsg. von Gunkel u. Zscharnack. Bd. III. 1929 (Sp. 1224 – 1226).

Löwith, Karl: Nietzsches Philosophie der ewigen Wiederkehr des Gleichen 1956^2.

Looff, Hans: Der Symbolbegriff in der neueren Religionsphilosophie und Theologie 1955 (Kantstudien. Erg. H. 69).

Mehlis, Kurt: Einführung in ein System der Religionsphilosophie 1917.

Niemeier, Gottfried: Die Methoden und Grundauffassungen der Religionsphilosophie der Gegenwart 1930, 161 – 165 (Beiträge zur Philosophie und Psychologie 6).

Pauli, Richard: Das Wesen der Religion. Eine Einführung in die Religionsphilosophie 1947 (Christentum u. Geistesleben 1).

Przywara, Erich: Religionsbegründung. Max Scheler — J. H. Newmann 1923, 47. 131. 162. 229. 270.
- Gottgeheimnis der Welt. Drei Vorträge über die geistige Krisis der Gegenwart 1923, 123. 130 f. 179 f. 187.
- Gott. Fünf Vorträge über das religionsphilosophische Problem 1926, 17. 21. 35. 156 f. 160 – 162. 167 f. 170 – 172. 175 f. (Der katholische Gedanke 17).
- Simmel-Husserl-Scheler. In: In und Gegen. Stellungnahmen zur Zeit 1955, 33 – 54.

Richter, L.: Art. Erlösung. Religionsphilosophisch. In: Die Religion in Geschichte und Gegenwart. 3. Aufl. 2. Bd. 1958, (Sp. 594 – 599).

Schär, Hans: Erlösungsvorstellungen und ihre psychologischen Aspekte 1950 (Studien aus dem C. G. Jung-Institut Zürich. Bd. 2).

Scheler, Max: Vom Ewigen im Menschen (1921) 1933², 521 – 523.

Scholz, Heinrich: Religionsphilosophie 1922², 265 – 273.

Seeberg, Erich: Ideen zur Theologie der Geschichte des Christentums 1929, 7.

Spann, Othmar: Religionsphilosophie auf geschichtlicher Grundlage 1947.

Spranger, Eduard: Die Magie der Seele. Religionsphilosophische Vorspiele 1947.

Stange, Carl: Grundriß der Religionsphilosophie (1907) 1922².
- Die Religion als Erfahrung 1919.

Steffes, Johann Peter: Religionsphilosophie 1925, 115 f. 142. 176. 223 f. (Philosophische Handbibliothek 9).

Straubinger, Heinrich: Einführung in die Religionsphilosophie 1929, 53 – 55 (Herders Theologische Grundrisse).

Tillich, Paul: Über die Idee einer Theologie der Kultur. In: Religionsphilosophie der Kultur. Zwei Entwürfe von Gustav Radbruch und Paul Tillich 1919, 40 (Phil. Vortr. d. Kant-Ges. 24).
- Religionsphilosophie. In: Lehrbuch der Philosophie. Hrsg. v. Max Dessoir. Bd. II. 1925 (765 – 835).
- Die religiöse Lage der Gegenwart 1926, 29. (Wege zum Wissen 60).
- Das religiöse Symbol. In: Blätter für deutsche Philosophie. Bd. 1. 1927/28 (277 – 291).
- Mythus und Mythologie I. Mythus, begrifflich und religionspsychologisch. In: Die Religion in Geschichte und Gegenwart. 2. Aufl. Bd. IV. 1930, (Sp. 363 – 370).
- Systematische Theologie. Bd. I. 1955. Bd. II. 1958.

Troeltsch, Ernst: Die Absolutheit des Christentums und die Religionsgeschichte 1901.
- Religionsphilosophie. In: Die Philosophie im Beginn des 20. Jahrhunderts, Festschr. f. Kuno Fischer Bd. 1. 1904.
- Das Historische in Kants Religionsphilosophie 1904.
- Psychologie und Erkenntnistheorie in der Religionswissenschaft (1905) 1922².
- Zur religiösen Lage, Religionsphilosophie und Ethik 1913 (Ges. Schr. II). Darin: Das religiöse Apriori 754 ff.; Logos und Mythos in Theologie und Religionsphilosophie 805 ff.
- Die Bedeutung der Geschichte für die Weltanschauung 1918.
- Der Historismus und seine Probleme (Ges. Schr. III) 1922, 572 – 595.
- Meine Bücher. In: Die Philosophie der Gegenwart in Selbstdarstellungen II. 1921 (161 – 173).

Unger, Erich: Wirklichkeit, Mythus, Erkenntnis 1930.
Wach, Joachim: Der Erlösungsgedanke und seine Deutung 1922.
- Art. Erlösung. I. Religionsgeschichtlich. V. Religionsphilosophisch. In: Die Religion in Geschichte und Gegenwart. 2. Aufl. Bd. II. 1928 (Sp. 266–269. 279–285).

Weltsch, Felix: Gnade und Freiheit 1920.
Winkler, Robert: Überblick über die religionsphilosophische Arbeit seit Kant bis zur Gegenwart. In: Wobbermin (Hrsg.), Religionsphilosophie. 1925², (16–27) (Quellen-Handbücher der Philosophie, hrsg. v. Arthur Liebert. Bd. 5).
Wobbermin, Georg: Das Wesen der Religion (Systematische Theologie nach religionspsychologischer Methode. Bd. 2) 1925, 441–445.
Wünsch, Georg: Wirklichkeitschristentum 1932, 119.

MIX
Papier aus verantwortungsvollen Quellen
Paper from responsible sources
FSC® C105338

Printed by Libri Plureos GmbH
in Hamburg, Germany